微课版

U1015908

21世纪实用礼仪系列教材

礼

第6版

服务礼仪教程

金正昆 / 著

中国人民大学出版社
·北京·

服·务·礼·仪·教·程

目录

导　论

第一章　服务人员的仪容规范

第二章　服务人员的仪态规范

第三章　服务人员的服饰规范

第四章　服务人员的语言规范

第五章　服务人员的岗位规范

导论

目前，我国人民正在以习近平同志为核心的党中央领导下，齐心协力，以中国式现代化全面推进中华民族伟大复兴，为建设富强民主文明和谐美丽的社会主义现代化强国而奋斗。在此伟大进程中，随着我国社会主义物质文明建设的迅速发展，社会主义精神文明的建设也有了长足的进步。两个文明建设并重，必将极大地推进我国的社会主义现代化事业。

在社会主义精神文明的建设之中，讲文明、树新风是群众性社会主义精神文明建设的一项重要内容，目前已普遍赢得社会各界的重视、支持和参与。而在上述内容之中，规范礼仪、学习礼仪、应用礼仪，便是顺应民心、合乎民意的一大重点。在当前形势下，正如习近平同志所言："礼仪是宣示价值观、教化人民的有效方式"。

与此同时，社会主义市场经济的建设，极大地促进了人际交往。用现代人的眼光来看，人与人之间的交际应酬，不仅是一种出自本能的需要，而且是适应社会发展、个人进步的一种必不可少的途径。因为从某种意义上来说，交际实质上就是一种信息交流，而信息乃是现代社会上最为宝贵的资源。由此可见，具有较强的交际能力，是现代人立足于社会，并求得可持续发展的重要条件。其重要意义，绝对不在掌握外语、互联网、汽车驾驶等热门的专业技术之下。在此背景之下，作为交际之规的礼仪自然迅速升温，备受人们的青睐。规范礼仪、学习礼仪、应用礼仪，已经成为大势所趋、人心所向。

规范礼仪、学习礼仪、应用礼仪，必须首先从思想上、理论上解决下述九个方面的重要问题，唯有如此，才能更自觉、更准确、更全面地掌握礼仪，遵守礼仪。

一、礼仪的界定

要真正了解礼仪，有必要首先明确礼仪的基本含义。

在一般性的表述之中，与“礼”相关的词最常见的有三个，即礼仪、礼节、礼貌。在大多数情况下，它们是被视为一体并混合使用的。其实，从内涵上来看，三者不可简单地混为一谈。它们之间既有区别，又有联系。

礼貌，一般是指在人际交往中通过特定的言语、动作向交往对象所表示的谦虚和恭敬。它侧重于表现人的品质与素养，实际上是做人的一种基本要求。

礼节，通常是指人们在交际场合相互表示尊重、友好的惯用形式。它实际上是礼貌的具体表现方式。《礼记》曾明确指出：“礼节者，仁之貌也。”它与礼貌之间的相互关系是：没有礼节，就无所谓礼貌；有了礼貌，就必然需要具体的礼节。

礼仪，则是对礼节、仪式的统称。它是指在人际交往中，自始至终地以一定的、约定俗成的程序、方式来表现的律己、敬人的具体行为。显而易见，礼貌是礼仪的基础，礼节则是礼仪的基本组成部分。换言之，礼仪在层次上要高于礼貌、礼节，其内涵更深、更广。礼仪，实际上是由一系列具体的、表现礼貌的礼节所构成的。它不像礼节一样只是某一种具体做法，而是一个表示礼貌的系统而完整的过程。从本质上讲，三者所表现的都是对人的尊敬、友善。

有鉴于此，为了更完整、更准确地理解“礼”，采用礼仪这一概念来对其加以表述，是最为可行的。

站在不同的角度上，往往还可以对礼仪的概念做出种种殊途同归的界定。

从个人修养的角度来看，礼仪可以说是一个人的内在修养与素质的外在表现。也就是说，礼仪即教养、素质在一个人行为举止中的具体体现。

从道德的角度来看，“道德仁义，非礼不成”。礼仪可以被界定为为人处世的行为规范，或曰标准做法、行为准则。因此，2019 年 10 月 27 日中共中央、国务院印发的《新时代公民道德建设实施纲要》中明确地指出：“礼仪礼节是道德素养的体现，也是道德实践的载体。”

从交际的角度来看，礼仪可以说是人际交往中的一种通行的规则，也可以说是一种用以处理人际关系的交际方式或交际艺术。正是在此意义上，孟子明言：“礼，门也。”《礼记》上则说：“礼者，履此者也。”

从民俗的角度来看，礼仪既可以说是在人际交往中必须遵行的律己敬人的习惯形式，也可以说是在人际交往中约定俗成的示人以尊重、友好的习惯做法。此即所谓“礼出于俗，俗化为礼”。简言之，礼仪是待人接物的一种惯例；礼仪即“习惯法”。

从传播的角度来看，礼仪可以说是一种在人际交往中进行有效沟通的技巧。

从审美的角度来看，礼仪可以说是一种形式美。有道是“礼由心生”，它是人的心灵美的必然的外化。

了解上述各种对礼仪的诠释，可以进一步加深对礼仪的理解，并且更为准确地对礼仪进行把握。

礼仪的界定

二、礼仪的内容

从内容上讲，礼仪是由礼仪的主体、礼仪的客体、礼仪的媒体、礼仪的环境四项基本要素构成的。

礼仪的主体，指的是礼仪活动的操作者和实施者。它既可以是个人，也可以是组织。当礼仪活动规模较小、较为简单时，其主体通常是个人；当礼仪活动规模较大、较为复杂时，其主体通常则是组织。没有礼仪主体，礼仪活动就不可能进行，礼仪也就根本无从谈起。

礼仪的客体，又称礼仪的对象。从内涵上讲，它指的是礼仪活动的具体指向者和承受者。从外延上讲，它可以是人，也可以是物；可以是物质的，也可以是精神的；可以是具象的，也可以是抽象的；可以是有形的，也可以是无形的。没有礼仪客体，礼仪就失去了对象，就不成其为礼仪。礼仪的客体与礼仪的主体二者之间既对立，又相互依存，并且在一定条件下相互转化。

礼仪的媒体，指的是礼仪活动所依托的一定的媒介。进而言之，它实际上是礼仪内容与礼仪形式的统一性载体。任何礼仪都必须使用礼仪媒体，不使用礼仪媒体的礼仪不可能存在。礼仪的媒体，具体是由人体礼仪媒体、物体礼仪媒体、事体礼仪媒体等构成的。在具体操作礼仪时，这些不同的礼仪媒体往往是交叉、配合使用的。

礼仪的环境，指的是礼仪活动得以进行的特定的时空条件。大体说来，它可以分为礼仪的自然环境与礼仪的社会环境。礼仪的环境，通常制约着礼仪的实施。不仅实施何种礼仪由其决定，而且礼仪具体的实施方法也由其决定。

进而言之，由上述四项基本要素所构成的礼仪，依据其适用范围的不同，大致上可以分为政务礼仪、商务礼仪、服务礼仪、社交礼仪、国际礼仪等几个基本分支。

政务礼仪，亦称公务员礼仪，指公务员在执行国家公务时应当遵守的礼仪。

商务礼仪，主要是指公司、企业的从业人员以及其他一切从事经济活动的人士在经济往来中应当遵守的礼仪。

服务礼仪，指各类服务行业的从业人员在自己的工作岗位上应当遵守的礼仪。

社交礼仪，亦称交际礼仪，指社会各界人士在一般性的、日常性的交际应酬之中应当遵守的礼仪。

国际礼仪，亦称涉外礼仪，指人们在国际交往中同外国人打交道时应当遵守的礼仪。

在上述五个基本分支礼仪中，政务礼仪、商务礼仪、服务礼仪等，主要是按照行业划分的，并且是人们在其工作岗位上所应遵守的礼仪，故可称之为行业礼仪或职场礼仪。而社交礼仪、国际礼仪的划分，则主要以其交往范围为依据，所以二者均可以交往礼仪相称。

在实践中，礼仪因其具体适用对象有别，又有教师礼仪、幼儿礼仪、学生礼仪、青年礼仪、妇女礼仪、军人礼仪、警官礼仪、护士礼仪、公务员礼仪、外交官礼仪、乘务员礼仪、售货员礼仪、快递员礼仪等等之分。

上述几个基本分支，涉及人类交际活动的各个主要方面。因此，礼仪主要以这些方面构成自己的基本内容。

三、礼仪的归属

一般而言，礼仪主要以礼仪活动、礼仪规范、礼仪规律作为自己的研究对象。

总的说来，礼仪是一门人文应用科学。具体而言，礼仪的学科特点是：

首先，它是一门应用性学科。礼仪具有很强的实用性和可操作性。从某种意义上说，它实际上就是有关交往艺术的科学。

其次，它是一门实践性学科。与纯粹的理论演绎、概念探讨、逻辑抽象显然不同，礼仪来源于社会实践，并且直接服务于社会实践。它拒绝夸夸其谈，注重一切从实际出发，坚持实事求是。正因为如此，也有人称之为一门经验科学。

再次，它是一门普及性学科。在现实生活中，每个人都必须参加交际活动，每个人都希望自己的交际活动取得成功，而礼仪正是一门可将人们的交际活动导向成功的科学。由此可见，礼仪应当是一门人人必修的普及性学科。随着整个社会文明程度的提高，它必将进一步得到普及。

最后，它是一门综合性学科。不容置疑的是，礼仪是一门专门研究人的交际行为规范的科学。这是它有别于其他学科的主要标志。但是，它又广泛吸纳了其他许多学科的成果，用以充实、完善自身。在这个意义上，又可将它视为一门综合性学科。

礼仪与其他学科的关系

作为一门综合性学科，礼仪与多门学科关系密切，其中尤其与法学、民俗学、传播学、美学、伦理学、心理学、社会学、公共关系学密不可分。

其一，礼仪与法学。法学，是以法及其一般规律为研究对象的学科。礼仪与法的关系一向密切，并合称“礼法”。二者的关系是：礼属于习惯法，同时它又与法的功能有别，正如司马迁所言："夫礼禁未然之前，法施已然之后；法之所为用者易见，而礼之所为禁者难知。"

其二，礼仪与民俗学。民俗学研究的是流传于民间的文化民俗事象。如前所述，礼仪与民俗的关系是："礼出于俗，俗化为礼。"二者相互联系，相互影响，相互转化。正因为如此，礼仪有时又被称为"礼俗"。研究民俗学，将有助于进一步解释礼仪；学习礼仪，则将使人深入地理解民俗。

其三，礼仪与传播学。传播学研究的是信息传播的规律。运用传播学的观点来看待交际活动，它实际上是一种人际传播。礼仪与传播的关系是：礼仪活动通常与传播有关，传播学则是礼仪规范的一个重要的理论基础。交际即信息传播，传播制约着交际，传播力决定影响力与公信力，交际与传播密不可分，互相依存。

其四，礼仪与美学。美学研究的是美的一般规律。社会美是其研究的一个重要方面，而社会美又往往表现于人的交际活动之中。礼仪与美学的关系是：美即和谐，"有礼则雅"。符合礼仪的做法必然是美的，而美又是衡量礼仪是否完善的一大标尺。从某种意义上说，礼仪实际上是交际活动的一种形式美。

其五，礼仪与伦理学。伦理学研究的是道德问题。它是一门纯理论的学科。礼仪则是对伦理学研究成果的具体运用，它反映着社会的道德关系，体现着社会的道德标准。礼仪与伦理学的关系是：伦理学是礼仪的基础，而礼仪则是伦理学所提出的道德要求的具体表现形式。在人际交往中，讲礼仪就是讲规矩，就是讲道理。因此，讲道德就必须讲礼仪，而讲礼仪又反过来有助于讲道德。自古以来，中国人往往称礼仪为"礼义"，以强调其崇德尚义。正如《礼记》所言："礼也者，义之实也"；"礼之所尊，尊其义也"。在交际实践中，有礼走遍天下。为人处世，既要以礼为先，更要以德为本；要时刻坚持明大德、守公德、严私德。

其六，礼仪与心理学。心理学所研究的是人的心理活动及其一般规律。礼仪与心理学的关系是：心理学是礼仪活动的一个基础。人是交际活动的主角，只有掌握人的心理活动，才能更好地理解人、尊重人，才能更好地运用礼仪。洞察人心、尊重人格，是礼仪与心理学共同的主旨。

其七，礼仪与社会学。社会学研究的是社会生活和社会行为。礼仪与社会学的关系是：交际活动是社会学的重要研究对象之一，而研究社会生活、社会行为的社会学所提供的一系列成果，则又必然有助于礼仪所关注的交际活动的成功。

其八，礼仪与公共关系学。公共关系学研究的是组织所面对的公众关系。礼仪与公共关系学的关系是：公共关系是交际活动中的每一位成功者必须妥善处理的，而礼仪则又是处理公共关系的一种重要的技术手段；公共关系重在塑造组织形象，而礼仪则意在维护组织中每一名成员的个人形象，后者是前者的重要组成部分。总之，礼仪与公共关系往往密不可分。

四、礼仪的扬弃

礼仪的科学体系，主要是在现代形成并得以逐步完善的。但是，这并不等于说它是无源之水、无本之木。没有对我国古代传统礼仪的继承和扬弃，实际上就不可能有我国的现代礼仪。在正确地传承我国古代传统礼仪的同时，还必须向国际礼仪学习，取人之长，补我之短。

我国自古就是一个闻名世界的礼义之邦。早在 3 000 多年前的西周初期，就由周公姬旦制礼，并已基本成型。到了春秋时期，更是由孔子集其大成，继续发扬光大。此后，由孔子所构建的礼仪体系一直影响中国社会长达 2 500 多年。

在中国古代，礼仪的含义十分广泛。一般而言，它至少有以下四种解释。

第一，它是一种包括政治、经济、文化、军事制度在内的典章制度。因此，被视为“国之基”“君之大柄”。左丘明就明确地提出“礼以体政”的主张，孔子则明言：“礼者何也？即事之治也。”

第二，它是一种做人的基本道德规范。孔子认为：“礼也者，理也”；对人必须“约之以礼”。孟子强调：“以礼存心”。荀子进一步指出：“礼者，养也”；“礼者，人道之极也”；“礼者，节之准也”。程颐明言：“礼者人之规范，守礼所以立身也。”他们都明确了礼仪在道德生活中的重要作用。《礼记》则更是强调：“凡人之所以为人者，礼义也。”

第三，它是个人及社会必须遵守的行为准则。在《说文解字》中，许慎的解释是：“礼者，履也。”孔子曾提出：“非礼勿视，非礼勿听，非礼勿言，非礼勿动。”在这里，他就将礼仪视为一种做人的行为规范。在著名的礼仪典籍《礼记》中则强调：“礼，不逾节，不侵侮，不好狎。”其含义，也是要求以礼仪来调节人际交往。

第四，它是各种正式的仪式。管仲曾说：“礼仪者，尊卑之仪表也”，“万物之程式也”，“故动有仪则令行”。由此可见，他所说的礼仪，主要就是指的仪式。

综上所述，我国古代礼仪的主旨是：明确地规定并严格地维护封建等级制度；强调并坚持人的等级差异。对于这一点，荀子早就讲得很明白：“礼者，贵贱有等，长幼有差，贫富轻重皆有称者也。”

如此看来，我国古代礼仪具有明显的两重性。一方面，它提出了礼仪的一些基本原则，制定了人际交往的行为规范，并且强调“礼之用，和为贵”，这些都是可以为现代礼仪所借鉴的。另一方面，它并不尊重人，而重在维护封建统治制度。这些糟粕，则必须为现代礼仪所否定。

从总体上讲，现代礼仪与我国古代礼仪主要存在三点差异：

其一，二者的基础不同。古代礼仪是以封建等级制度为基础的，现代礼仪虽承认身份差异，但更强调以人为本、人格平等、社会公平，并且以尊重人作为自己的立足点与出发点。

其二，二者的目标不同。古代礼仪以维护封建统治秩序为目的，而现代礼仪则重在追求人际交往的和谐与顺利。

其三，二者的范围不同。古代礼仪所讲究的是“礼不下庶人”，因而与平民百姓无关，而现代礼仪则适用于任何交际活动的参与者。

应当说，与古代礼仪相比，现代礼仪更关心的是人际交往的成功，因此其核心内容就是人际交往的行为规范，而不是像古代礼仪那样以自我约束为主。

在继承我国古代礼仪的精华的同时，现代礼仪也十分注意汲取各个国家的礼仪，特别是注重吸收目前通行的当代国际礼仪的长处，并且为我所用。

当代国际礼仪主要具有如下三个特点，它们与我国礼仪，尤其是我国古代传统礼仪具有显著的区别。

其一，国际礼仪强调个人至上。国际礼仪强调个人至上、个性自由，反对损害个人尊严，要求尊重个人隐私、维护人格自尊。这一点，贯彻在它的各个环节之中。

其二，国际礼仪强调女士优先。国际礼仪强调，在一切交际场合，不仅要讲究男女平等，反对性别歧视，而且更要讲究尊重女性、关心女性、体谅女性、帮助女性、照顾女性、保护女性，这就是所谓的女士优先。

其三，国际礼仪强调入乡随俗。国际礼仪适用于国际交往，尤其是跨国的双边性、多边性交往，因此有必要彼此尊重各自的风俗习惯，并且入乡随俗 。与此同时，国际礼仪还非常关注跨文化沟通，坚持求同存异，要使礼仪成为“一座桥”，而不可使之变成“一堵墙”。

与我国的现代礼仪相比，国际礼仪最大的不同，是其主要起源于西方，受西方文化影响较深；而我国的现代礼仪，则更多地出自本国的优秀传统文化与民族习俗。

有必要明确的是：一方面，我国的现代礼仪对于国际礼仪中一些适合我国国情、切实可行的原则可以借鉴。离开了这一点，就不可能有它在今日的发展。另一方面，对国际礼仪也没有必要全盘照抄照搬进来。只有在国际交往中，才有必要以国际礼仪约束自身。

江泽民同志曾经要求我们：“弘扬中国古代优良道德传统和革命道德传统，吸取人类一切优秀道德成就，努力建设人类先进的精神文明”。习近平同志则多次强调：“培育和弘扬社会主义核心价值观必须立足中华优秀传统文化。”与此同时，他亦曾指出：“文明因交流而多彩，文明因互鉴而丰富。”在探讨现代礼仪的扬弃问题时，也应该采取上述正确的态度。唯有如此，才能真正使我国的现代礼仪不但有所继承，而且会有所发展。

五、礼仪的特征

与其他学科相比，礼仪具有一些自身独具的特征。这主要表现在其规范性、限定性、操作性、传承性、时效性五个方面。

第一，规范性。孟子尝言："不以规矩，不能成方圆。"礼仪，指的就是人们在交际场合待人接物时必须遵守的行为规范。规范者，标准也。这种规范性，不仅约束着人们在一切交际场合的言谈话语、行为举止，使之合乎礼仪，而且也是人们在一切交际场合必须采用的一种"通用语言"，是衡量他人与判断自己是否自律、敬人的一种尺度。正如法国人拉罗什富科所言："在所有规范中，礼仪是最微小但又最稳定的一种规范。"总之，礼仪是约定俗成的一种自尊、敬人的惯用形式。因此，任何人要想在交际场合表现得合乎礼仪、彬彬有礼，都必须对礼仪无条件地加以遵守。另起炉灶、自搞一套，或是只遵守个人适应的部分，而不遵守自己不适应的部分，都难以为交往对象所接受和理解。

第二，限定性。礼仪，顾名思义，主要适用于交际场合，适用于普通情况之下的、一般的人际交往与应酬。在这个特定范围之内，礼仪肯定行之有效。离开了这个特定的范围，礼仪则未必适用。这就是礼仪的限定性特点。理解了这一特点，就不会把礼仪当成放之四海而皆准的规则，就不会在非交际场合拿礼仪去以不变应万变。必须明确，当所处场合不同、所具有的身份不同时，所要运用的礼仪往往会因此而各有不同，有时甚至还会差异很大。这一点，是不容忽视的。一般而论，适合应用礼仪的主要是初次交往、因公交往、对外交往等三种交际场合。

第三，操作性。切实有效，实用可行，规则简明，易学易会，便于操作，是礼仪的一大特征。它不是纸上谈兵、空洞无物、不着边际、故弄玄虚、夸夸其谈，而是既有总体上的礼仪原则、礼仪规范，又在具体的细节上以一系列的方式、方法，细致而周详地对礼仪原则、礼仪规范加以贯彻，把它们落到实处，使之"言之有物""行之有礼"，不尚空谈。礼仪的易记、易行，能够为其广觅知音，使其被人们广泛地运用于交际实践，并受到广大公众的认可；反过来，又进一步促使礼仪以简便易行、容易操作为第一要旨。

第四，传承性。任何国家的礼仪都具有自己鲜明的民族特色，任何国家的当代礼仪都是在本国古代礼仪的基础上发展起来的。离开了对本国、本民族既往礼仪成果的传承、扬弃，就不可能形成当代礼仪。这就是礼仪传承性的特定含义。与"成文法"相对应，礼仪本质上乃是一种约定俗成、沉淀传统的"习惯法"。作为一种人类文明的沉淀与积累，礼仪将人们在交际应酬之中的习惯做法固定下来，流传下去，并逐渐形成自己的民族特色，这不是一种短暂的社会现象，而且不会因为社会制度的更替而消失。对于既往的礼仪遗产，正确的态度不应当是食古不化、全盘沿用，而是应当有扬弃、有继承，更有发展。

第五，时效性。《礼记》指出："礼，时为大。"从本质上讲，礼仪可以说是一种社会历史发展的产物，并具有鲜明的时代特点。一方面，它是在人类长期的交际活动实践之中形成、发展、完善起来的，绝不可能凭空杜撰、一蹴而就，不可能完全脱离特定的历史背景。另一方面，社会的发展，历史的进步，以及众多社交活动的新特点、新问题的出现，又要求礼仪有所变化，有所进步，推陈出新，与时代同步，以适应新形势下新的要求。与此同时，随着世界经济的全球化倾向日益明显，各个国家、各个地区、各个民族之间的交往日益密切，它们的礼仪随之也不断地相互影响，相互渗透，不断地被赋予新的内容。这就使礼仪具有相对的时效性。了解了这一点，就不会把它看作一成不变的东西，而能够更好地以发展、变化的眼光去对待它；就不会对礼仪搞“教条主义”，使之一成不变，脱离生活，脱离时代。

六、礼仪的原则

在日常生活之中，学习、应用礼仪，有必要在宏观上掌握一些具有普遍性、共同性、指导性的礼仪规律。这些礼仪规律，即礼仪的原则。

礼仪的原则共有如下十项。它们同等重要，不可缺少。掌握这些原则，将有助于更好地学习礼仪、运用礼仪。

第一，遵守。在交际应酬之中，每一位参与者都必须自觉、自愿地遵守礼仪，以礼仪去规范自己在交际活动中的一言一行、一举一动。对于礼仪，不仅要学习、了解，而且更重要的是学了就要运用，要将其付诸个人社交实践。任何人，不论身份高低、职位大小、财富多寡，都有自觉遵守、应用礼仪的义务，否则就会受到公众的指责，交际就难以成功，这就是遵守的原则。离开了它，就谈不上礼仪的应用、推广。

第二，自律。从总体上来看，礼仪规范由对待个人的要求与对待他人的做法两大部分所构成。司马光说：“礼莫大于分。”对待个人的要求，是礼仪的基础和出发点。学习、应用礼仪，最重要的就是要自我要求、自我约束、自我控制、自我对照、自我反省、自我检点，这就是所谓自律的原则。子曰：“克己复礼”；“己所不欲，勿施于人”。若是没有对自己的严格要求，人前人后不一样，只求诸人，不求诸己，不讲慎独与克己，遵守礼仪就无从谈起，就是一种蒙骗他人的大话、假话、空话。

第三，敬人。孔子曾经对礼仪的基本理念有过高度的概括，据《孝经》记载，他说过：“礼者，敬而已矣。”孟子亦云：“有礼者敬人。”所谓敬人的原则，就是要求人们在交际活动中，与交往对象既要互谦互让，互尊互敬，友好相待，和睦共处，更要将对交往对象的重视、恭敬、友善放在第一位。在礼仪的两大构成部分中，有关对待他人的做法这一部分，比对待个人的要求更为重要，这一部分实际上是礼仪的重点与核心。而对待他人的诸多做法之中最重要的一点，就是要敬人之心常存，处处不可失敬于人，不可伤害他人的个人尊严，更不能侮辱对方的人格。掌握了这一点，就等于掌握了礼仪的灵魂。在人际交往中，只要不失敬于人，哪怕具体做法一时失当，也不能算是失礼。

第四，宽容。有道是："大德必宽。"《礼记》也曾倡导："慎静而尚宽。"宽容原则的基本含义，是要求人们在交际活动中运用礼仪时有容乃大。既要严于律己，更要宽以待人。要多容忍他人，多体谅他人，多理解他人，而千万不要求全责备，斤斤计较，过分苛求，咄咄逼人。在人际交往中，要容许他人拥有个人行动和独立进行自我判断的自由。礼仪的基本要求是尊重人。在人际交往中，尊重他人，实际上就是要尊重其个人选择。对不同于己、不同于众的行为耐心容忍，不必要求他人处处效法自身、与自己完全保持一致，实际上也是尊重对方的一种表现。

第五，平等。在具体运用礼仪时，允许因人而异，根据不同的交往对象，采取不同的具体方法。但是，与此同时必须强调指出：在礼仪的核心之点，即尊重交往对象、以礼相待这一点上，对任何交往对象都必须一视同仁，给予同等程度的礼遇。不允许因为交往对象彼此之间在年龄、性别、种族、地域、国别、性格、文化、职业、身份、地位、财富、健康以及与自己的关系亲疏远近等方面有所不同，就厚此薄彼、区别对待，给予不同待遇，这便是礼仪中平等原则的基本要求。

第六，从俗。由于国情、民族、文化背景的不同，在人际交往中，实际上存在着"十里不同风，百里不同俗"的局面。对这一客观现实要有正确的认识，不要自高自大、唯我独尊、以我画线，不宜简单否定其他人不同于己的做法。必要时，必须坚持入国问禁、入乡随俗、入门问讳，与绝大多数人的习惯做法保持一致，切勿目中无人、自以为是、指手画脚、随意批评，动辄否定其他人的习惯性做法。遵守从俗原则的规定，会使礼仪的应用更加得心应手，更加有助于人际交往。此即所谓"礼从宜，使从俗"。

第七，真诚。礼仪上所讲的真诚原则，就是要求在人际交往中运用礼仪时，务必待人以诚、诚心诚意、诚实无欺、言行一致、表里如一。只有如此，自己在运用礼仪时所表达的对交往对象的尊敬与友好，才会更好地为对方所理解和接受。与此相反，倘若仅把运用礼仪作为一种道具和伪装，在具体操作礼仪规范时，口是心非，言行不一，弄虚作假，投机取巧，或是当时一个样、事后另一个样，有求于人时一个样、为人所求时另外一个样，则有悖礼仪的基本宗旨。将礼仪等同于庸俗至极"厚黑学"，肯定是行不通的。

第八，适度。适度的原则，是要求应用礼仪时，为了保证取得成效，必须注意技巧，合乎规范，特别要注意做到把握分寸、认真得体。这是因为凡事过犹不及，运用礼仪时假如做得过了头，或者做得不到位，都不能正确地表达自己的自律、敬人之意。当然，运用礼仪要真正做到恰到好处、恰如其分，只有勤学多练，积极实践，此外别无他途。

第九，沟通。在人际交往中，人们通常有接触才会了解，有了解才会交流，有交流才会沟通，有沟通才会互动。因此，可将沟通视为人际交往中人与人之间的互动之桥。在现代礼仪中，沟通的原则要求人们：在其人际交往中，既要了解交往对象，更要为交往对象所了解，并积极地推广自己，与交往对象彼此之间增进理解与共识。礼仪的主旨在于“尊重”。而欲尊重他人，就必须首先了解对方，并且令自己为对方所了解。只有这样，才能实现有效的沟通。

第十，互动。《礼记》曰：“往而不来非礼也，来而不往亦非礼也。”在人际交往中如欲取得成功，就必须无条件地遵守互动的原则。所谓“互动”，在此具体含义有二：一是要求人们在其交往中必须主动进行换位思考。换位思考的基本要求，就是人们必须善于体谅交往对象的感受。二是要求人们在其交往中时时处处努力做到“交往以对方为中心”。也就是说，不允许无条件地“以自我为中心”，更不允许凡事自以为是。具体运用礼仪时，互动的原则永远都不允许忽视。

七、礼仪的功能

读书是学习，使用也是学习，而且是更重要的学习；学习的目的在于运用。当前，礼仪之所以被提倡，之所以受到社会各界的普遍重视，主要是因为它具有多重重要的功能，既有助于个人，又有助于社会、有助于国家。

礼仪的功能之一，在于它有助于提高人们的自身修养。

在人际交往中，礼仪往往是衡量一个人文明程度的准绳。它不仅反映着一个人的交际技巧与应变能力，而且反映着一个人的气质风度、阅历见识、道德情操、精神风貌。因此，在这个意义上，完全可以说礼仪即道德、即教养。而有道德才能高尚，有教养才能文明。这也就是说，通过一个人对礼仪运用的程度，可以察知其教养的高低、文明的程度和道德的水准。由此可见，学习礼仪、运用礼仪，有助于提高个人的修养，有助于“用高尚的精神塑造人”，真正提高个人的文明程度。

礼仪的功能之二，在于它有助于人们美化自身、美化生活、美化社会、美化祖国。

个人形象，是一个人仪容、表情、举止、服饰、谈吐、教养的集合，而礼仪在上述诸方面都有自己详尽的规范。《易经》有言：“君子以非礼弗履。”因此学习礼仪，运用礼仪，无疑将有益于人们更好地、更规范地设计个人形象、维护个人形象，更好地、更充分地展示个人良好的教养与优雅的风度，这种礼仪美化自身的功能，任何人都难以否定。当个人重视了美化自身、大家个个以礼待人时，人际关系将更加和睦，生活将更加温馨，社会将更加和谐，祖国将更加美丽。那时，美化自身便会发展为美化生活、美化社会、美化祖国；在国际交往中，亦将有助于中国人更好地、言行一致地“讲好中国故事，传播好中国声音”。这也是礼仪的运用所发挥的作用。

礼仪的功能之三，在于它有助于促进人们的社会交往，完善人们的人际关系。

古人云："世事洞明皆学问，人情练达即文章。"这句话，讲的其实就是交际的重要性。《素书》上说："礼者，人之所履。"《礼记》上则有言："礼也者，报也。"在人际交往中，礼仪属于与他人良性互动的艺术。一个人只要同其他人打交道，就不能不讲究礼仪。运用礼仪，除了可以使个人在交际活动中充满自信、胸有成竹、处变不惊之外，其最大的好处就在于能够帮助人们规范彼此之间的交际活动，更好地向交往对象表达自己的尊重、敬佩、友好与善意，增进大家彼此之间的了解与信任。假如人皆如此，时时、处处、事事如此，长此以往，必将促进社会交往的进一步发展，帮助人们更好地取得交际成功，进而造就和谐、完美的人际关系，取得事业的成功。

礼仪的功能之四，在于它有助于净化社会风气，推进社会主义精神文明的建设。

礼仪的本质，是令人向美、向善、向上，是用以提升个人素质的。学礼、明礼、守礼，重在促使人们向美、向善、向上。《左传》有云："礼，经国家，定社稷，序民人，利后嗣者也。"一般而言，人们的教养反映其素质，素质体现于其细节，而细节则往往决定着一个人的成败。反映个人素质与教养的礼仪，是人类文明的标志之一。一个人、一个单位、一个国家的礼仪水准如何，往往反映着这个人、这个单位、这个国家的文明程度与整体素质、整体教养。古人曾经指出"礼义廉耻，国之四维"，将礼列为立国的精神要素之本。而在日常交往之中，诚如英国大哲学家约翰·洛克所言："没有良好的礼仪，其余的一切成就都会被人看成骄傲、自负、无用和愚蠢。"荀子也曾说过："人无礼则不生，事无礼则不成，国家无礼则不宁。"反过来说，遵守礼仪，应用礼仪，将有助于净化社会风气，提升个人乃至全社会的精神文明方面的品位。当前，我国正在大力推进社会主义精神文明建设。其中的一项重要内容，就是要求全体社会成员讲文明、讲礼貌、讲卫生、讲秩序、讲道德，并且心灵美、语言美、行为美、环境美。这些内容，与礼仪完全吻合。因此，完全可以说，提倡礼仪的学习、运用，与推进社会主义精神文明建设是殊途同归、相互配合、相互促进的。这种社会主义的礼治，对于我国的现代化建设绝对是不可或缺的。

八、礼仪的学习

学习礼仪，要想取得理想的效果，就应当在学习途径、学习方法与学习重点这三个方面多加注意，切不可敷衍应付、只走过场。

对一般人来讲，学习礼仪主要有三大途径：

其一，进行理论学习。即利用图书资料、广播电视、互联网络、教学函授、业务培训，系统地、全面地学习礼仪。

其二，向社会实践学习。实践是检验真理的唯一标准，同时也是学习礼仪最好的教师。交往的成功，往往有赖于必要的经验。交际实践作为学习礼仪的一个具体过程，不仅可以使人加深对它的了解，强化对它的印象，而且可检验其作用，并且据以判断个人掌握、运用礼仪的实际水平。

其三，向专人学习。这里所指的专人，可以是教师、培训专家、礼仪顾问，也可以是在某些方面确有经验或所长者、堪称楷模之人。其共同之处，是对礼仪有一定的了解，或是具有一定的实践经验和心得体会。向他们学习，可使自己取长补短、见贤思齐、益智开窍。

学习礼仪，有多种方法可以采用。一般而言，其最主要的方法有四：

第一，联系实际。礼仪本身就是一门应用学科，因此学习礼仪，务必坚持知和行的统一。要注重实践，将知识运用于实践，不断地向实践学习。这是学习礼仪的最佳方法。

第二，循序渐进。学习礼仪不可贪多务得，细大不捐，而应当有主有次，抓住重点。若从与自己生活和工作最密切的地方开始，往往可以事半功倍。然而必须注意，学习礼仪是一个循序渐进的过程。对一些规范、要求，只有反复运用、重复体验，才能真正掌握。

第三，自我监督。古人强调提高个人修养要注意反躬自省："躬自厚"，"修己以敬"，"吾日三省吾身"。学习礼仪，也应进行自我监督，对自己既要在这一方面有所要求，又要处处注意自我检查。这样做，将有助于自己发现缺点，找出不足，将学习、运用礼仪真正变为个人的自觉行动和习惯做法。

第四，多头并进。在学习礼仪的同时，不应将其孤立于其他学科，而应当将这种学习与其他学科、其他文化知识的学习结合起来。如此一来，不但可以全面提高个人素质，而且有助于个人更好地掌握、运用礼仪。

从总体上看，礼仪是由一系列的规范、技巧与法则所构成的。学习礼仪，要讲究其全面性、系统性，但是不能搞烦琐哲学，不能脱离实际、死抱着条条框框不放。要是把礼仪搞得过分复杂、烦琐，是不利于礼仪的普及、推广的。古人曾就此一针见血地指出："礼繁则难行，卒成废阁之书。"将礼仪搞成繁文缛节，必将使礼仪曲高和寡。

学习礼仪，最切实可行的方法，是要抓住其重点。礼仪的重点，就是那些对交际活动具有普遍指导意义的各项主要原则。礼仪的原则可分为两大类：其一，适用于所有交际活动的原则。例如，"主随客便原则"。其二，适用于局部交际活动的原则。例如，在正式场合必须遵守的有关着装的"三色原则"。对这两类礼仪的主要原则，都要尽可能地加以掌握。这样认真去做，就能以点带面，掌握其精华。

总而言之，这些礼仪的主要原则高度凝练，可举一反三，适用范围甚广。对其悉心掌握，则会大获裨益。

九、礼仪的操作

在具体运用现代礼仪时，人们所面临的一个亟待解决的重要问题是：应当如何对其具体地加以操作?

解决这一问题时，主要应当关注以下两个方面：一是坚持正确的理念；二是掌握有效的方法。

第一，坚持正确的理念。所谓理念，亦即有关某一事物的基本观念。有道是："理念决定思路，思路决定出路。"倘若人们在具体操作礼仪时基本理念有误，则难免徒劳无益。

一般而言，现代礼仪以"尊重"为基本理念。在具体操作礼仪时，这一基本理念又体现于如下两点：

其一，摆正位置。在人际交往中，每一个人都拥有自己的具体位置，而且自己的具体位置往往还会不断地发生变化。在操作礼仪、以礼待人时，每一个人关键是要明确自己的具体位置、各就各位，切勿错位或越位。一言以蔽之，不论自己处于何种位置，始终都要做到"勿不敬"。即以尊重之心待己、待人。

首先，对自己而言，每一个人都必须维护自尊：一是必须尊重自我；二是必须尊重自己的职业；三是必须尊重自己所归属的团队；四是必须尊重自己所在的单位；五是必须尊重自己所处的社会；六是必须尊重自己所属的国家；七是必须尊重自己所生存的世界。

其次，对他人而言，每一个人亦应以尊重为本：尊重上司是一种天职；尊重同事是一种本分；尊重下级是一种美德；尊重客户是一种常识；尊重对手是一种风度；尊重所有人则是一种教养。

其二，调整心态。在人际交往中，每一个人不仅需要智商，而且更需要情商。一般而言，一个人的情商的高低，通常具体体现于其个人心态，即对自己、对他人、对社会的态度。在具体处理人际关系、运用礼仪时，每一个人均应自觉地进行心态调整。因为对自己的工作生活乃至人际关系而言，心态不仅决定状态，而且往往决定一切。

在具体操作礼仪时，人们所应进行的心态调整主要涉及如下三点：

一是需要"接受他人"。在人际交往中，现代礼仪要求每一个人都必须尊重他人。进而言之，所谓尊重他人，实际上就是要求人们必须善解人意地接受对方的一切合乎情理的选择。换言之，操作现代礼仪时，不仅需要严于律己，而且更需要宽以待人。

二是应当"换位思考"。在人际交往中，不仅内外有别、中外有别、外外有别，而且人人有别、时时有别、处处有别、事事有别。既然在操作现代礼仪时强调“交往以对方为中心”，那么人们必须善于进行“换位思考”自然不言而喻。

三是坚持“合作共赢”。进行人际交往时，每一个人都必须明确与人合作的重要性，并善于与他人和睦相处。与此同时，还必须真正地意识到自己所面对的世界是多有“不同”的：世界是具有多样性的，文明是具有多样性的，交际行为与交际规范也是具有多样性的。习近平同志曾经强调：在对外交往中，智者求同，愚者求异。唯其如此，才能真正地为自己打造出一种良好的人际环境。

第二，掌握有效的方法。一般而言，它主要涉及“有所不为”与“有所为”两个互有联系的不同层面。

其一，必须明确“有所不为”。所谓“有所不为”，即具体操作礼仪时，首先需要了解“不能做什么”。例如，不能讲什么话，不能做什么事，等等。在这些方面不出现差错，即可“问题最小化”，不仅自己可以不出洋相，而且可以避免失礼于他人。

其二，必须尽力“有所为”。所谓“有所为”，在此指的是具体操作礼仪时，应该了解“应当如何做”，或者“如何做得更好”。例如，应该怎样讲话，应该怎样办事情，等等。在这些方面尽量做到符合礼仪规范，就会令自己的所作所为好上加好。

孟子说过：“人有不为也，而后可以有为。”在操作礼仪时，需要强调的是：“有所不为”，是每个人皆须力戒的；“有所为”，则是人们所共同努力的目标。在任何情况下，二者均不可偏废。

第一章 服务人员的仪容规范

服务人员的仪容规范，在此指的是对服务人员个人仪容的标准化、正规化要求。在具体的工作岗位上，服务人员必须按照常规对自己的仪容进行必要的修饰与维护，以便真正做到『仪容美』。

学习目的

- 重视个人仪容。
- 在日常工作与生活中有意识地维护自身形象。
- 掌握有关服务人员仪容的基本规范。
- 按规范修饰仪容。
- 维护个人仪容，力求做到“仪容美”。

本章要点

- 本章所讲授的是服务人员的仪容规范。它在此指的是对服务人员个人仪容的标准化、正规化要求。重视自身仪容的修饰与维护，将直接有助于服务人员塑造良好的个人形象与自己所在单位的形象，并真正做到“仪容美”。
- 本章第一部分讲授的是面部修饰，它具体涉及：基本的要求、修饰的规范、局部的修饰等。
- 本章第二部分讲授的是肢部修饰，它具体涉及：上肢的修饰、下肢的修饰等。
- 本章第三部分讲授的是发部修饰，它具体涉及：发部的整洁、发部的造型、发部的美化等。
- 本章第四部分讲授的是化妆修饰，它具体涉及：化妆的守则、化妆的禁忌等。

就一般常识来说，几乎所有服务人员都非常清楚：在自己为服务对象提供服务的具体过程之中，本人的仪容是自己身上为对方注意最多，并且也是最受对方重视的因素。在正常情况下，这一点是毫无例外的。正是因为如此，每一位意识到维护自身形象的重要性，并且意欲将此付诸实践的服务人员，在维护、修饰自我形象时，均应对自己的仪容予以充分的关注。

服务人员面部的修饰

仪容，通常指的是一个人的外貌，即一个人呈现于他人面前的具体的外形与外观。有些时候，人们也会将其称为容貌。实际上，一个人的容貌，在他的整体形象中的确居于显著的地位。在日常生活中，任何一个人都不会否认仪容对于每个人给予他人的印象影响甚大，在个别时刻，它甚至会产生举足轻重的作用。假定一个服务单位的从业人员之中的绝大多数仪容不佳，而且不加以任何的修饰，那么难免就会无意之间损害其所在单位的形象，甚至还有可能因此而使服务对象敬而远之。

一个人的仪容，大体上受到以下两个要素的制约。

（1）**先天条件**

一个人相貌如何，通常主要受制于血缘遗传。一个人不论是“天生丽质难自弃”，还是长得普普通通，实际上从一降生到人世便基本定型了，其后的发展变化往往不会相去太远。

（2）**修饰维护**

每一个人的先天条件在其仪容方面固然至关重要，然而这并不意味着一个在其仪容方面先天条件优越的人，便可以过分地自恃其长，而不去进行任何后天的修饰或维护。事实上，修饰与维护对于仪容的优劣而言通常起着一定的作用。在任何情况下，一个正常人倘若不注意对本人的仪容进行合乎常规的修饰或维护，往往在他人的心目中也难有良好的个人形象可言。

服务礼仪规定：全体服务行业的从业人员在自己的工作岗位上，都必须按照本行业的一定之规，对自己的仪容进行必要的修饰与维护。具体而言，要求有二：第一，服务人员必须对本人的仪容进行必要的修饰与维护。第二，服务人员修饰与维护本人的仪容时必须遵守一定之规。

服务礼仪要求：服务人员在修饰与维护本人的仪容时，重点应当放在面部修饰、肢部修饰、发部修饰、化妆修饰四个方面。对于这四个方面，绝对不容许有所忽略，或者有所偏废。

一、面部修饰

面部，又称面孔、脸部、脸面。一般而言，它指的是人头的前部，包括上至额头、下到下巴这一部分。人的五官，如眉、目、耳、鼻、口等，均位于面部，而且也是面部引人注目之处。

在人际交往中，每个人仪容之中最为他人所注意的地方，通常首推其容貌。容貌，亦称相貌、面貌，它所指的主要就是一个人面部的具体样子。人们平常所说的人的长相，其实指的主要就是人的容貌。显而易见，说一个人的长相好还是不好，主要与其容貌相关。人体的其他部分，如四肢、躯干、毛发等，往往不会产生决定性的影响。英国有句话是这样说的："当你同别人打交道时，他注意你的面部很正常。可他要是过多地去打量你身体上的其他部位，那就有一些不正常了。"出于这一原因，服务人员在自己的工作岗位上服务人时，必须对自己面部的修饰予以高度的重视。

（一）基本的要求

在修饰个人面部之际，每一名服务人员均须自觉地遵守下述两项基本原则。

容貌端正

服务单位在选聘服务人员时，尤其是在挑选本单位窗口部门的服务人员时，务必将容貌端正与否作为一项主要条件。

无数事实证明，每当服务对象接触服务单位之际，他所直接面对的服务人员的容貌是否端正，大都对他产生一定的影响。如果服务对象所接触到的服务人员容貌端庄、秀丽，看上去赏心悦目，即所谓"面善"，往往就会挽留住服务对象，甚至有可能增进其消费欲望；相反，倘若服务对象所直接面对的服务人员容貌猥琐丑陋、不堪入目，亦即所谓"面恶"，则很有可能会令其望而却步。这一点，必须理智地予以承认。

因此，服务单位在选聘、任用服务人员时，特别是在选择直接在服务对象面前代表本单位形象的窗口部门的服务人员时，一定要将其容貌的端正与否列为主要条件之一。虽然不必要求每一位服务人员都是俊男靓女，但至少应当要求其五官端正，面部不存在严重缺陷。总而言之，有必要将服务人员的容貌端正与否的问题提升到维护其所在单位的整体形象的高度来加以考虑。对此问题如果失察，往往就会令服务对象对服务单位心生不快，甚至直接产生反感。

注重修饰

服务单位应当严格要求全体服务人员注重其本人容貌的修饰，以便弥补自身的缺陷，改善或维护自己的形象。这一问题，与每一位服务人员都直接存在着利害关系，故此理当引起高度重视。

具体来说，要求全体服务人员注重修饰本人的容貌，又包含着以下两层含义。

（1）应修整自身容貌。服务人员平时应经常地修整、打扮自己的容貌，或是采取措施改善明显不足之处。也就是说，要对自己的容貌有意识地扬长避短，并且重在避短。

（2）应维护自身容貌。服务人员平时应自觉地维护并保持自己经过修整、打扮或是改善的容貌。这绝非一朝一夕之事，而是需要持之以恒的。

以上两层含义，实际上是同一个问题的两个不同的侧面。服务人员对于其中任何一点，都不可轻视或者忽略。不修整、打扮、改善自己的容貌，显然不合适；而经过修整、打扮、改善的容貌，若是不用心地加以维护、保持，同样也是不得体的。

（二）修饰的规范

服务人员在进行其个人面部修饰时，必须遵循规范性的做法。唯有坚持这样去做，服务人员在自己的工作岗位上才能做到容光焕发、神采奕奕，而不至于“脸上无光”、贻笑大方。

在进行个人面部修饰时，服务人员应当遵守的总的指导性规则是：洁净、卫生、自然。

洁净

服务人员在进行其个人面部修饰时所关注的洁净问题，在此主要是要求优先考虑面容的清洁与否。特别应当强调：服务人员在上岗服务时，要把保持自己的面部干净、清爽当作一件大事来看待。

要真正保持面部的干净、清爽，公认的标准是要使之无灰尘、无泥垢、无汗渍、无分泌物、无其他一切被人们视为不洁之物的杂质。服务人员要真正做到这一点，就要养成平时勤于洗脸的良好习惯。

应当着重指出的是，对服务人员而言，洗脸绝对不应当被看成仅仅是早上起床后、晚上睡觉前的个人私事。要真正保持自己面部的洁净，实际上每天只洗一两次脸是远远不够的。依照常规，班前班后、外出归来、午休完毕、流汗流泪、接触灰尘或工作忙碌之后，服务人员均应自觉地及时洗脸。

服务人员在清洗自己的面部时，不但要注意清洗的次数问题，同时还必须优先重视其质量问题。在洗脸时，服务人员一定要耐心细致、完全彻底、“面面俱到”。诸如眼角、鼻孔、耳后、脖颈等易于藏污纳垢之处，切勿一带而过、予以疏忽。若将洗脸纯粹视为“走过场”的例行公事，蜻蜓点水、马马虎虎地敷衍了事，将很难保持自己面部的真正洁净。

卫生

服务人员在进行其个人面部修饰时所关注的卫生问题，在此主要是要求认真注意自己面容的健康状况。需要注意的是，服务人员在工作岗位上服务于人时，假如自己面部的卫生状态不佳，必将令服务对象产生严重的抵触情绪。

服务人员要注意自己面部的卫生，需要同时兼顾讲究卫生与保持卫生两个方面。特别应当留意：要防止由于个人不讲究卫生而使面部经常疙疙瘩瘩。可以想见，一位面部满是疖子、痤疮或是疱疹的服务人员，在服务对象的眼里会是怎样一种形象。

服务人员一旦面部出现了明显的过敏性症状，或是长出了疖子、痤疮、疱疹，务必及时前去医院求治。切勿任其自然，或者自行处理。尤其不要又抓、又挠、又挤，免得因此而“满脸开花”，惨不忍睹。

根据常规，服务人员万一面部患病、负伤或接受治疗，特别是当其面部进行包扎、涂药之后，一般不宜再直接与服务对象进行正面接触，而是需要暂时休息，或者暂时改做其他工作。这不是不让服务人员坚守工作岗位，而是因为服务人员面部的病症实在有碍观瞻、令人望而却步，往往会直接或间接地影响其服务质量。

自然

服务人员在进行其个人面部修饰时所关注的自然问题，在此主要是要求时刻重视自己的面容是否夸张。一定要牢记：服务人员的面部修饰既要讲究美观，又要讲究合乎常情。按照人们对服务人员的角色定位，庄重、大方乃是其维护个人形象的第一要旨。标新立异、追求前卫等眼下流行的修饰风格，均与服务人员的角色不符，故此不宜尝试。

举例而言，目前风行一时的贴饰，即将图形、文字粘贴于面部或者身体的其他部位的修饰方法，出现在一位摩登青年身上，绝对不会令人大惊小怪。但是，如果正在服务于人的服务人员这样做的话，则往往会让人难以认同。再如，个性化较强的文眉、纹面，对服务于人的服务人员也未必适合。

要求服务人员面部的修饰自然一些，并非排斥其美观、靓丽。依照常规，对面部进行适度的美化未尝不可，但同时要意识到：服务人员按其工作性质进行面部修饰，最重要的是要做到“秀于外”与“慧于中”二者并举。如果只是片面地强调面部的美化，甚至要求广大服务人员普遍地去改变其天生的容颜，如去绣眉、隆鼻、垫腮、吸脂、文唇线、割双眼皮、激光拉皮，不仅没有必要，而且也很不现实。

（三）局部的修饰

服务人员在进行其面部修饰时应以洁净、卫生、自然为重，是就总体而言的。下面，将在贯彻这一总体要求的前提下，具体介绍服务人员进行面部修饰时须加重视的几个局部问题。

眉部的修饰

在一个人的面部，眉毛虽然不像眼睛那样引人注目，但它却绝非可有可无。要是一个人不长眉毛、剃掉眉毛，或者眉形难看，无疑都会直接有损其整体形象。

服务人员进行其眉部修饰时，重点应当注意下列三个具体问题。

（1）眉形的美观

眉形的美观与否，对于任何人都很重要。大凡美观的眉形，不仅形态正常、自然而优美，而且还应当又黑又浓。对于那些不够美观的眉形，诸如残眉、断眉、竖眉、“八字眉”、“倒八字眉”，或是过淡、过稀、过少、过细、参差不齐的眉毛，必要时应采取措施，进行修饰。

（2）眉毛的梳理

服务人员务必牢记：自己所拥有的美观的眉形，只有在平时经过认真梳理，才能算是真正完美无缺的。务必养成习惯，每天上班前在进行面部修饰时梳理自己的眉毛，令其秩序井然，而非东倒西歪、杂乱不堪。

（3）眉部的清洁

在洗脸、化妆以及其他可能的情况下，服务人员都要特别留意自己的眉部是否清洁。特别应当注意，要防止在自己的眉部出现诸如灰尘、死皮或是掉下来的眉毛等异物。

眼部的修饰

对每一个人来讲，眼部都是他人观察最多的地方。在这一点上，服务人员当然也不会例外。

服务人员在进行眼部修饰时，主要有以下三个问题应予重视。

（1）眼部的保洁

既然服务人员的眼部最为他人所注意，那么首先就不能不重视它的保洁问题。对一般的服务人员来讲，在这方面最重要的，是要及时除去自己眼角不断出现的分泌物，亦即所谓眼垢，使之不为他人所见。在正常情况下，眼垢并非只产生在睡眠以后，而是随时都可能会出现。哪怕它只是在服务人员的眼角或睫毛上残留一点点，都会留给他人又脏又懒的感觉。

（2）眼病的防治

人的眼部十分容易患病。眼部一旦生病，往往不但会传染于人，而且看起来有损仪容。例如，沙眼便是这样一种令人生畏的眼病。服务人员要特别注意眼病的预防和治疗。如患上传染性的眼病，就应及时治疗、休息，绝不可在此期间与服务对象直接进行面对面的接触。

（3）**眼镜的佩戴**

当前，人们或是为了矫正视力，或是为了保护眼睛，或是为了追随时尚，常常会佩戴上一副眼镜。对服务人员来讲，如欲在工作岗位上佩戴眼镜，则有三点注意事项。其一，要重视眼镜的选择。在选择眼镜时，除了要求其实用之外，还应注意其质量是否精良、款式是否适合本人。其二，要保持眼镜的清洁。戴眼镜的人，一定要坚持每天揩拭眼镜。镜片的清洁与否，尤其要引起每一位戴眼镜者的重视。如有必要，还应定期对镜架进行清洗。其三，要避免佩戴墨镜、美瞳。墨镜，即太阳镜，它主要适合人们在室外活动时佩戴，以防止紫外线损伤眼睛。服务人员在室内工作时如果佩戴墨镜，好似存心让他人“不识庐山真面目”，甚至暗含拒绝沟通之意，因而是不适当的。美瞳，通常是对装饰性平光隐形眼镜的俗称。因其重在装饰、美化，故此服务人员在其工作岗位上一般不宜佩戴。

耳部的修饰

在人的面部，双耳算不上是抢眼之处，但仍然处在他人的注意范围之内。在修饰耳部时，服务人员需要注意以下两点。

（1）**耳部的除垢**

对个别人而言，在清洁面部时，耳部特别是耳孔之内，往往会被忽略。事实上，在每个人的耳孔里，都会有分泌物出现，此即所谓耳垢。另外，耳孔之内有时还会积存一些落入其中的灰尘。当别人站立于自己身体的一侧时，它们少不了会映入对方的视野之中。因此，服务人员务必每天进行耳部的除垢、除尘。但一定要注意，此举不宜在工作岗位上进行，特别是不要在接待服务对象时大掏特掏自己的耳垢。

（2）**耳毛的修剪**

人到了一定的年纪，耳孔周围往往会长出一层浓密的耳毛。服务人员一旦发现此种情况出现在自己身上，即应及时对其进行修剪，否则会很不美观。

鼻部的修饰

在每个人的鼻部，多多少少都会存在一些不够雅观的问题。服务人员在对自己的鼻部修饰时，重点应当关注以下三个问题。

（1）**鼻涕的去除**

某些时候，服务人员也会遇上鼻涕自鼻孔流出来的情景，或是遭遇其“结晶”后的鼻垢有碍于自己呼吸的情况。对此处理失当，既不卫生，又不堪入目。服务人员应当注意的是：切勿当众以手去擤鼻涕、挖鼻孔、乱弹或乱抹鼻涕、鼻垢，更不要用力将其自行吸入。有必要去除鼻涕或鼻垢时，宜在无人在场时进行，以手帕或纸巾进行辅助。还须切记：尽量不要将此举搞得响声大作。

(2) **“黑头”的清理**

鼻部的周围，往往毛孔较为粗大。内分泌过于旺盛的人，如若清洁面部时对鼻部周围不加注意，时间久了，便会在此处积存一些脂肪或泥垢。它们就是人们平常所说的“黑头”。在清理这类有损于个人形象之物时，切勿乱挤乱抠，免得造成局部感染。明智的做法是：其一，平时对此处要认真进行清洗。其二，可用专门对付它们的“鼻贴”，将其处置掉。

(3) **鼻毛的修剪**

如同耳毛一样，鼻毛长到一定的程度也会冒出鼻孔之外。有的时候，它们甚至会长得一簇一簇的，在鼻孔之外随风招摇。服务人员对此切莫掉以轻心，要注意定期对其进行检查。一经发现其超长，即应对其进行修剪。但务必牢记：千万不要当众用手去揪拔自己的鼻毛。

口部的修饰

口部的修饰，通常涉及面比较广泛。除了口腔之内，嘴巴的周边亦应被包含在内。服务人员在进行口部修饰时，应当注意以下五个主要方面。

(1) **刷牙**

一个人若是口腔不够洁净，便会产生口臭。这种人在人际交往中往往会令人退避三舍。服务人员要搞好口腔卫生，防止口中产生异味，最好的办法就是认真刷牙。此处所说的认真刷牙，既是要求采用正确的刷牙方式，又是要求贵在坚持。一般来讲，真正要做到以刷牙来防止口中产生异味，最好是在刷牙时做到“三个三”：其一，每天刷三次牙。其二，每次刷牙宜在餐后三分钟进行。其三，每次刷牙的时间不应少于三分钟。

(2) **洗牙**

维护牙齿，除了要做到使之无异物、无异味之外，还要使之保持洁白，并且及时地去除有碍于口腔卫生的牙石。在目前条件下要做到这一点，最佳的办法，就是定期去口腔医院洗牙。所谓洗牙，即以技术性手段去除牙石。一般来讲，成人每半年左右即应洗牙一次。

(3) **禁食**

此处所谓的禁食，主要是指服务人员在工作岗位上，为了防止自己的口中因为饮食方面的原因而产生异味，故暂时避免食用、吸食或饮用某些气味过于刺鼻的饮食。它们主要包括葱、蒜、藠头、韭菜、虾酱、榴梿、臭豆腐，以及香烟、烈酒。人们一旦享用了它们，在一段相当长的时间内，嘴里都会驻留令人掩鼻之味，而毫无办法完全祛除之。

(4) **护唇**

当一个人闭口不言时，其嘴唇通常极为惹人注目。因此，服务人员平时应有意识地呵护自己的嘴唇，要想方设法不使自己的唇部开裂、爆皮。此外，还应避免嘴角残留异物。

（5）**剃须**

男服务人员，若无特殊的宗教信仰或民族习惯，一定要坚持每日上班之前剃须，切忌胡子拉碴地在工作岗位上抛头露面。女服务人员，若是由于内分泌失调而唇上生出一些过于浓重的汗毛，亦应及时将其除去。无论如何，它都是有损于女性美的。

此外，按规定在工作岗位上需要戴防护口罩时，服务人员一定要认真遵守规定。

二、肢部修饰

服务人员手部的修饰

肢部，又叫作肢体，有时人们将其称为四肢。具体来讲，它指的就是人们的手臂与腿脚。在一般场合，手臂叫作上肢，腿脚则称作下肢。在人际交往中，人们的肢体因其动作最多之故，经常会备受关注。在某些特殊的情况下，人们对于他人肢体重视的程度，甚至会不亚于对于对方面部重视的程度。

对服务人员而言，服务于人时，还存在一个肢体运用的问题。因此，在讨论服务人员的仪容规范时，绝对不应当对其肢部的修饰有所忽略。

工作于不同具体岗位上的服务人员，平时对于自己肢体的运用有着不同的要求。以下就站在服务礼仪的角度上，分别介绍服务人员在修饰上肢与下肢时所应当遵守的基本规范。

（一）上肢的修饰

在人际交往中，就正常状况而言，上肢往往是人们运用最为频繁的身体部位。对服务人员而言，不论其指示方向、处理商品、递送物品、接收钱款、包扎货物、演示用途、安装调试，还是挥手道别，往往都不可能不动用自己的手臂。一双保养良好、干净秀美的手臂，往往会为服务人员平添美感。而若拥有一双伤痕遍布、污渍斑斑的手臂，则定然会使人大倒胃口，甚至会因此而影响到他人对服务人员以至其所属单位的总体评价。

在服务行业里，手臂通常被视为每一名服务人员所拥有的“第二张名片”。所以，注重维护自我形象的服务人员，对于自己在服务于人的整个过程中自始至终处于显著位置的手臂，无论如何都不能不悉心加以修饰。服务人员在修饰自己的手臂时，经常需要给予高度重视的问题主要有以下四个方面。

▌手臂的保养

由于服务人员平日运用手臂较多，某些特殊的工作岗位甚至还会在某种程度上对相关人员的手臂造成一定的伤害，所以服务人员一定要高度重视保养自己的手臂，尤其是要保养好自己的双手。

服务人员必须明确：不论自己的工作多么辛劳繁重，不论自己的时间多么不够用，都不能使之成为怠慢自己手臂的借口。在正常情况下，一位服务人员的手臂如果总是粗糙、皲裂、爆皮、红肿、生疮、长癣，或者创伤不断，那么只能够说明他对于自己手臂的保养马虎惯了。

保养自己的手臂，需要着重关注如下两点：其一，方法得当。保养手臂，不讲究科学，不运用正确的方法，便难以奏效。其二，重在坚持。保养手臂，一定要经年累月地坚持下来，才能真正做好。

▌手臂的保洁

手臂，特别是手部的干净与否，往往会给人以深刻的印象。在服务行业中，服务人员的手臂干净与否，有时甚至会显得至关重要。举例而言，假定一名餐饮业的服务人员用自己手指缝黑乎乎的双手为消费者递送食品或饮料，对方恐怕只能是食欲顿失，甚至拂袖而去。

服务人员要注意手臂的保洁，首先就要重视手臂的清洗。在清洗手臂以后，要真正确保无泥垢、无污痕。除了手部的烟渍必须根除之外，其他一切碍眼的痕迹，如手上所沾的墨迹、油污、酱渍以及其他污渍，服务人员均应将其清洗得一干二净。

从卫生的角度来考虑，服务人员洗手一定要比洗脸频繁。在工作岗位上，每一位服务人员都要谨记，自己的双手要坚持做到“六洗”，即至少在六种情况下必须洗手：

其一，上岗之前要洗手。

其二，手脏之后要洗手。

其三，接触精密物品或入口之物前要洗手。

其四，规定洗手之时要洗手。

其五，上过卫生间之后要洗手。

其六，下班之前要洗手。

有时，洗手之际还须按规定进行消毒或除菌。

服务人员还须注意：在工作岗位上双手乱用，例如，揉眼睛、掏耳孔、抠鼻眼、擤鼻涕、剔牙齿、搔头发、抓痒痒、脱鞋袜，或是双手四处乱摸、乱捡地上的物品等，都极不卫生。

在一些特殊的工作岗位上服务于人时，为了确保卫生，按规定服务人员还必须戴上专用的防护手套。按规定理应戴防护手套时忘记戴或有意不戴，是坚决不允许的。

手臂的装饰

现代人大都十分讲究自身的装饰。在现代人进行自身装饰，尤其是现代女性进行自身装饰时，通常会优先考虑自己手臂的装饰。而在各国服务行业的从业人员中，女性往往占据着很大的比重。这样，就不能不来专门讨论服务人员手臂装饰的问题。

毋庸讳言，人们之所以要对自己的手臂进行装饰，自然是为了替自己增添美感。但是，服务行业对于自己的从业人员的美感，却有着独具特色的要求。简而言之，服务人员在工作岗位上的装饰应当以朴素为美、以庄重为美。服务人员理当具有的美感不应以艳丽、怪诞取胜，否则即与其特定的社会角色极不相称。

遵循这一主旨，服务人员在修饰手臂时需要特别重视下述几个方面的细节问题。

（1）**不应蓄留长指甲**

在工作岗位上，服务人员不应蓄留长指甲。留着长长的手指甲，在有些人看来，往往独具美感。而对服务人员来说，蓄留过长的手指甲，只会让别人感到其手部不够清爽。当其手指甲缝里乌黑一团时，情况就更是如此。所以，服务礼仪要求：服务人员的手指甲通常不宜长过其指尖。若其长过指尖的话，即算超长，必须予以剪除。服务人员对于修剪自己的手指甲，要养成“三天一修剪、每天一检查”的良好习惯，并且一定要做到坚持不懈。

（2）**不宜化艳妆、浓妆**

在工作岗位上，服务人员不宜化艳妆、浓妆。出于养护指甲的目的，允许服务人员平时使用无色指甲油。但是，若非专业的化妆品营销人员或美容、美发、美甲人员，一般不允许在自己的工作岗位上服务于人时，指甲上涂抹彩色指甲油，或者在指甲上进行艺术绘画。在工作之余，服务人员十指指甲上涂满蔻丹，甚至十指十色，或是在其上进行微型艺术绘画，固然无可厚非；但若是在其工作岗位上如此这般，则会给人以故意招摇之感，往往令服务对象难以接受。在手臂上刺字、刻画等文身之举，也是不适宜的。

（3）**不得使腋毛外露**

在工作岗位上，服务人员的腋毛不得外露。一般而言，服务人员不应以肩部暴露的服装作为自己的工作装。其主要原因在于：这种服装将会令服务人员的腋窝一览无余，而一个人的腋毛被别人看到未免甚是不雅。万一因为工作的特殊需要，服务人员必须穿着肩部外露的服装上岗服务，则必须切记：此前最好剃去自己的腋毛。此外，有个别人手臂上往往长有较为浓密的汗毛。此种现象，亦不符合我国传统的审美标准。在必要之时，应当采取行之有效的方法将其去除。

▍手臂的防病

由于服务人员在工作时主要借助于手臂，因此要想方设法对其多加防护，避免其出现伤病。以伤病之手坚持服务于人，精神固然可嘉，但服务对象却未必领情。

服务人员要关注手臂的防病，主要应当重视下列三点。

（1）讲究个人卫生，防患于未然。

（2）有病及时诊治，切勿任其发展。

（3）牢记工作性质，不要以伤病之手接触他人。当服务人员的手臂患有传染性疾病，伤病处不堪入目，或者涂满药物、进行过包扎时，就不要面对面地接待服务对象。不用说别的，只要想象一下自己见到别人伸过来的手掌满是“遍地开花”的手癣时会是一种怎样的心情，就会明白何以非要这样做了。

此外，还应当注意及时剪除指甲周围的死皮。它们的出现，实际上往往是手部接触肮脏之物后的结果。

（二）下肢的修饰

人们行走之时，主要借助于下肢。在人际交往中，人们常常又有“远看头，近看脚”的观察他人的习惯。由此可知，一个人的下肢尽管不是其个人形象的主要代表，但也绝对不可以任其自然。

人们在称道他人的优美形象时，时常会使用“足下生辉”一语。客观地说，要在人际交往中真正做到“足下生辉”，除要慎重地对待下肢服饰的选择与搭配之外，注重其修饰也是相当重要的一环。按照工作性质，服务人员在对自己的下肢进行修饰时，需要注意的主要有下列三个问题。

▍下肢的清洁

服务人员在进行个人保洁时，不应该忽略下肢，而应该认真对待。因为种种因素，一些人经常对下肢的清洁问题掉以轻心。

要求服务人员重视下肢的清洁，特别应对以下三个方面的细节加以强调。

（1）**勤于洗脚**

一个人的双脚不但易于出汗，而且易于产生异味。如果做不到经常性地认真清洗，便难有清洁可言。此外，当自己赤足穿鞋时，务必要在洗脚时对于双脚的趾甲、趾缝以及脚后跟等处认真对待。坚决不允许由于自己洗脚时马虎大意，从而致使那些地方得以藏污纳垢。

（2）**勤换袜子**

除勤于洗脚外，服务人员还必须勤于更换自己的袜子。在一般情况下，最好做到每天都能换洗一双袜子。唯有这样做，才能双管齐下地预防脚臭。在可能的情况下，还应当注意，不要穿那些不易透气、易生异味的袜子。

（3）**勤换鞋子**

有的人袜子换得很勤，鞋子却很少更换。此种做法，其实是有害的。如不注意勤于更换鞋子，不但有可能使之“超负荷运转”，因而缩短使用寿命，而且也有可能使其内部发生霉变，进而产生异味。平时，服务人员除了要定期更换自己的鞋子外，还须关注其外观上的保洁。在穿鞋前，要细心清洁好鞋面、鞋帮、鞋跟、鞋底等处。

下肢的遮掩

考虑到文明和礼貌等方面的因素，服务人员在上岗服务于人时，需要以服装与鞋袜适当地对自己的下肢进行必要的遮掩。假定服务人员在自己的工作岗位上因服装与鞋袜的选择不慎而过多地暴露了自己的下肢，不但毫无美感可言，而且还有可能给人以少调失教的感觉。

一般来讲，服务人员在选择服装与鞋袜时应认真做到以下四点。

（1）**不光腿**

服务人员的下肢如直接暴露在他人的视线之内，则最好不要光腿。男性如果光腿，只会令人对他的一双“飞毛腿”产生厌恶。而女性光腿，则通常会被理解为是在成心向异性显示自己的性感与魅力。女服务人员如果由于气候过度炎热或工作性质比较特殊而光腿的话，必须选择长过膝盖的裤子或裙子。

（2）**不光脚**

根据常规，服务人员在工作时通常不允许赤脚穿鞋，而一定要穿上袜子。提出这一要求，既是为了美观，也是为了在整体上塑造服务人员的良好形象。人所共知，赤脚穿鞋虽然有时候会令自己感到十分舒服，但却会让别人觉得不够正式。

（3）**不露脚趾**

服务人员在选择鞋子时，不仅要注意其式样、尺寸，还须特别注意：自己在穿上鞋子之后，不宜让脚趾、趾缝露在外面。不论是否穿有袜子，此点皆应予以重视。正因为如此，服务人员，尤其是窗口部门的服务人员，在其工作岗位上一般不允许穿暴露脚趾、趾缝的凉鞋或拖鞋。

（4）**不露脚后跟**

与不允许露脚趾、趾缝的理由一样，服务人员在工作岗位上暴露自己的脚后跟，也会显得过于散漫，或不甚美观。因此，服务人员通常不应当穿着无后鞋帮的鞋子或有意让脚后跟裸露在外的鞋子，尤其是不应当在穿带着后鞋帮的鞋子时趿拉着它。

下肢的美化

下肢虽然不算是服务人员修饰的重点，但从整体形象的角度考虑，对其进行合乎常规的美化还是存在着一定的必要性的。服务人员在对自己的下肢进行美化时，主要需要注意下述三个问题。

（1）**去除腿毛**

一般而言，浓密的腿毛多见于男性。但是，由于多重因素的影响，少数女性的腿部偶尔也会长出一些较重的腿毛。假如遇到此种情况而又要穿裙子，则最好将其去除，或是选择色深而不透明的袜子。

（2）**修剪指甲**

服务人员应当切记：要像经常检查、认真修剪手指甲一样，经常检查并认真修剪自己的脚指甲。在修剪脚指甲时，不仅要注意令其长度适中、外形美观，而且还应当同时使之保持清洁，并且要将脚指甲周围可能出现的死皮一并予以剪除。

（3）**忌化彩妆**

时下，许多时尚女性对于在脚部化彩妆，即在脚指甲上涂抹彩色指甲油或进行彩绘十分推崇。有个别人，还会在脚指甲上使用贴饰、贴画应当指出，此类风靡全国各地的做法，对于在服务行业就职的女性来说却是不宜采用的。

三、发部修饰

当一个人为别人所注视时，他的头发通常是被注视的重点中的重点。有一位资深的形象设计专家曾经指出："一个人身上，正常情况下最引人注意的地方，往往首先是对头发所进行的修饰。"

发部修饰，在此特指人们依照自己的审美习惯、工作性质和自身特点，对自己的头发所进行的清洁、修剪、保养和美化。服务人员在进行个人发部修饰时，不仅要恪守针对常人的一般性规范，而且还必须严格遵守本行业、本单位的特殊性要求。

依照服务礼仪的规范，服务人员在进行个人发部修饰时，对下述三点应予以重视。

（一）发部的整洁

对服务人员而言，其头发在人际交往中能否确保整洁，会直接影响到他人对自己的评价。头发若不整洁，往往会让人觉得邋邋遢遢、萎靡不振，甚至被视为缺乏爱岗敬业的精神。

▌避免不洁

在服务行业，发部不整洁的现象主要有如下三种。

（1）**不及时清洗**

有的人不论天气如何，不问自己置身于何种环境之中，他的头发都经常是十天半个月不清洗一次，而且听任其异物遍布、异味扑鼻，甚至让头发一缕缕黏在一起，看上去“油光可鉴”。

（2）**不定期修剪**

任何人的头发，都必须定期进行修剪，以便使之呈现出一定的美观造型。如果不定期对自己的头发进行修剪，而是任其“自由发展”，则只会现出一番不雅的“杂草丛生”、凌乱不堪的景象。

（3）**不认真梳理**

服务人员不但要修剪头发，而且在定期进行头发的修剪之后，还必须每天在必要之时对其及时地梳理。认真地梳理头发，既可以保养头发，也有助于保持自己美好的仪容。不注意梳理头发的人，要么一头头发看上去杂乱无章，要么一丝一缕“不守规则”的头发破坏了发部的整体造型，往往只会给人以做事有始无终、大大咧咧的印象。

自觉修整

为了确保自己发部的整洁，维护本人的完美形象，服务人员必须对上述发部不整洁的现象反其道而行之，自觉主动地对自己的头发加以修整，即对其进行必要的清洗、修剪和梳理。

（1）**清洗头发**

修整头发，除要采用正确的方式方法之外，最重要的是要对其定期清洗，并且坚持不懈。一般认为，服务人员每周至少应当对自己的头发清洗两三次。假若条件允许，则最好是每天都对其进行一次清洗。

（2）**修剪头发**

与清洗头发一样，修剪头发同样需要定期进行，并且持之以恒。在正常情况之下，服务人员通常应当每半个月左右修剪一次自己的头发。至少也要确保每一个月修剪头发一次。否则，自己的头发便难免参差不齐、凌乱不堪。

（3）**梳理头发**

梳理头发，是服务人员每天必做之事，而且往往应当梳理不止一次。按照常规，服务人员在下述情况下，皆应自觉梳理自己的头发：一是出门上班前；二是换装上岗前；三是摘下帽子时；四是下班回家时；五是其他有必要之时。

服务人员在梳理自己的头发时，还有下列三点应予注意。

（1）梳理头发，往往不宜当众进行。作为私人事务，梳理头发时当然应避开外人。

（2）梳理头发，不宜直接用手代劳。服务人员最好随身携带一把发梳，以备必要时梳理头发之用。不到万不得已，千万不要以手指去代替发梳。

（3）断发、头屑不宜随手乱扔。梳理头发时，难免会产生少许断发、头屑等，将其信手乱扔，显然是缺乏教养的表现。

（二）发部的造型

经过清洗、修剪、梳理之后，人们的头发通常会按照自己的主观意愿呈现出一定的形状。所谓头发的造型，在此指的就是头发在经过一定修饰之后所呈现出来的形状，亦称发型。

一个人选择发型，往往会直接牵涉到多重因素，年龄、性别、民族、宗教、身材、脸型、发质、性格、服饰、时尚以及职业等，这些因素往往都是人们在为自己选定一种具体的发型时所必须予以综合平衡、用心考虑的。忽略了其中任何一项因素，都有可能导致发型选择的失败。

发型的要求

对一般的服务人员而言，在为自己选择发型时必须优先予以考虑的因素是自己的职业。换言之，服务人员在选择本人的发型时，理应首先以自己的工作性质为重，这是服务礼仪对服务人员的基本要求之一。

服务人员在选择本人的发型时优先考虑自己的工作性质，具体说来，主要应当关注以下两个问题。

长短适当

服务人员在选择发型时，应当优先考虑其具体长度是否得体。按照服务行业工作性质的要求，服务人员在为自己选择具体发型时，不允许对其长度自由放任。

在头发的长度方面，对于服务人员的总的要求是：长度适中，并且以短为宜。具体而言，对于男服务人员与女服务人员，则分别又有着不同的要求。

1. 对男服务人员的具体要求

对男服务人员来讲，其头发的具体长度有着规定的上限与下限。

（1）男服务人员发长的上限

在服务岗位上，男服务人员的发长有其上限。所谓发长的上限，在此是指头发最长时的极限。按照常规，绝对不允许男服务人员在工作时长发披肩，或者梳起发辫。不仅如此，男服务人员在修饰头发、考虑其具体长度的上限时，还须令其既文明，又美观。根据常规，男服务人员在修饰头发时，必须做到：前发不覆额头，侧发不掩耳朵，后发不触衣领。

其一，前发不覆额头。它要求男服务人员不应使自己前面的头发垂在前额之上，即不允许其留有刘海。

其二，侧发不掩耳朵。它要求男服务人员不应使自己两侧的头发遮挡耳朵，不应当蓄留鬓角。

其三，后发不触衣领。它要求男服务人员脑后的头发不宜长至衬衣的衣领，免得将通常为白色的衣领弄脏。

(2) 男服务人员发长的下限

在服务岗位上，男服务人员的发长亦有其下限。所谓发长的下限，此处指的是头发最短时的极限。出于美观，同时也是出于卫生方面的考虑，男服务人员修饰头发时不宜“越轨”的下限，是不得为“零”，即一般不允许其剃光自己的头发。因为在正常的情况下，一位男服务人员如果是光头，非但不符合人们日常的审美习惯，而且还往往会给人以滑稽古怪或刻意“出位”的感觉。

2. 对女服务人员的具体要求

对于女服务人员来讲，其头发的具体长度大体上也有着规定的上限与下限。

(1) 女服务人员发长的上限

在服务岗位上，女服务人员头发长度的具体上限是：不宜长于肩部，不宜挡住眼睛，而且不允许随意将其披散开来。规定此点，并不是强迫长发过肩者全部将其剪短，而是要求其采取一定的措施，在上岗之前，将超长的头发盘起来、束起来、编起来，或是置于工作帽之内，不可以披头散发。至于她们下班以后是不是长发飘逸，则纯属个人自由，不宜进行干涉。

依照常规，不允许女服务人员在工作岗位上长发过肩、自然披散开来。因为那样一来，会使其性别特征得以强化，就会与服务人员在其工作岗位上不宜强化自己性别特征的要求不相符。除此之外，工作于一些卫生要求较高的工作岗位上的女服务人员不允许留过长的头发，通常还与其特定岗位的要求直接相关。

(2) 女服务人员发长的下限

在服务岗位上，女服务人员头发长度的具体下限是：不准许其剃光头发。对社会上一些新潮女性剃光一头青丝的做法，自然不必大惊小怪。但女服务人员在其工作岗位上若是以光头接待服务对象，则必定会显得不伦不类，很难给对方以好感。

总之，出于本职工作的需要，女服务人员在平时有意识地留短发，是明智之举。这样做，既梳理方便，符合时尚，又会给人以精明强干之感。

风格庄重

服务人员在选择发型时，还应当有意识地使之体现庄重而保守的整体风格。唯有如此，才与服务人员的具体身份相称，才易于使自己得到服务对象的信任。

一般来讲，服务人员在为自己选择一款具体的发型时，必须有意识地使之以简约、明快见长。若非从事发型设计或美发工作，则服务人员通常不宜使自己的发型过分时髦，尤其是不要为了标新立异而有意选择极端前卫、另类的发型。

歌星、影星、球星等明星人物可以那么做，是因为他们必须时时刻刻与众不同，才能吸引世人的关注。社会上的时尚青年可以那么做，则是因为他们的年龄和身份使其可以不受什么约束。但若是服务人员那么做了，例如，他们在一般性的工作岗位上时，却做了爆炸式、朋克式、丐帮式、水母式、烟花式或文字式、图案式的发型，只会让人们觉得他们不守本分，或是放荡不羁。

为自己选择具体发型时，服务人员务必牢记的是：必须令其与自己的身份相符，必须令其符合本行业的“共性”，切勿使之同自己的身份相去甚远，或是“个性化”色彩过分强烈。

（三）发部的美化

平日，人们为了养护自己的头发，或者使其显得更加漂亮，时常会采用一些养发、护发、美发用品对其加以保养、护理、美化，或是使用一些装饰品对其进行装扮。这就是所谓发部的美化，亦称美发。就一般情况而言，人们在进行美发时最为常见的方法有护发、染发、烫发、佩戴假发，以及佩戴帽子或佩戴发饰等。

服务人员为了维护自己的形象，通常应当采用适当之法来美化发部。按照服务礼仪的具体要求，服务人员在采用不同的具体方法来美化发部时，必须遵守下列一些具体的规定。

▌护发

护发，此处指的是头发的护理。在护发方面，服务人员要给予高度的重视。只有平时注意护发，才会真正使自己的头发完美无缺。要正确地护发，一是要长期坚持；二是要选择适合于本人的护发用品；三是要采用正确的护发方法。三者缺一不可。

▌染发

在染发方面，服务人员重点要考虑的首先是自己有无必要染发。中国人历来以一头黑发为美。假如自己的头发不够油黑，特别是早生白发或长着一头杂色的头发，将其染黑通常是必要的。不过若是为了追随时尚，有意将自己的一头黑发染成其他的颜色，甚至将其染得五色斑斓，大都是不适合服务人员的。简言之，一般岗位上的服务人员不宜染彩色头发。

▌烫发

服务人员可以通过烫发，为自己做出端庄大方的发型。但在选择烫发的具体造型时，服务人员应当切记：不要将头发烫得过于繁乱、华丽、美艳。尤其需要指出的是，在头上烫出大型花朵，或是做出图案、文字的做法，均不应成为服务人员的选择。

佩戴假发

在佩戴假发方面，服务人员应当明确，只有在自己的发部出现某些情况，如掉发、秃发之时，才适宜佩戴假发，以弥补缺陷。出于装饰方面的原因而佩戴假发，通常则不宜提倡。

佩戴帽子

在佩戴帽子方面，服务人员所必须注意的是：在工作岗位上，只有佩戴工作帽才是允许的。人所共知，在人际交往中有“脱帽为礼”的讲究。服务人员在上班时若是擅自戴着自己的时装帽去接待服务对象，当然是不应该的。

服务人员在工作中戴工作帽大致有四种目的：一是为了美观；二是为了防晒；三是为了卫生；四是为了安全。出于后两种目的的戴工作帽时，一般要求不应外露头发。对此种规定，服务人员必须严格遵守。

佩戴发饰

发饰，即用以装饰、美化头发之物。在服务岗位上，服务人员最好是不佩戴发饰。即使允许佩戴发饰，也仅仅是为了方便女性“管束”自己的头发，而并非意在打扮。故此，女服务人员在选择发饰时宜选择黑色、藏蓝色且无任何花色与图案的发卡、发箍、发带等。

四、化妆修饰

化妆的规则

服务礼仪规定：除极个别的岗位有其特殊的要求之外，广大服务人员，尤其供职于窗口部门的服务人员，一般都应当进行适当的化妆。这一基本的要求，曾经被人归纳为一句话，即：“化妆上岗，淡妆上岗。”所谓“化妆上岗”，即要求服务人员在上岗服务之前进行化妆。所谓“淡妆上岗”，则是要求服务人员在上岗服务之前所进行的化妆，不宜自行其是，而是应当以淡雅为主要风格，绝对不应当浓妆艳抹。在正常情况下，对这两项有关化妆的基本要求，广大服务人员均应自觉加以遵守。

必须指出的是：要求服务人员在上岗服务时化妆，其实也是一桩实事。从本质上来讲，它是与服务行业塑造自己企业形象的努力直接挂钩的。具体而言，服务人员在上岗服务前进行化妆有着如下三重作用。

(1) **化妆有助于表现服务人员的自尊自爱**

因工作而化妆，可谓服务人员对自己的一种尊重，同时也是对个人形象的一种爱护。假定其不化妆，甚至个人形象甚差，便很难凸显其自尊自爱。

(2) **化妆有助于表现服务人员的爱岗敬业**

因工作而化妆，既可以被人们理解为服务人员对服务对象尊重的一种直接表现，更可以被视为服务人员热爱本职工作、恪尽职守的一种具体做法。道理很简单：一个人只有在热爱自己的工作、尊重自己的交往对象的前提下，才会去刻意修饰自我形象。

(3) **化妆有助于表现服务人员的训练有素**

如果在一个服务单位中全体从业人员都能够自觉地做到化妆上岗，那么就可以令人感觉到，这一单位管理完善、纪律严明、令行禁止，全体员工训练有素。

化妆，就服务人员而言，特指使用专用的化妆用品所进行的仪容修饰。服务人员在为上岗服务而进行化妆时，需要在化妆的守则、化妆的禁忌两个方面严格地遵守相关的礼仪规范。

(一) 化妆的守则

在化妆时，服务人员一定要严格遵守化妆的相关守则。服务人员的化妆从根本上来讲乃是一种上班妆，它与常人平日所化的生活妆相比有不同的要求。服务人员在岗前化妆时对这一点必须铭记在心，并认真恪守。

一般而论，服务人员所应遵守的化妆守则大致而言共有如下五项。

淡雅

业已指出，“淡妆上岗”乃是服务人员化妆时应遵守的基本规范之一。所谓淡雅，具体就是要求服务人员在工作时一般都应当化淡妆。淡妆，即指淡雅的化妆，亦即人们平时所说的自然妆。服务人员在化妆时，重要的是要体现出自然大方、朴实无华、素净雅致。做到了这一点，其妆容才与自己特定的身份相称，才会为他人所认可；也只有化淡妆，服务人员才能达到这些要求。

简洁

服务人员的岗位化妆，应当是一种简妆。也就是说，要求服务人员在上班时化妆，并不是要其盛妆而出，非得搞一个全套化妆不可。实际上，服务人员的工作妆，应以简单明了为本。在一般情况下，服务人员化妆时修饰的重点主要是嘴唇、面颊和眼部。对于其他部位，化妆时不予考虑则是允许的。

▍适度

从根本上讲，服务人员的工作妆必须符合自己本职工作的实际需要，而且应切记：化妆的程度要适当。要根据自己具体的工作性质来决定化不化妆，以及应该如何化妆，而不是只要一讲化妆，便不顾本人所面临的实际情况。比方说，在某些对气味有着特殊要求的工作岗位上，服务人员通常不宜采用芳香类的化妆品，诸如香水、香粉、香脂等。

▍庄重

若能在化妆时对自己进行正确的角色定位，服务人员就一定会了解到，社会各界所希望看到的服务人员的化妆，应以庄重为主要特征。一些社会上正在流行的化妆方式，诸如金粉妆、日晒妆、印花妆、颓废妆、鬼魅妆、舞台妆、银幕妆、新娘妆、宴会妆等，均不宜为服务人员在工作岗位所采用。若采用那些化妆方式，往往会使人觉得服务人员轻浮随便，甚至是不务正业。

▍避短

服务人员化妆，显然有其美化自身形象的目的。要在化妆时美化自身形象，既要扬长，即适当地展示自己的优点；又要避短，即认真地掩饰自己的短处，并弥补自己的不足。与此同时，服务人员必须清醒地认识到，化妆时的扬长避短，重在避短，而不在扬长。适当地避短，是为了不使自己见笑于人，因而十分必要；而过度地扬长，则有自我显示、过于炫耀之嫌，显然与服务人员的身份不符。

（二）化妆的禁忌

所谓化妆的禁忌，即服务人员在为自己化工作妆时一定要避免的某些错误做法。一般说来，服务人员化工作妆的禁忌主要包括以下五点。

▍离奇出众

服务人员的化妆不宜离奇出众。服务人员在工作岗位上所进行的化妆，最重要的是要与其爱岗敬业的工作态度、专心致志的服务热情协调一致，进而达到有助于维护企业形象与个人形象的目的，因此切切不可选择另类的风格。服务人员在化工作妆时的离奇出众，即指那些在化妆时有意脱离自己的角色定位，而专门追求的荒诞、怪异、神秘或过于前卫的妆容，或者有意使自己的化妆出格，从而产生令人咋舌或毛骨悚然的效果。此类做法，对企业形象或个人形象的维护显然都是极其不利的。

▍技法出错

服务人员的化妆不宜技法出错。实话实说，一位服务人员假如不谙化妆之道，那么不化妆会比贸然化妆和在化妆时出错而贻笑大方好得多。之所以这么说，主要是因为不化妆顶多只是个人形象暂时欠佳而已，而在化妆技法方面出现了明显的差错，则会暴露出个人素质方面的严重不足。例如，一名女服务人员的工作妆要是以粗黑的眼线、鲜红的唇膏、满颊的腮红、厚重的妆粉、刺鼻的香气为主要特征，则只能给别人留下其品位不高的印象。

残妆示人

服务人员在岗时不宜残妆示人。对通常化彩妆的女服务人员来说，在自己的工作岗位上时，需要及时补妆。若疏忽了这一点，妆容就有可能出现残缺，即所谓残妆。补妆，指的就是在发现妆容出现残缺时，适时地对其进行局部性的修补。服务人员要避免在此问题上犯忌，主要需要注意四点。

（1）时常自查

经常自查，在此指的是在化妆后要经常进行检查，以防止自己的妆容出现了残缺而毫无察觉。出汗之后、休息之后、用餐之后，服务人员尤其应当及时自查妆容。

（2）及时补妆

及时补妆，在此指的是要在发现妆容出现残缺后，即刻抽身补妆，切莫长时间地以残妆示人，不然就会让别人觉得自己懒惰之至。

（3）修饰避人

修饰避人，在此指的是服务人员要在补妆时回避他人。补妆时宜选择无人的角落，而不可当众进行操作。

（4）方法正确

方法正确，在此指的是要采用正确的补妆方法。补妆，既非全部重新化妆，也不同于在原先的基础上重描一次，致使化妆成为化“脏”。它理当以补为主，重在弥补妆容残缺之处。

岗上化妆

服务人员在岗时不宜岗上化妆。前文已经明言，服务人员化工作妆一般应当在上岗之前进行，而不允许在工作岗位上进行。极个别的服务人员因为种种原因，来不及在上岗前化妆，而是在工作之中见缝插针地为自己化妆。更有甚者，居然旁若无人地当着自己同事或服务对象的面化妆。她们根本不了解，化妆乃是一种私密行为。当班之时化妆，只会显得三心二意。而若是当众那样去做，则更会显得服务人员既不尊重自己，也不尊重服务对象。

指教他人

服务人员在其工作岗位上面对他人的化妆时不宜予以指教。除推销化妆品的服务人员有机会在化妆方面指教他人之外，其他服务人员一般不应当在自己工作时对服务对象的妆容关注过多。不仅不应当对对方的妆容悄悄地说三道四，而且也不应当冒冒失失地打探对方所使用的化妆品的品牌、价格，化妆的具体方法，以及对方的化妆是自行操作的还是由他人代劳的，等等。至于当众指出他人化妆的某些不足，则更为不当。

思考题

1. 服务人员为什么要进行仪容修饰?
2. 个人仪容受哪些要素影响?
3. 服务人员修饰仪容时应以何处为重点?
4. 服务人员修饰面部的指导原则是什么?
5. 服务人员修饰面部时应重视哪几个局部?
6. 服务人员修饰上肢时应注意哪些问题?
7. 服务人员修饰下肢时应注意哪些问题?
8. 服务人员应如何选择自己的发型?
9. 服务人员在美化发部时有哪些注意事项?
10. 有关服务人员化妆的基本守则是什么?
11. 服务人员在为自己化工作妆时有哪些禁忌?

第二章 服务人员的仪态规范

服务人员的仪态规范，在此指的是对服务人员个人仪态的标准化、正规化要求。在具体的工作岗位上，服务人员必须依照常规约束其个人仪态，力求做到『仪态美』。

学习目的

- 重视个人仪态。
- 在服务过程中保持应有的风度。
- 掌握有关服务人员仪态的基本规范。
- 在工作岗位上展现自己优雅、文明的仪态。
- 力求做到“仪态美”。

本章要点

- 本章所讲授的是服务人员的仪态规范。它在此指的是对服务人员个人仪态的标准化、正规化要求。重视仪态规范，将直接有助于服务人员真正做到“仪态美”，并且与服务对象之间更好地进行交流和沟通。
- 本章第一部分讲授的是站立姿势，它具体涉及：基本的站姿、站姿的变化、不良的站姿等。
- 本章第二部分讲授的是行进姿势，它具体涉及：基本要求、错误做法、各类特例等。
- 本章第三部分讲授的是蹲坐姿势，它具体涉及：蹲的姿势、坐的姿势等。
- 本章第四部分讲授的是手臂姿势，它具体涉及：基本的原则、常用的手势、错误的手势等。
- 本章第五部分讲授的是表情神态，它具体涉及：主要规则、重在面部等。

仪态，在此泛指人们的身体所呈现出来的各种姿势，亦即身体的具体造型。有时，仪态又叫姿态、仪姿。具体来讲，人们的仪态又分别表现为动作、表情与相对静止的体态。在日常交往中，每个人都会以一定的仪态出现于他人面前，并且以自己的一颦一笑、一举一动向他人传递着不同的信息。

研究结果证明：在正常情况下，一个人的心态决定其状态，一个人的姿态则受制于其状态。鉴于在人际交往中人们的特定仪态可以在无声之中向他人传递一定的信息，所以它也被称为人的体态语。有人为了强调其重要性，还将其称为无声的语言或有形的语言。

美国心理学家梅拉·比安曾经提出过一个非常著名的公式：

人类全部的信息表达＝7％语言＋38％声音＋55％体态语

这一著名公式证明，通过一个人的常态的仪态，可以了解其个人素质和思想感情。这种了解，往往比通过其语言所进行的了解更加值得重视与信赖。

除此之外，一个人的仪态还直接展示着他的气质与风度。气质，通常是指人的相对稳定的个性特点，如爽快、沉静、活泼、浮躁、抑郁等。它是高级神经活动在人的具体行动上的表现。风度，一般则是指人的优雅的体态。显而易见，每个人的气质与风度如何，都与其平日的体态直接相关。

从总体上看，一个人的仪态美，主要是一种外在美。平时，它以高雅的气质、迷人的风度为具体表现形式。有道是“礼义也者，人之大端也”，“礼由心生”。一个人的仪态美，既建立在一个人的内在美即心灵美的基础上，又可以恰到好处地将其心灵美展现出来。毫不夸张地讲，没有心灵美，便难有真正的仪态美；而离开了仪态美，心灵美同样也难以得到展现。二者丝毫不存在矛盾。没有心灵美的仪态美，与离开了仪态美的心灵美，都难以设想。

在实际工作之中，服务人员不仅不能对关乎个人形象的仪态美疏忽大意，而且还应当对其有较高的、较为规范的要求。这是由服务工作自身的性质所决定的。

依照服务礼仪的规范化要求：服务人员在自己的工作岗位上，要高度重视体态语的正确运用。这一问题，实际上又可以分为相互关联的两个不同侧面：更为有效地运用自身的体态语与更为准确地理解他人的体态语。

第一，更为有效地运用自身的体态语。它往往要求服务人员重视以下几点。

(1) 增强自己正确运用体态语的自觉性。服务人员应该善于观察各种具体的体态语及其综合状况，例如，自己在各种不同的情绪状态下和需要沟通时都有哪些体态语，各种不同的体态语之间都有怎样的伴随关系等。在此基础上，对自己种种的体态语要进行认真的自我体验。最后，还应当在实践中自然地运用各种体态语，并检验其实效性。

(2) 优化自己的体态语与自己的社会角色以及所处情境的对应性。

做到了这一点，才能使自己的体态语为他人所理解，从而也使自己为对方所接纳。

（3）努力使自己体态语的运用有益于表明自尊与敬人之意。要真正做好这一点，就必须认真克服自己在体态方面的不良习惯，努力使自己的体态文明、礼貌、优雅而大方。

第二，更为准确地理解他人的体态语。它要求服务人员认真注意以下三点。

（1）他人的体态语，往往与其个人性格、当时特定的情境有着一定的联系。所以，理解他人的体态语，时常需要因人而异。仅从某一体态语去孤立地判断他人的本意，有时难免产生误会。

（2）确认他人每种具体的体态语的本意，通常应从整体考察其体态语着手。这主要是因为，在一般情况下，一个人各种体态语的使用，大都整体协调、相互呼应，而不太可能孤立地出现。

（3）只有在真正体验到他人内心情感的前提下，才有可能准确地理解其种种体态语。做到了这一点，服务人员才可谓真正地善解人意。

以下，将着重介绍的是有关服务人员自身的仪态规范。

一、站立姿势

站立姿势，又称站姿或立姿。它是指人在停止行动之后，使自己的身体保持直立，双脚着地或者踏在其他物体之上的姿势。它是人们平时所经常采用的一种静态的身体造型，同时又是其他动态的身体造型的基础和起点。

在人际交往中，站立姿势乃是任何一个人的全部仪态的根本之点。如果站立姿势不够标准，一个人的其他姿势便谈不上优美而典雅。对服务人员而言，采用标准的站立姿势尤为重要。因为许多服务人员在自己的工作岗位上往往就是站立服务的。

要掌握标准的站立姿势，需要服务人员对以下三个方面的主要问题给予注意。

（一）基本的站姿

在实际生活中，人们经常会在站立之时采取多种多样、各不相同的站立姿势。它们适用的场景各有不同，在具体做法上也存在着不少的差异。

共同之点

就一般情况而言，服务人员在自己的工作岗位上站立的姿势，通常具有一定的共性。所谓服务人员的基本站姿，即指其在常规情况下站立时的标准做法。掌握基本站姿，是对服务人员仪态方面的一项基本要求。

基本站姿，实际上指的是人们在自然直立时所采取的正确姿势。它的标准做法是：头部抬起，面部朝向正前方，双眼平视，下颌微微内收，颈部挺直。双肩放松，呼吸自然，腰部挺直。双臂自然下垂，位于身体两侧，手部虎口向前，手指稍许弯曲，指尖朝下。与此同时，两腿立正并拢，双膝与双脚的跟部紧靠于一起。两脚呈“V”字形分开，二者之间相距约一个拳头的宽度（这一脚位亦称“外八字”）。此外，还须提起髋部，身体的重量应当平均分布在两条腿上。

一个人采取基本站姿后，从其正面来看，主要的特点是：头正、肩平、身直。如果从侧面去看，其主要轮廓线则为：含颌、挺胸、收腹、直腿。总而言之，采取这种站姿，会使人看起来稳重、大方、俊美、挺拔。它的好处还有：有助于呼吸顺畅，改善血液循环，并且在一定程度上减缓身体的疲劳。

▌男女有别

掌握了基本站姿之后，还必须明确：在自己的工作岗位之上服务于人时，男服务人员与女服务人员通常可以根据各自的性别特点，在遵守基本站姿的基础上有一些局部的变化。这些局部的变化，只要在大的方向上不有悖于基本站姿的主要要求，便可以被接受。

男服务人员与女服务人员在站姿方面的差异，主要表现在其手位与脚位有时会存在一些不同。

其一，男服务人员的站姿。男服务人员在站立时，要表现出男性刚健、潇洒、英武、强壮的风采，要力求给人一种“刚”的壮美感。具体来讲，在站立时，男服务人员可以将双手相握叠放于腹前，或者相握于身后。双脚可以叉开，大致上使其与肩部同宽，这也是双脚叉开后两脚之间距离的极限。

其二，女服务人员的站姿。女服务人员在站立时，则要表现出女性轻盈、妩媚、娴静、典雅的韵味，要努力给人一种“柔”的优美感。具体来讲，在站立时，女服务人员可以将双手相握或叠放于腹前。双脚可在以一条腿为重心的前提下，稍许叉开。

在服务于人时，不论男服务人员还是女服务人员，都应特别注意：一定要在自己站立时正面面对服务对象，切不可将自己的背部或侧面对着对方。对这一点能否认真对待，直接关系到服务人员尊重服务对象与否，因而是一个大是大非的重要问题。

（二）站姿的变化

在工作岗位上，当服务人员接待服务对象，或者为其提供具体的服务时，在保持基本站姿的基础上，亦可依照本人的实际情况或工作的实际需要，对自己站立的具体姿势适当地进行一些调整。

服务人员在工作岗位上对自己的站立姿势适度地进行调整时，有以下三点必须予以高度的重视。

（1）在工作岗位上稍做变化的站姿，亦有其一定之规。变化之后的站姿，实际上仅有少许的调整而已，并不是变得面目全非。所以在采用变化的站姿时，绝对不允许服务人员完全随心所欲。

（2）在工作岗位上采用稍有变化的站姿，主要是为了适应某些特殊需要，短时间略做变通。不要忘记：它毕竟对基本站姿有所变更，因此并不十分正式。如果说基本的站姿是站姿的“本”，那么变化的站姿就是站姿的“末”，本末是切不可倒置的。在较为正规的场合，服务人员理当尽可能多地采用基本站姿。

（3）在工作岗位上以变化的站姿面对他人时，服务人员必须谨记：万变应当不离其宗，不要忘却以礼待人这一服务礼仪的主旨。采用变化的站姿尽管比采用基本的站姿看上去稍显轻松随意，但讲究基本的礼节、礼貌，依然是广大服务人员时刻不能忽视的。

在服务行业中，允许服务人员相机酌情采用的变化的站姿，主要包括服务于人的站姿、柜台待客的站姿、恭候顾客的站姿、交通工具上的站姿等。服务人员在采用这些被允许的变化的站姿时，要符合相关的特殊要求。以下，就分别介绍一下这四种常见的变化的站姿的一些特殊要求。

服务于人的站姿

服务于人的站姿，俗称“接待客人的站姿”。显而易见，在自己的工作岗位上接待服务对象时，服务人员可以采用此种站姿。站立之时，身前没有障碍物挡身时、受到他人的注视时、与他人进行短时间交谈时、倾听他人的诉说时，等等，都是采用这种站立姿势的良好时机。

在采用服务于人的站姿时，头部可以微微侧向自己的服务对象，但一定要保持微笑。手臂可以持物，也可以自然地下垂。在手臂垂放时，从肩部至中指应当呈现出一条自然的垂线。小腹不宜凸出，臀部应当紧缩。其关键在于：双脚一前一后站成“丁字步”，即一只脚的后跟靠在另一只脚的内侧；双膝在靠拢的同时，两腿的膝部前后略为重叠。这一站姿看上去较为优雅。

柜台待客的站姿

柜台待客的站姿，亦称为“长时间的站姿”“障碍物挡身时的站姿”或“稍息”。当一个人长时间持续不断地采用基本站姿之后，即使身体再好，难免也会感到疲惫不堪。在柜台后站立工作的服务人员，经常会碰上与此类似的情况。在情况允许时，服务人员采用柜台待客的站姿，便可以稍做休息。

采用柜台待客的站姿，技巧上有下列五个重点需要掌握好。

（1）手脚可以适当地放松，不必始终保持高度紧张的状态。

（2）可在以一条腿为重心的同时，将另外一条腿向外侧稍稍伸出一些，使双脚呈叉开状。

（3）双手可以指尖朝前，轻轻地扶在身前的柜台上。

（4）双膝要尽量地伸直，不要弯曲。

（5）肩、臂自然放松，同时，一定要挺直脊背。

不可否认的是，采取此种站姿，服务人员既可以不失仪态美，又可以减缓疲劳感。

恭候顾客的站姿

恭候顾客的站姿，又称“等人的站姿”或“轻松的站姿”。当服务人员在自己的工作岗位上尚且无人需要接待，或者恭迎服务对象的来临时，大都可以采用这种站立的姿态。它最大的特点是：可以使站立者感到比较轻松、舒适。不过，当服务对象业已来到自己面前，尤其是在自己的下半身并无屏障挡身，或者对方是自己的重要客人时，最好不要采用此种站姿。

采用恭候顾客的站姿时，需要注意的要点有：双脚可以适度地叉开，两脚可以相互交替放松，并且可以踮起一只脚的脚尖。即允许在一只脚完全着地的同时抬起另外一只脚的后跟，而以脚尖着地。双腿可以分开一些，或者自由地进行十字交叉。双膝可稍分开，但不宜离得过远。肩、臂应自然放松，手部不宜随意摆动。上身应当挺直，并且目视前方。头部不要晃动，下巴须避免向前伸出。在采用此种站立姿势时，非常重要的一点是：叉开的双腿不要反复不停地换来换去，否则便会给人以浮躁不安、极不耐烦的印象。

交通工具上的站姿

当火车、汽车、地铁、轮船、飞机等交通工具上的服务人员服务于人时，往往有必要采用一种特殊的站姿，这就是所谓交通工具上的站姿。它的基本要求是：既要安稳、安全，又要兼顾礼貌与美感。当正在行驶的交通工具摇来晃去、颠簸不堪时，达到这一要求是有一定的难度的。

在采用交通工具上的站姿时，应当注意以下五点。

（1）双脚之间可以以适宜为原则分开一定的距离，重心要放在自己的脚后跟与脚趾中间。不到万不得已，叉开的双脚不宜宽于肩部。

（2）双腿应尽量伸直，膝部不宜弯曲，而是应当有意识地稍向后挺。

（3）身子要挺直，臀部略微用力，小腹内收，不要驼背弯腰。

（4）双手可以轻轻地相握于腹前，或者以一只手扶着扶手、拉着吊环，但不要摆来摆去。双手相握于腹前时，通常应左上、右下。

（5）头部以直为佳，最好目视前方。

服务人员采用此种站姿在交通工具上站立时，应尽可能地与服务对象保持一定的身体距离，免得误踩、误撞到对方。同时还要注意保持站立时的重心。

（三）不良的站姿

服务人员要学会正确的站姿，不仅仅需要认真地了解正确站姿的具体做法，同时还应当有意识地避免采取不正确的站姿。

所谓不良的站姿，在此指的是服务人员在其工作岗位上不应当出现的站立姿势。这些站姿要么姿态不雅，要么缺乏敬人之意。服务人员若任其自然、不加以克服，往往会无意之中使自身的形象受损。

平时，需要广大服务人员努力克服的不良站姿有如下八种。

身躯歪斜

古人对站姿曾经提出过基本的要求——站如松，即要求人们在站立时，以身躯直正为美，而不允许歪歪斜斜。服务人员在站立时，若其身躯出现明显的歪斜，例如头偏、肩斜、身歪、腿曲或是膝部不直，不但看上去姿态不雅，直接破坏人体的线条美，而且还会令人觉得该服务人员颓废消沉、萎靡不振、自由散漫。

弯腰驼背

弯腰驼背，其实是一个人身躯歪斜时的一种特殊表现。除腰部弯曲、背部弓起之外，大都还会同时伴有颈部弯缩、胸部凹陷、腹部挺出、臀部撅起等其他的不良体态。凡此种种，都会显得一个人缺乏锻炼、健康不佳、无精打采，往往对其个人形象的损害会更大。

趴伏倚靠

在工作岗位上，服务人员要确保自己“站有站相”，就不能在站立时自由散漫、随便偷懒。站立时，随随便便地趴在一个地方，伏在某处左顾右盼，倚着墙壁、货架而立，靠在桌、柜边上，都是不允许的。

▌双腿大叉

不论采取基本的站姿，还是采取变化的站姿，服务人员均应切记：自己的双腿在站立时分开的幅度，在一般情况下越小越好。在可能的情况下，双腿并拢则最好。即使双腿分开，通常也不可使双腿之间的距离宽于本人的肩部。注意到了这一点，才有可能使自己的站姿看上去赏心悦目。

▌脚位不当

服务人员在工作岗位上站立时，其双脚的具体位置是有一定之规的。在正常情况下，双脚在站立时呈“V”字式、“丁”字式、平行式等脚位，通常都是允许的。但是，采用“人”字式、蹬踏式等脚位，则是不允许的。所谓“人”字式脚位，指的是站立时两脚脚尖靠在一处，而脚后跟之间却大幅度地分开来。有时，这一脚位又叫“内八字”。所谓蹬踏式，则是指站立时为图舒服，而在一只脚站在地上的同时，将另外一只脚踩在鞋帮上、踏在椅面上、蹬在窗台上、跨在桌面上等。上述这两种脚位，看上去都是不甚雅观的。此外，歪着脚站立也不好看。

▌手位不当

站立时，与脚位不当一样，服务人员的手位如果不当，同样也会破坏站姿的整体效果。在站立时不当的手位主要有六种：其一，将手放在衣服的口袋之内。其二，将双手抱在胸前。其三，将两手抱在脑后。其四，将双肘支于某处。其五，两手托住下巴。其六，手持私人物品。

▌半坐半立

在工作岗位上，服务人员必须严守自己的岗位规范，该站就站，该坐就坐。绝对不允许在需要站立时，为了贪图安逸而擅自采取半坐半立之姿。当一个人半坐半立时，既不像站，也不像坐，容易让别人觉得过于随便。

▌浑身乱动

站立时，是允许服务人员略做体位变动的。但从总体上讲，站立乃是一种相对静止的体态，因此不宜在站立时频繁地变动体位，甚至浑身上下乱动不止。手臂挥来挥去、身躯扭来扭去、腿脚抖来抖去，往往都会使一个人的站姿变得十分难看。

二、行进姿势

行进姿势，在此指的是一个人在行走时所采取的具体姿势。在许多时候，行进姿势又被人们叫作行姿或走姿。从总体上来讲，行进姿势是一种人体的动态。它以人的站立姿势为基础，实际上属于站立姿势的延续动作。

对于广大服务人员来说，在工作中采取行进姿势往往司空见惯。重要的是，服务人员在工作中需要行走时，尤其是当自己行进的姿势有目共睹时，务必既优雅稳重，又保持正确的节奏。这样做，方可体现出其动态之美。

服务人员在进行行进姿势的学习与训练时，通常需要在如下三个方面下功夫。

（一）基本要求

在进行行进姿势的学习与训练时，服务人员理当先对其基本要求有充分的了解。

服务人员应当掌握的行进姿势的基本要点是：身体协调，姿势优美，步伐从容，步态平稳，步幅适中，步速均匀，走成直线。

为此，服务人员在行进时，应当特别关注对行进姿势来说举足轻重的下述六个主要环节。

方向明确

在行走时，服务人员必须保持明确的行进方向，尽可能地使自己犹如在一条直线上行走。做到这一点，往往会给人以稳重之感。其具体的方法是，行走时以脚尖正对着前方，形成一条虚拟的直线。每行进一步，脚跟都应当落在这一条直线上。

步幅适度

步幅，又叫步度，它具体所指的是人们每走一步时两脚之间的正常距离。通俗地讲，步幅就是人们在行进时脚步的大小。虽说步幅的大小往往会因人而异，但对服务人员来讲，在行进之时最佳的步幅应为本人的一脚之长。即行进时所走的一步，应当与本人一只脚的长度相近。一般来说，男子每步约 40 厘米，女子每步约 36 厘米。与此同时，步子的大小还应当大体保持一致。

速度均匀

人们行进时的具体速度，通常叫作步速。对服务人员来讲，步速固然可以有所变化，但在某一特定的场合，一般应当使其保持相对稳定、较为均匀，而不宜过快过慢，或者忽快忽慢。一般认为，在正常情况下，服务人员在每分钟之内走上 60～100 步都是比较正常的。

重心放准

在行进时，能否放准身体的重心极其重要。其正确的做法应当是：起步时，身体须向前微倾，身体的重量要落在前脚掌上。在行进的整个过程中，应使自己身体的重心随着脚步的移动不断地向前过渡，而切勿让身体的重心停留在自己的后脚上。

▍身体协调

服务人员在其工作岗位上行进时，身体的各个部分之间必须进行完美的配合。在行进时如欲保持身体的和谐，就需要注意：走动时要以脚跟首先着地，膝盖在脚部落地时应当伸直，腰部要成为重心移动的轴线，双臂要在身体两侧一前一后地自然摆动。在以上具体细节中若是出了一点差错，行进的姿势就有可能变得不伦不类。

▍造型优美

行进的时候保持自己整体造型的优美，是服务人员不容轻视的一大问题。要使自己在行进中保持优美的身体造型，就一定要做到昂首挺胸、步伐轻松而矫健。其中最为重要的是，行走时应面向前方，两眼平视，挺胸收腹，直起腰、背，伸直腿部，并使自己的全身从正面看上去呈一条直线。

在行进时，服务人员假如真正掌握好了上述环节，其行进姿势就会令人刮目相看了。

应当指出的是，由于男女状况有别，男服务人员与女服务人员在行进时，除了在总体上基本上一致外，各自行进的姿势看起来往往又会具有一些不同的风格。

男服务人员在行进时，通常速度稍快、脚步稍大，其步伐奔放有力，充分展示着男性的阳刚之美。

女服务人员在行进时，则时常速度较慢、脚步较小，其步伐轻快飘逸，得体地表现了女性的阴柔之美。

（二）错误做法

要真正掌握好标准的行进姿势，还要求服务人员对一些常见的不当的行进姿势有所警惕，并且自觉避免。若是这些错误的做法在自己身上早已存在着，则一定要及时地予以纠正。

在工作岗位上，服务人员应当纠正或避免的错误的行进姿势常见的主要有以下八种。

▍横冲直撞

有的人在行进时，不懂得要尽可能地避免在人群之中穿行，却偏偏乐于专拣人多的地方行走，甚至在人群之中乱冲乱闯，直接碰撞到他人的身体。这是一种极其失礼的做法，既有碍于人，又有碍于己。服务人员这样做，则更是不应该的。要防止出现这种差错，服务人员就一定要谨记：在行进时，一定要“目中有人”，并且尽量避免在人群之中穿行。

贸然抢行

懂礼貌的人一定知道：每个人在行进时都要注意方便和照顾其他的人。在人多路窄之处，通过时要讲究“先来后到”。在必要的时候，为了表示自己的良好教养和对别人的尊重，还应当对其他人“礼让三分”，主动地让道于人。当对方属于老人、妇女、孩子、病人、残障人士、少数民族、外国友人以及本单位的服务对象时，则更需要这么做。若在行进时争先恐后，不讲先后次序，甚至冒冒失失地抢道而行，都是极其失礼的，必将为他人所耻笑。

阻挡道路

服务人员在大庭广众之下行进时，一定要顾及他人的存在。为此，不仅要选择适当的行进路线，与同时行进的其他人员保持一定的距离，还应保持一定的行进速度。不然的话，就很有可能阻挡他人行进的道路。在道路狭窄之处，长时间地停留不前，悠然自得地缓步而行，甚至走走停停，或者多人并排而行，显然都是不适当的。尤其需要指出的是：不允许服务人员在其行进时接听电话、对讲机，或查看手机。不论因公还是因私，都切切不得如此。此外，服务人员还须切记：一旦发现自己阻挡了他人的道路，就应闪身让开，请对方先行。

不守秩序

为了保证公共场所里道路的畅通无阻，每个人在行进时都有遵守交通秩序的义务。如不这样做，就是不讲社会公德的表现。服务人员不论在自己的工作单位还是在其他场合，行进时都一定要高度自觉地严守有关的交通秩序。在中国内地的道路上行进时，需要靠右侧行走。有人行道的话，一定要走在人行道上。横穿马路时，必须要走人行横道、地下通道或者过街天桥，而且要严守“红灯停，绿灯行，黄灯亮了等一等”的规定。一切带有禁止通行标志的道路或其他地方，均不得擅自通过。这些有关交通秩序的主要规定，服务人员皆须牢记在心。

蹦蹦跳跳

在他人注目的情况下行进时，服务人员务必要保持自己的风度，不宜使自己的情绪过分地表面化。有的人，一旦激动或高兴起来，走路便变成了上蹿下跳、蹦来蹦去，甚至连蹦带跳。这种情况出现在少年儿童身上并不算是过分，可是工作中的服务人员如果如此这般，便不合适了。

奔来跑去

假定有急事要办的话，服务人员可以在行进时努力加快自己的步伐。但若非碰上了紧急情况，则最好不要在工作时跑动，尤其是不要当着服务对象的面狂奔而去。

制造噪声

为了使自己的行走无碍于他人，服务人员还应有意识地使行走悄然无声。要做到这一点，以下三点特别应当注意。

(1) 行走时要轻手轻脚。走路时一定要轻手轻脚，不要在落脚时过分用力，走得“咚咚咚”直响。

(2) 鞋底忌有金属之物。上班时不要穿带有金属鞋跟或钉有金属鞋掌的鞋子，以防它们在接触地面时频频发出“噔噔噔”的响声。

(3) 上班的鞋子要跟脚。上班时穿的鞋子一定要跟脚，否则走动时它也会发出令人厌烦的噪声。

步态不雅

服务人员在行进时如果步态不雅、有碍观瞻，往往会使服务对象在心中打低对其的“印象分”。一般而言，服务人员在行进中应当有意识地避免的不雅步态主要有：走成“八字步”或“鸭子步”、步履蹒跚、一步一摇、腿伸不直、脚尖首先着地等。它们要么使行进者显得老态龙钟、疲乏至极，要么给人以嚣张放肆、矫揉造作之感。

(三) 各类特例

服务人员在学习、训练行进姿势时，除要牢记“应该怎么做”和“不应该怎么做”的相关规则之外，还有必要了解一些有关行进姿势的特例。在工作中，服务人员往往也有可能对这些特例有一定程度的接触。

就一般情况而言，需要服务人员有所了解的行进姿势的特例主要包括陪同引导、上下楼梯、进出电梯、出入房门、搀扶帮助、变向行走等。以下将分别对其进行介绍。

陪同引导

陪同，指的是陪伴着别人一同行进。引导，则是指在行进中带领别人，有时又叫作引领、引路或带路。当服务人员在自己的工作岗位上服务于人时，经常有机会陪同或引导服务对象。

在陪同或引导服务对象时，通常应注意以下四点。

（1）**本人所处的方位**

在中国内地，双方并排行进时，服务人员应居于左侧，即令服务对象居右。此刻服务对象所居的右侧，实际上就是内侧；服务人员所居的左侧，则指的是外侧。双方单行行进时，服务人员则应居于左前方大约1米的位置。当服务对象不熟悉行进方向时，一般不应请其先行，同时也不应让其走在外侧。

（2）**协调好行进速度**

在陪同引导客人时，服务人员行进的速度须与对方相协调，切勿我行我素、走得太快或太慢。

（3）**及时地关照提醒**

在陪同引导服务对象时，服务人员一定要处处以对方为中心。每当经过拐角、楼梯或道路坎坷、照明欠佳之处时，必须关照提醒对方留意。绝不可以不吭一声而让对方茫然无知或不知所措。

（4）**采用正确的体位**

在陪同引导客人时，服务人员有必要采取一些特殊的体位。请对方开始行进时，应面向对方、稍许欠身。在行进中与对方交谈或答复其提问时，则应将头部、上身同时转向对方。

上下楼梯

在上下楼梯时，服务人员应当遵守一些有关的具体规定。以下四点尤其需要特别予以重视。

（1）**走专门指定的楼梯**

有些服务单位为方便顾客，往往规定本单位人员不得与顾客走同一个楼梯。在运送货物时，特别要注意这一点。让货物与顾客同行或使之阻碍、碰撞顾客，永远都是不对的。

（2）**避免在楼梯上停留**

楼梯多是人来人往之处，所以不要停在楼梯上休息、站在楼梯上与人交谈、坐在楼梯上用餐，或是在楼梯上慢慢悠悠地行进。

（3）**坚持“右上右下”原则**

在上下楼梯时，均不准与人并排行走，而应当自右侧而上，自右侧而下。这样一来，有急事的人，便可以从左侧快速通过。

（4）**时刻礼让服务对象**

在上下楼梯时，千万不要和服务对象抢行，而不论其是否属于本人的服务对象。出于礼貌，可请对方先行。当自己陪同引导客人时，则应在上下楼梯时先行在前。

进出电梯

当服务人员在高楼大厦里工作时，免不了经常需要使用电梯。在使用电梯时，大致上应当注意以下四个问题。

（1）**使用专用电梯**

假如本单位做出了有关专用电梯的规定，则一定要自觉地加以遵守。有可能的话，服务人员最好不要令货物与服务对象混用同一部电梯。

（2）**谨记“先出后进”**

在乘坐电梯时，一般的规矩是：里面的人出来之后，外面的人方可进去。若不守规则，当出入电梯的人过多时，就会出现混乱的场面。

（3）**照顾服务对象**

服务人员在乘坐电梯时碰上了并不相识的服务对象，也要以礼相待，请对方先进先出。若是负责陪同引导对方，则乘坐电梯时还有特殊的要求：若乘坐的是无人电梯，服务人员须自己先进、后出，以便控制电梯、服务于人。若乘坐的是有人驾驶的电梯，则服务人员应当后进、后出，以示对服务对象的礼让。

（4）**尊重周围乘客**

进出电梯时，通常需要侧身而行，免得碰撞、踩踏别人。进入电梯后，应尽量站在里边。人多的话，最好面向内侧，或与他人侧身相向，尽量避免与他人四目相对。在下电梯前，一定要做好准备，并提前换到电梯门口。

出入房门

在进入或离开房间时，通过房门的这一细节千万不要小视。对服务人员而言，需要注意如下五点。

（1）**事先通报**

服务人员在出入房门时，尤其是在进入房门前，一定要采取叩门、按铃的方式，向房内之人进行通报。贸然出入而不置一词，往往会惊扰别人。

（2）**以手开关**

服务人员在出入房门时，应用手开门或关门。在开关房门时，用肘部顶、用膝盖拱、用臀部撞、用脚尖踢、用脚掌蹬等不良做法，都不宜为服务人员所采用。

（3）**面向他人**

出入房门，特别是在出入一个较小的房间，而房内又有自己熟悉之人时，最好是反手关门、反手开门，并且始终注意面向对方，不宜以背部朝向对方。

（4）**“后入后出”**

与他人一起先后出入房门时，为了表示自己的礼貌，服务人员一般应当自己后进门、后出门，而请对方先进门、先出门。

（5）**替人开门**

有时，尤其是在陪同引导他人时，服务人员还有义务在出入房门时替对方开门。在开门时，要注意分析具体情况，该拉就拉，该推则推。但在拉门或推门后必须使自己处于门后或门边，而不宜无意之中挡道拦人。

搀扶帮助

在服务于人时，服务人员往往需要对老、弱、病、残、孕之类的服务对象主动予以搀扶，以示体贴与照顾。这是给予对方的一种特殊照顾。

所谓搀扶，一般指的是在行进过程中，用自己的一只手或双手轻轻架着别人的一只手或胳膊。服务人员在对服务对象进行搀扶帮助时，在下列五个方面做好了，才有可能避免劳而无功。

（1）**选准对象**

需要服务人员搀扶帮助的，自然是有其实际需要的少数人。若不分对象，对任何人都那么做，则难免会令人觉得滑稽，甚至遭到非议。

（2）**两相情愿**

即使发现确有需要搀扶帮助的人，在这么做之前，也要首先征得其同意。因为这里面存在着一个个人的自尊心问题。

（3）**方法得当**

搀扶尽管多见于行进之中，但其关键却在手位。正确的方法是：应以一只手臂穿过对方的腋下，架着其胳膊，再以另一只手扶在其小臂上。届时的用力之处，主要是穿过对方腋下的那只手臂。需要说明的是，搀扶与携手、挽臂在做法上有所不同，而且适用对象也不尽相同。

（4）**留意速度**

在搀扶他人行进时，步速不宜过快，而是应与对方主动保持一致。否则就好像是拖着别人在走。

（5）**稍事休息**

考虑到被搀扶者的身体状况，在搀扶对方行进的过程中应经常地做一下“暂停”，以便对方稍事休息。

变向行走

在行进之中，人们经常有必要变换自己的行进方向。所谓变向行走，此处指的就是在行进之中变换自己的方向。服务人员所采用的变向行走，主要包括除常规前行之外的后退、侧行、前行转身、后退转身等。

（1）**后退**

当扭头就走显得失礼时，可采用先面向交往对象后退几步，随后再转体离去的做法。面向他人后退，宜至少退两三步。对交往对象越尊贵，后退的步子则要越多。后退时步幅宜小，脚宜轻擦地面。转体时宜身先头后。先转头或头与身同时转向，均为不妥。

（2）**侧行**

在行进时，有两种情况需要侧身而行。其一，与同行者交谈之时。具体做法是，上身宜转向交谈对象，距对方较远一侧的肩部朝前，距对方较近一侧的肩部稍朝后，身体与对方身体之间保持一定距离。其二，与他人狭路相逢时。此刻宜两肩一前一后，胸部转向对方，而不应背向对方。

（3）**前行转身**

前行转身，即在向前行进之中转身而行。它又分为两种：其一，前行右转。在前行中向右转身，应以左脚掌为轴心，在左脚落地时向右转体90度，同时迈出右脚。其二，前行左转。与前行右转相反，在前行中向左转身，应以右脚掌为轴心，在右脚落地时，向左转体90度，同时迈出左脚。

（4）**后退转身**

后退转身，即在后退之中转身而行。它通常分为三种：其一，后退右转。即先退行几步后，以左脚掌为轴心，向右转体90度，同时向右迈出右脚。其二，后退左转。即先退几步后，以右脚掌为轴心，向左转体90度，同时向左迈出左脚。其三，后退后转。即先退几步，以左脚为轴心，向右转体180度，然后迈出右脚，或是以右脚为轴心，向左转体180度，然后迈出左脚。

三、蹲坐姿势

虽然在人体种种的正常体态之中，蹲的姿势与坐的姿势截然不同，但是二者都是由站立的姿势或行进的姿势变化而来的、相对处于静态的体位。就一般人而言，在日常生活中，采用蹲的姿势往往较少，采用坐的姿势则通常要稍多一些。然而服务人员的情况与此却不尽相同。在工作岗位上，此两种姿势都是服务人员必须熟练掌握的。

为便于服务人员掌握蹲、坐这两种姿势的正确做法，以下将分别对其予以规范。

（一）蹲的姿势

蹲的姿势，时常被人称为蹲姿、下蹲或蹲下。简言之，蹲的基本要求是：人由站立转变为两腿弯曲、身体呈现出明显的高度下降。它类似于坐，但并非臀部接近地面，或以臀部接触座椅。它又有些类似于跪，可却不是双膝着地。在一般情况下，一个人采用蹲的姿势，时间不宜过久，否则就会感觉不适。因此，蹲的姿势其实只是人们在比较特殊的情况下所采取的一种暂时性的静态体位。

需要予以明确的是：在工作岗位上服务人之时，通常不允许服务人员采用蹲的姿势去直接面对自己的服务对象。

适用的情况

服务礼仪规定，只有遇上了下述几种比较特殊的情况，才允许服务人员在其工作中酌情采用蹲的姿势。

（1）**整理工作环境**

在需要对自己的工作环境进行收拾、清理时，服务人员通常可采取蹲的姿势。

（2）**给予客人帮助**

需要以下蹲之姿帮助客人时，如与一位迷路的儿童进行交谈时，通常可以采取蹲姿。

（3）**提供必要服务**

一般认为，当服务人员直接服务客人，而又有必要时，可采用下蹲的姿势。此外，当客人坐处较低，以站立姿势为其服务既不文明、方便，又因“高高在上”而显得失敬于人时，亦可改用蹲的姿势。

（4）**捡拾地面物品**

当自己或他人的物品落到地上，或需要从低处被拿起来时，不宜弯身捡拾拿取，不然身体便会呈现前倾后撅之态，极不雅观。面向或背对着他人时这么做，则更为失礼。此刻，采用蹲的姿势最为恰当。

（5）**自己照顾自己**

有时，需要自己照顾一下自己，如整理一下自己的鞋袜，亦可采用蹲的姿势。

除上述情况之外，一位服务人员在其工作岗位上不宜毫无缘由、旁若无人地采用蹲姿。

相关的事项

即使有必要在自己的工作之中采用蹲的姿势，以下七点重要事项服务人员也要切记。

（1）**忌突然下蹲**

在蹲下来的时候，速度切勿过快。在行进中需要下蹲时，尤须牢记这一点。

（2）**忌距人过近**

在下蹲时，应与身边的人保持一定的距离。与他人同时下蹲时，则更不能忽略双方之间的距离，以防彼此“迎头相撞”。

（3）**忌方位失当**

在他人身边下蹲，尤其是在服务对象身旁下蹲时，最好是与之侧身相向。正面面对他人，或者背部面对他人下蹲，通常都是非常不礼貌的。

（4）**忌毫无遮掩**

蹲在大庭广众之前时，尤其是身着裙装的女服务人员不得不那样做时，一定要避免下身毫无遮掩的情况，尤其是要防止大腿叉开。

（5）**忌随意滥用**

在服务于人时，若在毫无必要的情况下采用下蹲的姿势，则只会给对方虚假造作之感，而并无任何服务热情可言。非要这么做，只能是过犹不及。

（6）**忌蹲在椅子上**

国内有些地区的人，往往有着“椅子不坐蹲起来”的生活习惯。但在工作岗位上这样做，显然是不能被接受的。

（7）**忌蹲着休息**

在某些人的印象里，蹲着是可以休息的。但对服务人员来讲，蹲着休息的做法则是绝对不被允许的。

▌标准的蹲姿

一般而言，服务人员在服务过程中确有必要采用蹲的姿势时，主要有下列四种标准的方式可以采用。

（1）**高低式**

高低式蹲姿，是服务人员平日采用最多的一种蹲的姿势。它的基本特征是：双膝一高一低。它的主要要求则是：下蹲时，双脚并非并排在一起，而是左脚在前、右脚稍后。左脚应完全着地，小腿基本上垂直于地面；右脚则应脚掌着地，脚跟提起。此刻右膝须低于左膝，右膝内侧可靠于左小腿的内侧，形成左膝高、右膝低之态。女性应靠紧两腿，男性则可适度地分开两腿。臀部向下，基本上以右腿支撑身体。男服务人员在工作时选用这一方式，往往更为方便。

（2）**交叉式**

交叉式蹲姿，通常适用于女服务人员，尤其是身穿短裙的女服务人员。它的主要优点是：造型优美典雅。它的基本特征是：蹲下之后双腿交叉在一起。其主要要求为：下蹲时，右脚在前，左脚在后，右小腿垂直于地面，全脚掌着地；右腿在上、左腿在下，二者交叉重叠；左膝由后下方伸向右侧，左脚脚跟抬起，脚掌着地；两腿前后靠近，合力支撑身体；上身略向前倾，臀部朝下。

（3）**半蹲式**

半蹲式蹲姿，多见于行进之中临时采用。它的正式程度不及前两种蹲姿，但在需要应急时则可采用。它的基本特征是：身体半立半蹲。其主要要求是：在下蹲时，上身稍微弯下，但不宜与下肢构成直角或锐角；臀部务必向下，而不是撅起；双膝略为弯曲，大、小腿间的角度根据需要可大可小，但一般均应为钝角；身体的重心应放在一条腿上；两腿之间不宜分开过大。

（4）**半跪式**

半跪式蹲姿，又叫作单跪式蹲姿。它也是一种非正式蹲姿，多用于下蹲时间较长，或为了方便于工作时。它的基本特征是：双腿一蹲一跪。其主要要求为：下蹲之后，改为一腿单膝点地，臀部坐于脚跟之上，而以脚尖着地。另外一条腿则应当全脚掌着地，小腿垂直于地面。双膝应同时向外，双腿应尽力靠拢。

（二）坐的姿势

坐的姿势，通常被称为坐姿。它所指的是，人在就座以后身体所保持的一种基本姿势。其具体的方法是：人们将自己的臀部置于椅子、凳子、沙发或其他物体之上，以支持自己身体的重量，单脚或双脚则须放在地上。坐的姿势，从根本上看应属于一种静态的姿势。对服务人员而言，不论工作还是休息，坐姿都是其经常采用的姿势之一。

学习与训练坐姿时，服务人员必须首先明确两点：

其一，在允许自己采用坐姿时，才可以坐下。

其二，在坐下之后，尤其是在别人面前坐下时，要自觉地采用正确的坐姿。

服务礼仪规定：在学习与训练坐姿时，服务人员应重点关注下述五个主要问题。

入座的要求

入座，又叫就座或落座。它指的是人们坐到座位上去的行为。服务人员在入座时的基本要求有八点。

（1）**在他人之后入座**

出于礼貌，当与他人一起入座，或与对方同时入座，而对方又是自己的服务对象时，一定要请对方首先入座，切勿自己抢先入座。

（2）**在适当之处就座**

在大庭广众下就座时，一定要坐在椅、凳、沙发等常规的位置。坐在桌子上、窗台上、地板上，往往都是失礼的。

（3）**在合“礼”之处就座**

在与他人同时就座时，应当注意座位的尊卑，并且主动将上座相让于人。

（4）**从座位左侧就座**

假若条件允许，在就座时最好从座椅的左侧接近座位。此处所谓座椅的左侧，特指在座椅上就座之后的左侧。

（5）**向周围之人致意**

在就座时，若附近坐着熟人，应主动跟对方打招呼。若身边的人不认识，亦应向其先点点头。在公共场合，要想坐在别人身旁，则还须先求得对方首肯。

（6）**毫无声息地就座**

在就座时，一定要减慢速度、放轻动作，尽量不要坐得座椅乱响，不要令其噪声扰人。

（7）**以背部接近座椅**

在他人面前就座，最好背对着自己的座椅，这样做就不至于背对着对方。得体的做法是：先侧身走近座椅，背对其站立，右腿后退一点，以小腿确认一下座椅的位置，然后随势坐下。必要时，可用一只手扶住座椅的把手。

（8）**坐下后调整体位**

为使自己坐得舒适，或需要整理一下衣服，可在坐下之后调整一下体位。但是这一动作不可与就座同时进行。

离座的要求

所谓离座，在此指的是采用坐姿之人起身离去。离座时主要的要求有以下五点。

（1）**先有表示**

在离开座椅时，身旁如有人在座，必须以语言或动作先向其示意，随后方可站起身来。若猛然站起，有时会令身边的人受到惊扰。

（2）**有先有后**

与他人同时离座，须讲究起身的先后次序。在地位低于对方时，应稍后离座。而地位高于对方时，则可首先离座。只有双方身份相似时，才允许同时起身离座。

（3）**缓慢起身**

在起身离座时，务必动作轻缓、无声无息，尤其要避免“拖泥带水”地弄响座椅，或将椅垫、椅罩弄得掉在地上。

（4）**站好再走**

离开座椅后，先要采用基本的站姿，站定之后片刻方可离去。要是起身便跑，或是离座与走开同时进行，则会显得过于匆忙。

（5）**从左离开**

有可能时，起身离座宜从左侧离开。与“左入”一样，“左出”也是一种礼节。此处所谓的左侧，也是指的就座之后的左侧。

下肢的体位

入座以后，人的下肢大都落入别人的视野之内。不论从文明礼貌还是从坐得优雅舒适的角度来讲，服务人员对于自己坐好后下肢的体位皆应多加关注。

具体来讲，坐好之后下肢的体位主要由双腿与双脚所处的位置决定。入座后，最为服务人员所常用的下肢体位主要有以下八种。

（1）**正襟危坐式**

正襟危坐式，又称基本的坐姿或双腿垂直式，它适用于最正规的场合。其主要要求是：上身与大腿、大腿与小腿都应当呈直角，小腿垂直于地面。双膝、双脚包括两脚的跟部，都要完全并拢。

（2）**垂腿开膝式**

垂腿开膝式，大多为男性所用，亦较为正规。其主要要求是：上身与大腿、大腿与小腿皆为直角，小腿垂直于地面。双膝允许分开，但不得超过肩宽。

（3）**双腿叠放式**

双腿叠放式，适合穿短裙的女士采用，其造型极为优雅。其主要要求是：将双腿一上一下完全地交叠在一起，交叠后的两腿之间没有任何缝隙，犹如一条直线；双脚同时斜放于左侧或右侧，斜放后的腿部与地面呈45度夹角，叠放在上的那只脚的脚尖垂向地面。

（4）**双腿斜放式**

双腿斜放式，适于穿裙子的女士在较低处就座时采用。其主要的要求是：首先双腿并拢，然后双脚向左或向右侧斜放，力求使斜放后的腿部与地面呈45度夹角。

（5）**双脚交叉式**

双脚交叉式，适用于各种场合，男女皆可选用。其主要要求是：双膝先要并拢，然后双脚在踝部交叉。

需要注意的是：交叉后的双脚可以内收，也可以斜放，但不宜向前方远远地直伸出去。

（6）**双脚内收式**

双脚内收式，适合在一般场合采用，而且男女咸宜。其主要要求是：两条大腿并拢，双膝可以略为打开，两条小腿可在稍微分开后向内侧屈回，双脚脚掌着地。

（7）**前伸后曲式**

前伸后曲式，也是女性适用的一种优美坐姿。其主要要求是：大腿并紧之后，向前伸出一条腿，并将另一条腿屈后，两脚脚掌着地，双脚前后要保持在一条直线上。

（8）**大腿叠放式**

大腿叠放式，多适合男性在非正式场合采用。其主要要求是：两条腿在大腿部分叠放在一起。叠放之后位于下方的一条腿的小腿垂直于地面，脚掌着地；位于上方的另一条腿的小腿则向内收，同时脚尖宜向下。

上身的体位

就坐姿而论，除了下肢的体位之外，上身的体位，即坐好之后，头部、躯干与上肢的具体位置，也极其重要。

以下，分别介绍服务人员在其入座后头部、躯干与上肢所应当采用的正确体位。

1. 头部端正

重要的是，在别人面前就座时，千万不要出现仰头、低头、歪头、扭头等情况。

坐定之后的标准头位，应当颈部抬直、双目平视、下巴内收。整个头部看上去应当如同一条直线一样，与地面相垂直。出于实际需要，在办公时允许低头俯视桌上的文件、物品，但在回答他人问题时，则务必抬起头来，不然就带有爱答不理的含义。在与人交谈时，可以面向正前方，或者面部侧向对方，但绝对不准将后脑勺对着对方。

2. 躯干笔直

坐好之后，身体的躯干部位亦应端端正正。其中需要重视的地方，主要有以下四点。

（1）**椅背的倚靠**

倚靠物体，主要用以休息。所以因工作需要而就座时，通常不应当将上身完全倚靠着座椅的背部。可能的话，最好一点也别倚别靠。

（2）**椅面的占用**

既然不宜经常倚靠椅背，那么就同时存在着椅面的占用问题。在服务对象或尊长面前，一般不宜坐满椅面。坐好后占椅面的四分之三左右最符合礼仪。

（3）**身体的朝向**

在与他人交谈时，为表示对其重视，不仅应面向对方，而且还应同时将整个上身朝向对方。需要注意的是，当侧身而坐时，躯干不要歪扭倾斜，尤其是不宜好似直接俯身于自己的交谈对象。

(4) **基本的轮廓**

在大庭广众前就座时，躯干的基本轮廓要力求美观宜人。最重要的是：躯干要挺直、胸部要挺起、腹部要内收、腰部与背部一定要挺直。

3. 摆好手臂

根据实际需要，服务人员在坐好后手臂摆放的正确位置主要有以下五种。

(1) **放在两条大腿上**

平时，服务人员可将其双手放在两腿之上。其具体办法有三：其一，双手各自扶在一条大腿上。其二，双手叠放后放在两条大腿上。其三，双手相握后放在两条大腿上。需要强调的是：将手放在小腿上、脚上，手扶、手握小腿或脚部，都是不可以的。

(2) **放在一条大腿上**

侧身与人交谈时，通常宜将双手置于自己离交谈对象较远的那条大腿上。其具体方法有二：其一，双手叠放。其二，双手相握。

(3) **放在皮包文件上**

当穿短裙的女士面对男士而坐，而身前没有屏障时，为避免“走光”，一般可将自己随身携带的皮包或文件放在并拢的大腿上，随后，即可将双手或扶、或叠、或握后置于其上。

(4) **放在身前桌子上**

将双手平扶在桌子边沿，或是双手相握置于桌上，都是可行的。有时，亦可将双手叠放在桌上。

(5) **放在身旁扶手上**

坐定后，将手摆放于座椅的扶手之上，自然是允许的。正确的方法是：正身而坐时，宜将双手分扶在两侧扶手上；侧身而坐时，则应当将双手叠放或相握后，置于侧身一侧的扶手上。

犯规的坐姿

在外人面前落座时，服务人员一定要遵守律己敬人的基本规定，绝对不宜采用犯规的坐姿。对服务人员而言，以下16种坐姿，都在犯规之列。

(1) **双腿叉开过大**

在面对他人时，双腿如果叉开过大，不论大腿叉开还是小腿叉开，都极其不雅。一位身穿超短裙的女士假如忽略了此点，则还有可能无意之中使自己“走光”。

(2) **架腿方式欠妥**

落座后将双腿架在一起，不是说绝对不可以，但其正确的方式，应当主要是两条大腿相架，并且一定要使二者并拢。如果将一条小腿架在另一条大腿上，两者之间还留出大大的空隙，成为所谓的“架二郎腿”，就显得过于放肆了。

(3) **双腿直伸出去**

坐下后，不宜将双腿直挺挺地伸向前方。那样做不仅有可能妨碍别人，而且也有碍观瞻。身前若有桌子，则双腿尽量不要伸到桌子外面来。

(4) **将腿跷上桌椅**

有人坐定后为贪图舒服，喜欢将双腿或单腿置于高处，有时甚至还会将其抬到身前的桌子、座椅、窗台上。服务人员在工作岗位上要是这样做了，会给人以极为不佳的印象。在座椅上盘腿而坐，亦为不当。

(5) **腿部抖动摇晃**

坐在别人面前，反反复复地抖动或摇晃自己的腿部，不仅会令人心烦意乱，而且也会给人以极不安稳的印象。

(6) **脚尖指向他人**

不论具体采用哪一种坐姿，都不宜以本人的脚尖指向别人，因为这一做法是非常失礼的。

(7) **仅以脚跟触地**

坐下后如以脚部触地，通常不允许仅以脚跟接触地面，而将脚尖翘起。若将双脚同时翘起，则更算是一种严重的违规。

(8) **以脚蹬踏他物**

坐下来之后，脚部一般都要放在地上。用脚在别处乱蹬乱踩，甚至蹬踩于高处，通常是不合适的。

(9) **以脚自脱鞋袜**

脱鞋脱袜，属于个人隐私和“卧室动作”，绝对不宜当众表演。在外人面前就座时以脚自脱鞋袜，显然也是不文明的。

(10) **以手触摸脚部**

在就座以后用手抚摸小腿或脚部，都是极不卫生的。有此不良习惯者，务必自觉克服。

(11) **手部置于桌下**

就座后，在身前有桌子时，双手皆应置于其上。单手或双手放于桌下，都是不允许的。

(12) **手臂支于桌上**

用双肘支在面前的桌子上，对于同座之人是不够礼貌的。

(13) **双手抱在腿上**

双手抱腿，本是一种惬意、放松的休息姿势，但在工作之中却不可取。

(14) **将手夹在腿间**

个别人坐下来之后，往往将双手夹在两腿之间，这一动作会令其显得胆怯或害羞。

(15) **上身向前趴伏**

坐下后上身趴伏在桌椅上或自己的大腿上，都仅能用于休息，而不宜在工作之中采用。

(16) **头部靠于椅背**

以头靠在椅背上，自然是为了稍事休息。在工作岗位上，显然不宜那样做。

四、手臂姿势

不论在日常生活中还是在工作岗位上，手臂都是服务人员运用最多的一个身体部位。手臂的运用，有时候是它的单独活动，有时候则是与身体的其他部位协调配合、相互呼应的。

手臂姿势，又称为手势或手姿，它通常指的是人在运用手臂时出现的具体动作与体位。在一般情况下，服务人员的常规手势既有处于动态之中的，也有处于静态之中的。

（一）基本的原则

平时，服务人员在学习、运用手势时，既要讲究具体的方法，又要遵守基本的原则。一般而言，服务人员必须恪守下述三项基本原则。

（1）**使用规范化的手势**

在使用手势时，必须令其规范化。在工作中只有使手势的运用合乎规范，才不至于无事生非，才不会令服务对象产生歧义。

（2）**了解区域性的差异**

在不同的区域，人们往往会使用不同的“手语”。例如，伸出右臂，掌心向下，手臂反复向内侧挥动，其含义在国内主要是招呼别人，但在某些国家一般则只用于召唤自家的宠物狗。不注意手势的此种差异性，或对其一无所知，对服务人员而言都是不允许的。

（3）**平时手势宜少忌多**

需要明确的是：在正常情况下，服务人员的手势宜少而不宜多。若在毫无必要时将自己的手臂挥来舞去，既不能表达自己的思想感情，也毫无美感可言。使用多余的手势，通常只能起到画蛇添足的作用。

（二）常用的手势

服务人员在学习、运用手势时，还必须对日常服务中标准的常用手势有充分的了解。一般而言，服务人员普遍应当掌握的主要手势有：正常垂放、自然搭放、手持物品、递接物品、展示物品、招呼别人、举手致意、与人握手、挥手道别九种。

▌正常垂放

正常垂放，在此特指服务人员站立服务时双手垂放的手势。在一般情况下，它是服务人员接触最多的手势之一。有时也被称为服务人员的基本手势。

它的具体做法，又有以下七种之别。

（1）**自然垂放式**

自然垂放式的具体做法是：双手指尖朝下，掌心向内，在手臂伸直后分别紧贴于两腿裤线上方。

（2）**腹前叠放式**

腹前叠放式的具体做法是：双

手伸直后自然相交于小腹之处，掌心向内，一只手在上一只手在下地叠放在一起。

（3）**腹前相握式**

腹前相握式的具体做法是：双手伸直后自然相交于小腹之处，掌心向内，一只手在上一只手在下地相握在一起。

（4）**双手相背式**

双手相背式的具体做法是：双手伸直后自然相交于背后，掌心向外，两只手相握在一起。

（5）**一垂一搭式**

一垂一搭式的具体做法是：一只手紧贴裤线自然垂放，而另外一只手则略为弯曲，掌心向内搭在腹前。

（6）**一背一搭式**

一背一搭式的具体做法是：一只手掌心向外背在背后，而另外一只手则略弯曲，掌心向内地搭在腹前。

（7）**一垂一背式**

一垂一背式的具体做法是：一只手紧贴裤线自然垂放，而另外一只手则掌心向外地背在身后。

▌自然搭放

服务人员在工作岗位上所采用的自然搭放的手势，主要是在进行常规服务时所采用的、将手搭放在身前桌面或柜台之上的一种手位。

具体而言，服务人员所采用的自然搭放的手势，在其站立或就座时又有一定的差异。

其一，站立服务时的手部自然搭放。在站立服务时，若将手部自然搭放在桌面或柜台上，其主要的要求是：身体尽量靠近桌子或柜台，上身挺直；两臂稍弯曲，肘部朝向外侧；两手以手指部分放在桌子或柜台上，指尖朝前，拇指与其他四指稍分离，并轻搭在桌子或柜台的边缘之处。在采用这种手势时，不要距离桌子或柜台过远，同时还要根据桌子或柜台高矮的程度来调整手臂弯曲的程度，尽量避免出现将上半身趴伏在桌子或柜台上的情况。将整个手掌支撑于桌子、柜台之上，甚至两只手掌都那么做，则更不合适。

其二，坐姿服务时的手部自然搭放。在以坐姿服务时，若将手部自然搭放在桌面上，其主要的要求则是：身体趋近桌子或柜台，尽量挺直上身。除采取书写、计算、调试等必要的动作时，手臂可摆放于桌子或柜台上之外，最好仅以双手手掌平放于其上。双手放在桌子或柜台上时，可以分开、叠放或相握。但不要将胳膊支起来，或是将一只手或双手放在桌子或柜台之下。

▌手持物品

在工作中，服务人员经常帮助他人手持某种物品。服务人员在持物服务时，对于稳妥、自然、到位、卫生四方面的问题，应给予高度重视。

（1）**稳妥**

在手持物品时，可根据其具体重量、形状以及易碎与否，采取不同的手势。既可以使用双手，又可以只用一只手持物。但是，最重要的是要确保物品的安全，尽量轻拿轻放，同时也要防止其伤人或伤己。

（2）**自然**

在手持物品时，服务人员可依据本人能力与实际需要，酌情采取拿、捏、提、握、抓、扛、夹等不同的姿势。不过一定要避免在持物时手势夸张、“小题大做”，有失自然美。

（3）**到位**

需要手持物品时，理当持物到位。有不少物品，在需要手持时，应当将手置于其恰当之处，这就是持物到位的含义。例如，箱子应当拎其提手，杯子应当握其杯耳，炒锅应当持其手柄。持物时手部未能到位，不但不方便，而且也很不雅观。

（4）**卫生**

在持物时，卫生问题不可不察。在为人取拿食品时，切忌直接下手，而应采用专用的食品夹、食碟。在敬茶、斟酒、送汤、上菜时，千万不要把手指搭在杯、碗、碟、盘的边沿，更不能无意之间使手指浸泡在其中。

递接物品

在工作中，递送或接取物品，都是服务人员必须认真练好的基本功。

首先，在递送物品时，应注意下述五个方面的具体细节。

（1）**双手为宜**

有可能时，双手递物最佳。当不方便双手并用时，也要优先使用右手。以左手递物，通常被视为失礼之举。

（2）**递于手中**

递给他人的物品，以直接交到对方手中为好。不到万不得已，最好不要当着被递交者的面将所递的物品放在别处。

（3）**主动上前**

若双方相距过远，递物者理当主动走近接物者。假如自己是坐着的话，还应在递物前起身站立。

（4）**方便接拿**

服务人员在递物时，应为对方留出便于接取物品的地方，不要让其感到接物时无从下手。将带有文字的物品递交他人时，还须使之正面面向对方。

（5）**尖、刃内向**

将带尖、带刃、带齿或其他易于伤人的物品递给他人时，切勿以尖、刃、齿直指对方。合乎服务礼仪的做法是使其朝向自己，或是朝向他处。

其次，在接取物品时，应注意的要点是目视对方，而不要只顾注视物品。一定要用双手或右手，绝不能单用左手接取物品。必要时，应当起身而立，并主动走近对方。当对方递过物品时，再以手前去接取，切勿迫不及待地直接从对方手中抢夺物品。

展示物品

服务人员经常需要在工作中将某一物品举在自己身前，向他人进行必要的展示。在大庭广众之下展示物品时，大抵有三点重要的注意事项。

（1）便于察看

在展示物品时，一定要方便现场的观众察看。因此，一定要将被展示之物正面面向对方，举至一定的高度，展示的时间应足够让观众看清物品。当四周皆有观众时，展示物品还须酌情变换不同的角度。

（2）操作标准

服务人员在展示物品时，不论口头介绍还是动手操作，均应符合有关标准。在解说时，要口齿清晰、语速舒缓。在动手操作时，则应手法干净利索、速度适宜，并进行必要的重复。

（3）手位正确

在展示物品时，服务人员一般有四种手位。其共同之处是：使物品在身体一侧展示，不宜挡住本人头部。具体而言：其一，将物品举至高于双眼之处。这一手位，适于被人围观时采用。其二，将物品举至双臂横伸时自肩至肘之处，上不过眼部，下则不过胸部。这一手位，易于给人以安定感。其三，将物品举至双臂横伸时肘部之外，上不过眼、下不过胸之处。这一手位，便于他人看清展示之物。其四，将物品举至胸部以下之处。这一手位，显得不够大方，有时人们偷拿某物悄悄展示于人时，才会这样做，因此需要慎用。

招呼别人

招呼别人，在此主要是指呼唤远方之人，对其进行引导，或为其指示方向。在招呼别人时，服务人员一定要采取正确的做法。

需要注意的是，在招呼别人时，服务人员必须牢记两点：其一，要使用手掌，而不能仅仅使用手指。其二，要掌心向上，而不宜掌心向下。具体而论，根据手臂摆动姿势的不同，它又可大体分为下列五种形式。

（1）横摆式

横摆式，即手臂向外侧横向摆动，指尖指向被引导或指示的方向。它多适用于请人行进时指示方向。

（2）直臂式

直臂式，即要求手臂向外侧横向摆动，指尖指向前方。与前者不同的是，它要将手臂抬至肩高，而非齐胸。它适用于引导或指示物品所在之处。

（3）曲臂式

曲臂式的做法是：手臂弯曲，由

体侧向体前摆动，手臂高度在胸以下。在请人进门时，可采用此方式。

（4）**斜臂式**

斜臂式的最大特点是：手臂由上向下斜伸摆动。平时，它大多适用于请人就座。

（5）**双臂式**

双臂式的做法是：双手先叠放于腹前，然后抬至胸部之下，同时向身体两侧摆动。有时，亦可双臂同向地摆动。它适用于招呼较多人员之时。

前四种形式，均仅用一只手臂。此刻另一只手臂最佳的位置，则应为垂放于身体一侧，或背于身后。

举手致意

举手致意，通常也叫挥手致意，多用于向他人表示问候、致敬、感谢之意。它既可悄然无声地进行，也可以伴之以相关的言辞。当服务人员忙于工作，而又看见熟悉的服务对象且无暇分身时，向其举手致意，可立即消除对方的被疏忽、被冷落感。

举手致意的正确做法，具体体现为下列四点。

（1）**面向对方**

举手致意时，应全身直立，面向被致意者，至少上身与头部要朝向对方。在目视对方的同时，必须面带笑容。

（2）**手臂上伸**

在致意时，应当手臂自下而上向侧上方伸出。手臂既可略有弯曲，亦可全部伸直。

（3）**掌心向外**

致意时必须掌心向外，即面对被致意者，指尖朝向上方。千万不要忘记伸开手掌。

（4）**切勿乱摆**

举手致意，理当手臂轻缓地由下而上地向上伸起，而不是自上而下或向左右两侧来回摆动。

与人握手

在见面之初、告别之际、慰问他人、表示感激、略表歉意等时刻，人们往往会以手与他人相握。从根本上讲，握手乃是人际交往的基本礼节之一。

在与人握手时，服务人员应重视如下四个具体问题。

（1）**先后的顺序**

握手时，双方伸出手来的标准的先后顺序应为“尊者在先”。即届时应为地位高者先伸手，地位低者后伸手。例如，在工作中，服务人员通常不宜主动伸手与服务对象相握。

（2）**用力的大小**

在握手时，力量应当适中。用力过重与过轻，同样都是失礼的。

(3) **时间的长短**

在与人握手时，一般握上3～5秒钟即可。没有特殊的情况，不宜长时间地握着他人的手不放开。两个人在握手时稍触即罢，也未必合适。

(4) **相握的方式**

通常，应以右手与人相握。左手一般不宜使用，双手与人相握亦不常用。在握手时，应各自走近对方，右手向侧下方伸出，双方互相握住对方的手掌大部。被握住的部分应大体上包括自手指至虎口处。双方手部相握后，应目视对方双眼，将手上下晃动两三下。届时，不要仅握对方的指尖，或左右乱摇。

挥手道别

挥手道别，是与人互道再会时所用的常规手势。在采用这一手势时，主要应重视以下五点。

(1) **身体站直**

在挥手道别时，应暂时性地立而不动，尽量不要走动、乱跑，更不要摇晃身体。

(2) **目视对方**

挥手道别时，务必目中有人。与人道别之际手势做得再标准，若届时不看着道别对象，也会被对方理解为“目中无人”，等于白做。

(3) **手臂前伸**

道别时，可用右手，也可双手并用。但要使手臂尽力向上、向前伸出，指尖一定要向上。手臂不要伸得太低，或过分弯曲。

(4) **掌心朝外**

向他人挥手道别时，千万要保持掌心向外，否则是很不礼貌的。

(5) **左右挥动**

在挥手道别时，要将手臂向左右两侧轻轻挥动，尽量不要上下摆动。以双手道别时，则应将双手同时由外侧向内侧来回挥动。光伸出双手而不进行挥动，则犹如“投降”一般。

（三）错误的手势

正确地掌握了以上常用的手势之后，服务人员如欲“更上一层楼”，使自己的手势做得更好，则还应防止在服务过程中使用以下几种错误的手势。

(1) **指指点点**

在工作中，不允许服务人员随意用手指对着服务对象指指点点。在与服务对象交谈时，尤其不可以那样做。用手指指点别人，本来就有失恭敬，假如再用手指指点对方的面部尤其是其鼻尖，则对对方更是不恭不敬。

(2) **随意摆手**

在接待服务对象时，不要随便

向对方摆手。即不要将一只手臂伸在胸前，指尖向上、掌心向外，左右摆动。此外，也不要掌心向内，由内向外地摆动手臂。这些动作的一般含义是：拒绝别人。有时，它还含有极不耐烦之意。

（3）**端起双臂**

双臂抱起，然后端在自己身前这一姿势，往往暗含孤芳自赏、自我放松，或是旁观他人、置身事外、看其笑话之意。服务人员若在服务对象面前有如此表现，自然会令其心生不快。

（4）**双手抱头**

有人有事没事都喜欢将双手抱在脑后。这一体态的本意，也是自我放松。在服务时这么做，显然会给人以目中无人之感。

（5）**摆弄手指**

反复摆弄自己的手指：要么活动其关节，要么将其捻响，要么莫名其妙地攥拳松拳，或是手指动来动去，时常会给人以不安定之感。

（6）**手插口袋**

在工作中，若将一只手或双手插放在自己的口袋里，不论其姿势是否优雅，通常都是不允许的。因为这种表现，会使服务对象觉得服务人员在工作方面并未竭尽全力。

（7）**搔首弄姿**

搔首弄姿，在此是指在工作岗位上整理自己的服饰，或梳妆打扮。如果当众那么做，会有矫揉造作、当众表演之嫌，还会令人觉得服务人员工作时不够专心致志。

（8）**抚摸身体**

在工作时，有人习惯于抚摸自己的身体。诸如摸脸、揉眼、搔头、挖鼻孔、剔牙、抠脚、抓痒、搓泥等，这种人给别人的印象是：缺乏公德意识、不讲究卫生、不注意维护个人形象，其自身素质极其低下。

（9）**接触他人**

在任何时候，服务人员都不应以手部直接接触服务对象的身体，尤其不允许对对方拍拍打打、上下其手。

《礼记》云：“凡男拜，尚左手”；“凡女拜，尚右手”。久而久之，国人在双手相握或上下搭放时便逐渐形成了主流的做法：“男左女右”。即男性须左手在上，女性则须右手在上。但若非特别重要的场合，服务人员也不必对此过于拘泥。

五、表情神态

表情与神态，通常泛指一个人面部所呈现出来的具体形态。所谓表情，指的是人通过面部形态变化所表达的内心的思想感情。所谓神态，则是指人的面部所表现出来的神情态度。在一般情况下，二者往往是通用的。它们所指的，实际上主要是人脸上表现出来的态度的变化。由于人们的表情与神态通常都处于不断的变化之中，故可视之为动态的体态语。

服务人员需要注意：自己在工作中的表情神态如何，在服务对象看来，往往都与对待他们的态度直接相关。

(一) 主要规则

在进行表情神态的学习与训练时，服务人员首先要掌握如下四项在服务岗位上必须遵循的主要规则。

（1）**表现谦恭**

《论语》中曾经强调“敬而无失”。服务时待人谦恭与否，不仅从表情神态方面可以很直观地看出来，而且也备受服务对象的重视。因此，服务人员在工作之中务必使自己的表情神态恭敬、谦和。

（2）**表现善意**

在工作之中，任何服务对象皆应以善意相待。这一态度，自然应当在服务人员的表情神态上表现出来。所谓“笑迎八方来客，广交四海朋友”，“四海之内皆兄弟也”，其实就是首先要求服务人员在服务时以与人友善的表情神态先行一步。

（3）**表现适时**

一般而论，人的表情神态可以庄重、宽和，也可以活泼、俏皮，有时还可以表示不满、气愤或悲伤。不论采用何种表情神态，服务人员都要使之与现场的氛围或实际需要相符合。这就是所谓的表情神态要适时。例如，当服务对象极不开心时，对其若以笑脸相迎，就肯定不会得到良好反馈。

（4）**表现真诚**

服务人员在服务时，既要使自己的表情神态谦恭、友好、适时，更要使之出自真心、发乎诚意。这就是此处所谓之表现真诚。唯有这样做，才会给人以表里如一、名副其实之感。

(二) 重在面部

严格地说，人的表情神态通常有赖于其身体各部分之间的协调行动。因此，除面部外，人体的其他部分亦可表现出人的表情神态。不过，不可否认的一个事实是：观察任何一个人的表情神态时，人们往往都以其面部为主要的着眼点，并且尤为关注其眼神与笑容方面的变化。

为了符合常人的习惯，服务人员在学习、训练自己的表情神态时，应当以面部表情的变化为要点，其中眼神与笑容的变化则更是需要重视。下面就来简单介绍学习、训练自己的表情神态时，服务人员在眼神与笑容方面应当注意的一些问题。

眼神

眼神，此处指的是人们在注视某人或某物时，眼部所进行的一系列活动，以及在这一过程中所呈现出的神态。在一个人的全部表情神态中，眼神占有举足轻重的位置，所以人们常常说“眼睛会说话”。印度伟大诗人泰戈尔则对此有进一步的诠释，他说：“在眼睛里，思想敞开或是关闭，发出光芒或是没入黑暗，静悬着如同落月，或者像急闪的电光照亮了广阔的天空。”他的这些话，如果一言以蔽之，就是说人的眼睛能够传神。

在工作岗位上服务人时，服务人员自然应当对对方多加注视，否则就算是怠慢对方、目空一切。只有在展示、介绍商品或服务项目时，方可稍有例外。

服务人员在学习、训练眼神时，主要应当重视其注视的部位、注视的角度以及在为多人服务时需要兼顾的问题。

1. 注视的部位

服务人员在注视服务对象时，其所注视的具体部位，往往与双方相距的远近及本人的工作性质有关。依照服务礼仪的规定，服务人员在服务人时，按常规可以注视对方的身体部位有下列四处。

（1）对方的双眼

注视对方的双眼，既可表示服务人员对服务对象的全神贯注，又可表示对对方所讲的话正在洗耳恭听。问候对方、听取诉说、征求意见、强调要点、表示诚意、向人道贺或与人道别，皆应注视对方的双眼。但是，注视时间不宜过久，否则双方都会比较难堪。

（2）对方的面部

与服务对象进行较长时间的交谈时，可以对方的整个面部为注视区域。注视他人的面部时，最好不要聚焦于一处，而以散点柔视为宜。在工作岗位上接待服务对象时，注视对方的面部，则是最为常用的。

（3）对方的全身

与服务对象相距较远时，服务人员一般应当以对方的全身为注视点。在站立服务时，往往更宜采用此种方式。

（4）对方的局部

服务人员在工作之中，往往会因为实际需要而对服务人员身体的某一部分多加注视。例如，在递接物品时，应注视对方手部。在鞋店里为顾客试穿鞋子时，则要注视对方脚部。不过在无此必要时，最好不要这么做。特别需要说明的是，如果没有任何理由而去注视打量服务对象的胸部、腹部、臀部、脚部或大腿，都是失礼的表现。当对方是异性时，注视那些“禁区”，还会引起对方的强烈反感。

2. 注视的角度

服务人员在注视服务对象时，其具体的角度是否得当，往往十分重要。具体来说，既方便于服务工作，又不至于引起服务对象误解的视角主要有以下三种。

（1）**正视对方**

正视对方，简称正视，即在注视他人时，与之正面相向，同时还须将上身前部朝向对方。即便服务对象处于自己身体的一侧，在需要正视对方时，也要同时将面部与上身转向对方。孔子曾要求人们“尊其瞻视”。因此，正视交往对象，是做人的一种基本礼貌，以示重视对方。斜着眼睛、扭过头去注视他人，或者偷偷注视别人，都难以表达此种含义。

（2）**平视对方**

平视对方，简称平视，即在注视他人时，身体与对方处于相似的高度。平视与正视一般并不矛盾。因为在正视他人时，往往要求同时平视对方。在服务工作中平视服务对象，可以说是一种常规要求。这样去做，可以表现出双方地位的平等与自己的不卑不亢。因此，服务人员就座时，看见服务对象到来，应立即起身相迎。

（3）**仰视对方**

仰视对方，简称仰视，即在注视他人时，本人所处的具体位置较对方为低，而需要抬头向上仰望对方。反之，若自己注视他人时所处的具体位置较对方为高，而需要低头向下俯视对方，则称为俯视。在仰视他人时，可给予对方重视与信任之感，故此服务人员在必要时可以这么做。俯视他人，则往往带有自高自大之意，或是对对方不屑一顾。服务礼仪规定：服务人员站立或就座之处不得高于服务对象，主要就是为了防止造成俯视对方的客观事实。

此外，还须明确：服务人员在注视服务对象时，视角要相对保持稳定。即使需要有所变化，也要过渡自然。不论怎么说，都不允许对对方上下反复打量。这种扫视他人的做法，往往会使对方感到被侮辱、被挑衅。

3. 兼顾多方

服务人员在工作岗位上为多人进行服务时，通常还有必要巧妙地运用自己的眼神，对每一位服务对象予以兼顾。具体的做法是：要给予每一位服务对象以适当的注视，使其不会产生被疏忽、被冷落之感。一般而言，服务人员若是对其中的某些或某位服务对象一眼不看，往往就意味着目中无人、怠慢对方。但若是对其长时期地进行凝视，则不仅会令对方不快，而且还有可能被对方误会。

当多名服务对象结伴而来时，服务人员在为其进行服务时，既要对自己的服务重点对象多加注视，又不可对其他次要的服务对象不看一眼。当后者与自己性别相同时，服务人员更要切记这一点。

如果多名服务对象互不相识，服务人员在为其进行服务时，既要按照先来后到的习惯顺序，对先到之人多加注视，同时又要以略带歉意、安慰的眼神去环视一下等候在身旁的其他后到之人。这样做的好处在于，既表现出了自己的善解人意与一视同仁，又可以让对方稍感宽慰、少安毋躁。

笑容

所谓笑容，通常指的是人的含笑的面容，亦指人在含笑时的具体表情、神态。有时，人们也称之为笑貌或笑脸。对于服务人员而言，在自己的工作岗位上满面笑容地服务于人，是一种基本的岗位规范。

满面笑容的核心之点，就在于笑。所谓笑，即人的面部呈现出开心、愉快、欢乐的神情。由此可见，笑以开心、愉快、欢乐为首要特征。是故，最为正常的笑容，便被人们叫作欢笑。

要求服务人员在其工作岗位上满面笑容，主要意在为服务对象创造出一种令人倍感轻松的氛围，使对方在享受服务的整个过程之中，感到愉快、欢乐和喜悦，同时也表现出服务人员对服务对象的友善、重视与照顾。

假定服务对象所面对的服务人员一脸晦气、愁眉苦脸，往往不仅会使人感到很不开心、沉闷不堪，有时还可能因此而败坏其享受服务的雅兴。服务人员若认定自己的笑容在工作中可有可无，则是大为失策的。美国希尔顿酒店的事业曾经非常兴旺发达，其秘诀就在于它要求全体从业人员微笑服务。它的总公司董事长唐纳·希尔顿曾经明言：“酒店第一流的设备重要，而第一流的微笑更为重要。如果缺少服务人员的微笑，就好比花园失去了春日的阳光和春风。”有鉴于此，在许多国家里，服务行业在对其从业人员进行岗前培训时，微笑便被列为重要的培训科目之一。

1. 保持微笑

对服务人员而言，在其工作岗位上满面笑容地面对服务对象时，有关其笑容的主要要求是：保持微笑。换言之，微笑应成为服务人员在岗时的一种常态。微笑，仅仅是诸多笑容之中的一种。它之所以成为服务人员在工作中首选的笑容，主要是因为它可以对人、对己都发挥良好的作用。

（1）调节自身情绪

情绪，是人们对于自己周围事物的一种内心感受的体验。它能改变一个人的处世态度，并且具有相当的感染力。微笑，是一种积极、乐观的情绪的体现。在服务岗位上以微笑面对他人，既可以创造出一种和谐融洽的现场气氛，又可以感染服务对象，使其倍感愉快和温暖，并在一定程度上驱散其烦恼或忧郁。

（2）消除彼此隔阂

人际交往中难免产生隔阂，服务工作自然也是如此。微笑乃是友谊之桥，亦为人际沟通的最佳润滑剂。中国民间两句人所共知的老话“举手不打笑脸人”，“相逢一笑泯恩仇”，体现出的就是微笑所具有的化干戈为玉帛的作用。在一般情况下，当人与人之间产生纠葛时，一方若能以微笑面对另一方，往往便不会进一步激化矛盾。有时，这样做还可以使双方的矛盾或误解冰消雪融。

（3）**获取适度回报**

微笑，既是人际交往中一朵赠人的玫瑰，同时也出自一种自信。对于察言观色者来说，它不仅在外观上给人以美感，而且还会使交往对象感受到自己的和蔼可亲。《礼记》有道："礼也者，报也。"心理学家指出，微笑多在交往双方初次面对面地接触时出现。它是人们领会得最快最好的一种情感，其普遍的含义是：接纳对方、热情友善。因此它是人际交往的最佳入场券，最易于得到交往对象的认同与回报。在一般情况下，服务人员在工作中若能始终面含微笑，以微笑开始，以微笑结束，则必然会赢得服务对象的赏识，并获得良好的服务效果。

（4）**有益身心健康**

对于服务人员而言，微笑不仅可以悦人，而且亦可益己。微笑对于自己最大的好处是：可在为自己营造良好人际关系的同时，促进个人的身心健康。人们经常讲："笑一笑，十年少。愁一愁，白了头。"它所说的，就是微笑有助于自身健康的这种作用。笑口常开的人往往会给自己一种正面的心理暗示，并产生积极的反馈，使自己活得开心快乐。

2. 善于微笑

如上所述，微笑对于服务人员而言，不仅最易给人以吸引力，而且也最具实用的价值。那么服务人员在工作中怎样才能够正确地运用好微笑呢？

（1）**掌握微笑要领**

在日常生活中，人的笑容多种多样。假笑、媚笑、冷笑、窃笑、嘲笑、怪笑、狞笑、大笑、狂笑等，皆非服务人员在其工作中应出现的笑容。只有微笑，才是适当之选。因此，微笑完全可以被称为服务人员在工作岗位上的一种常规表情或标准神态。

微笑的主要特征是：面含笑意，但笑容却不甚显著。一般情况下，人在微笑时，往往是不闻其笑声、不见其牙齿的。

微笑的基本方法是：首先要放松自己的面部肌肉；然后使自己的嘴角微微向上翘起，让嘴唇略呈弧形；最后，在不牵动鼻子、不发出笑声、不露出牙齿，尤其是不露出牙龈的前提下，轻轻地一笑。

（2）**重视整体配合**

微笑虽说仅仅是一种十分简单的表情与神态，但要使之真正得体，除了要注意口形之外，还必须注意面部其他各部位的相互配合。毫不夸张地说，微笑，其实也是人的面部各部位的一种综合运动。若忽视其整体的协调配合，微笑便往往会不成其为微笑。

通常，一个人在微笑时，应当目光柔和发亮、双眼略为睁大、眉头自然舒展、眉毛微微向上扬起。这就是人们通常所说的"眉开眼笑”。除此之外，还应避免耸动自己的鼻子与耳朵，并且宜将下巴稍向内收。

(3) 力求表里如一

提起微笑，尽管人们常用“面含微笑”这个词，实际上它并非只挂在脸上，而是需要发自内心，做到表里如一。

真正的微笑，理当具有丰富而有力度的内涵。它应当渗透出微笑者一定的情感，而渗透着一定的情感的微笑，才真正具有感染力。这就是所谓的笑中有情、笑以传情。

真正的微笑，应当体现一个人内心深处的真、善、美。表现出自己心灵之美的微笑，才会真正地有助于服务双方的彼此沟通与心理距离的缩短。

真正的微笑，还应该是一种内心活动的自然流露。也就是说：它应当首先是一种“心笑”，应当来自人的内心深处，而且绝无任何外来的包装或矫饰。

(4) 兼顾服务对象

必须说明的是，微笑服务只是对服务人员所做的一种总体要求。在具体运用时，还必须同时注意自己的服务对象的具体情况。简而言之，服务人员应当当笑之时则笑，不当笑之时则不笑。

在此应当明确，在下列情况下面含微笑绝对是不许可的：进入气氛庄严的场所时、服务对象满面哀愁时、服务对象具有某种先天的生理缺陷时、服务对象出了洋相因而感到极其尴尬时、岗位规范禁止面含微笑时，等等。在以上几种情况下，如果面露稍许笑意，便会使自己的处境十分不利、十分被动。

思考题

1. 为何要提倡服务人员的仪态美？
2. 要有效地运用自身的体态语，应当注意哪些具体问题？
3. 要准确地理解他人的体态语，应当注意哪些问题？
4. 什么是服务人员基本的站立姿势？
5. 服务人员在工作岗位上适度变化站姿时应注意什么问题？
6. 服务人员常用的站姿有哪几种？
7. 服务人员的行进姿势有何基本要求？
8. 服务人员在行进中要避免哪些错误做法？
9. 服务人员的行进姿势有哪几种特例？
10. 在什么情况下才可以酌情采用蹲的姿势？
11. 蹲姿的具体形式主要有哪几种？
12. 入座与离座时有何需要注意之处？

13. 哪些坐姿对服务人员而言是属于犯规的?
14. 服务人员应当掌握哪些主要的手势?
15. 服务人员不宜滥用哪些主要的错误手势?
16. 注视他人时，服务人员应注视哪些部位?采用何种视角?
17. 在服务岗位上微笑有何主要作用?
18. 微笑的主要特征与基本方法是什么?

第三章 服务人员的服饰规范

服务人员的服饰规范，在此指的是对服务人员服饰方面的标准化、正规化要求。在具体的工作岗位上，服务人员不仅要重视个人服饰的选择，而且还必须自觉地遵守常规，做到『服饰美』。

学习目的

- 重视个人服饰。
- 在工作岗位上有意识地规范个人服饰。
- 掌握基本的服饰礼仪。
- 在日常工作与生活中做到“服饰美”。
- 避免在个人的穿着打扮上弄巧成拙。

本章要点

- 本章所讲授的是服务人员的服饰规范。它在此指的是对服务人员服饰方面的标准化、正规化要求。遵守服饰礼仪，才能在穿着上真正做到“服饰美”。
- 本章第一部分讲授的是正装选择，它具体涉及：制服的功能、基本的要求等。
- 本章第二部分讲授的是便装选择，它具体涉及：适用的场合、合理的选择、正确的搭配等。
- 本章第三部分讲授的是饰物选择，它具体涉及：符合身份、以少为佳、区分品种、佩戴有方等。
- 本章第四部分讲授的是用品选择，它具体涉及：工作用品、生活用品等。

服饰，是对人们日常衣着及其所使用的装饰品的一种统称。在工作岗位上，服务人员的服饰通常不允许“穿衣戴帽，各凭所好”，而是有着其种种特定的要求和限制。

之所以对于服务人员的服饰做出统一的要求与限制，主要出于以下四个方面的考虑。

（1）**尊重服务对象**

在人际交往中，服饰早已被公认为一种无声的语言。要求广大服务人员在工作岗位上重视自己的服饰，自然可借以表达对服务对象的高度重视之意。

（2）**适应工作需要**

与一般性的人际交往有所不同，服务工作乃是一种较为特殊的人际交往。其主要的特征是：要求服务人员通过与服务对象的交际活动，来向对方提供规范化的服务。既然如此，服务人员在工作岗位上所选用的服饰，就必须与其特殊身份相称，并且一定要适应本职工作的实际需要。

（3）**塑造企业形象**

在整个企业形象识别系统之中，企业员工的服饰作为视觉识别系统，是其重要组成部分之一。当人们提及某一企业的整体形象时，其全体员工岗位服饰的选择，通常都会受到特别的关注。如果服饰的选择基本上体现了企业的整体精神风貌与管理水准，即可称之为与其企业形象相称，并且有助于其企业形象的塑造与维护；反之，则可视之为有悖于其企业形象，并且可能会使其企业形象严重受损。

（4）**提高个人素质**

具体到每一个人的身上，服务人员在大庭广众之下所选用的服饰，无疑在一定程度上代表着其个人的阅历、教养与艺术品位，因而直接影响到交往对象对其所做的评价。正因为如此，服务行业对其从业人员在工作岗位上的服饰提出统一的要求与限制，将会在提高服务人员的个人认识、促进服务人员服饰规范化的同时，提高服务人员的个人素质。

服务人员的服饰，主要涉及在其服务工作中所穿戴使用的正装、便装、饰物、用品等的选择与使用。在涉及此类问题时，服务人员主要应当注意以下两点。

其一，必须对个人服饰予以高度重视。服饰得体与否，与个人形象、企业形象均有极大关系。对其重视不够，只会损害个人形象与企业形象。

其二，必须在个人服饰上遵守成规。要想在服饰上不出差错，唯一的办法就是要严守成规，特别是要严守本单位的有关规定。如果服务人员各自为政，人人各搞一套，服务行业从业人员服饰的规范性便会成为空谈。

一、正装选择

在工作岗位上，就衣着而论，对服务人员的基本规范是：要求其身着正装。换句话说，服务人员在工作中，通常应以正装为本人的主要衣着。

正装，一般泛指人们在正式场合的着装。对服务人员而言，正装即意味着在其工作时，按照有关规定应当穿着的、与本人所扮演的服务角色相称的正式服装。

按照服务礼仪的规定，在选择服务人员的正装时，必须优先考虑其四项基本要素，即正式、角色、实用与规范，缺少了其中任何一项要素，正装便不成其为正装。

（1）**正式**

所谓正式，指的是服务人员的正装必须给人以郑重其事之感。子曰："君子正其衣冠"。服务人员所穿的正装如若使人觉得过于随便，其正常功能自然会大打折扣。

（2）**角色**

所谓角色，指的是服务人员的正装必须庄重大方，以便与其所担负的服务于人的实际角色相得益彰。若正装过于前卫花哨、出格另类、徒有其表，便与服务人员的实际角色不符。

（3）**实用**

所谓实用，指的是服务人员的正装必须切实合用，对其实际工作应当有所裨益，至少也不应当使之成为服务人员实际工作中的累赘或绊脚石。

（4）**规范**

所谓规范，则是指服务人员的正装在其具体的款式、面料、色彩、搭配与穿着上都有一定的规矩。服务人员在穿着正装时，只有遵守此类规矩，才会使自己的职业形象被服务对象认可。

由于服务行业的具体门类十分广泛，服务人员的正装的具体种类也多种多样。不过从总体上来看，服务人员平常所穿着的正装大体上可以分为如下两大门类。

（1）**统一指定的正装**

在绝大多数情况下，此类正装又称制服或工作服、职业服，有时也叫工装。它是由服务单位为全体员工统一制作，在款式、面料、色彩上完全相仿，在工作岗位按规定必须穿着的服装。此即所谓统一指定的正装。在较为个别的情况下，有些服务单位没有统一的制服，但仍规定其从业人员在工作岗位上只能身穿其指定的某一类型的服装，例如，西装、长裙、长衣与长裤，或有领子、有袖子、不露腰、不露背、不露肩膀、不露大腿的服装等。

(2) **自行选择的正装**

有些服务单位要求其全体从业人员在工作岗位上身着正装，但又未对其做出较为统一的规定，而可以由服务人员根据个人的特点、偏好与理解，在一定的范围之内选择适合于自己的某类服装。简言之，单位只是要求服务人员在工作岗位上身穿正装，至于到底选择哪一个种类，则允许员工自行决定。此即所谓自行选择的正装。

必须指出的是，在以上两大门类正装中，统一指定的正装，尤其是其中的制服，是最为正规的正装。在力所能及的前提下，服务单位应尽量将其作为本单位从业人员的正装。

(一) 制服的功能

制服，即制式服装。以制服作为服务人员的正装，能够最大限度地发挥服饰所具有的体现职业特征的功能。这一功能，具体而言，又可以在如下四个方面表现出来。

标志性功能

服务人员所穿的制服，具有鲜明的标志功能。这一功能，可被视为制服的基本功能。正是因为制服具有本行业、本单位的醒目的、独一无二的标志，才往往将着装者与其他行业、其他单位的从业人员区分开来。制服的这一标志功能，通常见诸它的独特的式样、色彩、图案以及所配套佩戴的帽子、证章、徽记等。就色彩而言，一提起护士服，大家马上会想到白色；一说到邮政服，人们则立即会将其与墨绿色挂钩。它们就是这方面极好的例证。

就其外观来看，制服通常都有明显的职级之分。在工作中，不同职级的服务人员身穿因此而有所区分的制服，既可区别其身份，又便于管理。这也是属于制服的标志性功能。

激励性功能

服务人员所穿的制服，具有一定的激励功能。作为标准的职业服装，制服显然比普通服装档次要高。要求服务人员统一身着制服，必将进一步强化其职业特点，使着装者在内心形成一种良性的特殊感、责任感、归属感和荣誉感。假定要求服务人员在身着制服的同时佩戴标明其姓名、职称、部门的标牌的话，则更能充分发挥制服所独具的鞭策作用，促使其更为积极、更为主动地提供服务，并且认真约束自己。

从另外一方面来讲，单位要求员工身着制服，必然以统一着装为前提。这样做，不仅减少了服务人员为选衣服在精力上的消耗，保证了全体员工着装的整齐划一，而且还可以增强其向心力和凝聚力。

防护性功能

服务人员所穿的制服，具有一定的防护功能。此种防护功能，主要体现在以下两个方面。

（1）保护身体	（2）维护尊严
一般而言，制服大都具备保护身体的功能。在工作中按规定穿着制服，往往可减少身体受伤害的机会。	身着制服往往可使人增加权威感。服务人员身着制服上岗，既有助于维护自尊，又易于受人尊敬。

宣传性功能

服务人员所穿的制服，兼具一定的宣传功能。不论在工作岗位上，还是在外出公干时，身着整齐而美观的制服的服务人员，都自觉或不自觉地宣传了自己所在的单位，使其受到世人的关注。制服的这一潜移默化地塑造企业形象的功能，早已为世人所认同。所以有人曾就此评论道："身着制服的企业员工，是宣传其所在单位形象的最佳广告。"就投入产出比而论，为全体员工制作制服可以说是一本万利的。

（二）基本的要求

要使正装在服务工作中发挥其应有的作用，服务人员在自己的工作岗位上身着正装，尤其是身着正规的制服时，必须要在以下四个方面加以特别的注意。服务单位对于这些方面的具体要求，亦应予以一定的重视，不宜将其纯粹视为员工的个人私事。

制作精良

服务人员所身着的正装，理当制作精良。在本单位财力、物力允许的前提下，为服务人员统一制作的正装，要力求精益求精、好上加好。唯有如此，才有可能发挥其正常作用；反之，为服务人员统一制作的正装假如过于粗劣，甚至不堪入目，则是劳民伤财、多此一举。

要确保正装的制作精良，一般要求服务单位及其具体经办人员必须切记如下三点。

1. 选择优质的面料

面料与款式、色彩，同为服饰的三项基本要素。正装的面料如果质量过于低劣，无疑会使正装的档次大大地降低。通常认为，纯毛、纯棉、纯麻等天然纤维面料，要么吸湿透气、柔顺贴身、结实耐用，要么悬垂挺括、外观华贵，俱为理想的正装面料。高比例含毛、含棉或含麻的混纺面料，因其耐折耐磨、价格较为低廉之故，亦可予以考虑。而纯化学纤维的面料，一般都吸湿透气效果差，并且不耐折、不耐磨，所以通常不应当成为正装面料之选。

2. 设计适当的款式

任何服装都有着一定的款式，服装的款式也是服饰的三项基本要素之一。它所指的，主要是服装的具体式样。服务单位在为全体员工设计正装的具体式样时，千万不要交由设计师自行处理，而是应当在尊重对方艺术创作的同时，对其提出具体的指导性原则，并且认真地据此进行反复审核。按照惯例，在设计服务人员的正装尤其是制服时，主要应当兼顾四条：一是要适应员工的工作特点；二是要充分展示全体员工积极进取、奋发向上的精神风貌；三是要努力体现本单位的企业形象；四是要尽量在其外观上与众不同。

3. 进行精心的缝制

正装制作的精良与否，往往与其能不能被精心缝制存在着极大的关系。如果在缝制服务人员的正装时偷工减料，粗制滥造，面料与款式再好，也难以展现出其应有的风采。要求制作单位在制作正装时精工细作，主要应确保正装的制作经过其本应经过的每道工艺流程，对主、辅料均不得随便变更或减量，不要一味地在制作时“争时间，抢速度”。具体而言，还须要求制作好的正装：针脚严密，针线直正，表面平展，左右对称，纽扣钉牢，拉锁完好，领、袖之处不能起泡。

外观整洁

制服穿着规则

服务人员所穿的正装，必须外观整洁。任何服装，在正常情况之下，都应当以外观整洁与否作为评价的首要指标之一。一个人平日所穿的衣着，即便款式、面料、做工无从谈起，但只要做到了干净、爽洁、平整，同样也会为其交往对象所接受；相反，即使某人衣着的款式、面料、做工俱佳，但只要不够整洁，或者折痕遍布、肮脏不堪，也必然会贻笑于人，被视为懒惰之人。

要保证正装的外观整洁，服务单位与服务人员应当同心协力做好两个方面的工作。

1. 忌穿外观不整洁的正装

正装的外观不够整洁，主要是指其穿着在身时，看上去不够整齐清洁，甚至显得邋里邋遢。具体来讲，服务人员的正装不够整洁，主要包括下述几种情况，它们都是不符合服务礼仪基本规范的。

（1）**布满褶皱**

服务人员在工作中所穿的正装，与流行一时的“褶皱装”在风格上是截然不同的。前者唯有外观平整，才会发挥其作用。因此，服务人员在穿着正装前，要进行熨烫；在暂时将其脱下时，应认真悬挂起来。若是平时对其不熨不烫，脱下之后随手乱丢，使之褶痕遍布、皱皱巴巴，定然十分难看。

(2) **出现残破**

同样的道理，讲究正统保守的正装，是不能与成心挖洞、打补丁的“乞丐装”“洞洞装”等量齐观的。时尚青年穿起“乞丐装”“洞洞装”来，可以标新立异。而服务人员若是我行我素地穿起外观出现明显残破的正装，如被刮破、扯烂、磨透、烧穿，或者纽扣丢失等，则极易给人以很坏的印象。在外人眼里，这样做不但是工作消极、敷衍了事，而且也绝无爱岗敬业、恪尽职守的精神可言。

(3) **遍布污渍**

有不少时候，服务人员在工作中难免会使自己身着的正装沾染上一些污渍，例如，油渍、泥渍、汗渍、雨渍、水渍、墨渍等。而在工作之余，身着正装的服务人员还有可能会无意之中使正装“挂彩”，沾上饭渍、酱渍、汤渍、奶渍等。这些污渍往往会给人以不洁之感，有时还会令人产生不好的联想。

(4) **沾有脏物**

与遍布污渍相比，正装上沾有脏物，往往会造成更大的负面影响。当正装上沾有的脏物显而易见时，例如，在它的上面沾有灰垢、泥块、木屑、饭粒时，对于正面接触服务人员的服务对象的视觉冲击力会更大。

(5) **充斥体味**

正装若带有异味，例如，汗酸、体臭等，属于一种“隐形”的不洁状态。它表明着装者疏于换洗服装。在某些情况下，特别是当服务人员需要为他人进行近身服务时，若是浑身上下异味袭人，则对服务对象会造成妨碍。

2. 建立并执行严格的规章制度

为确保服务人员在其工作岗位上所穿着的正装外观整洁，有关单位有必要建立并严格执行与此相关的规章制度。目前，在服务行业中，此类规章制度，大致包括下述几项主要内容。

(1) 由服务单位统一规定服务人员正装换洗的具体时间，如每日一换、三日一换或一周一换，并且由单位统一负责服装的洗涤。

(2) 由服务单位明确要求，服务人员的正装必须随脏随换，不得懈怠。

(3) 由服务单位任命专人负责检查，凡不合要求者，不仅要批评，而且还要予以一定的处罚。

文明着装

服务人员的正装，务必讲究文明着装。在工作中，服务人员所穿的正装，不仅要强调其美观问题，而且还要重视其雅观与否。

正装穿着雅观，是对服务人员的一项基本要求。所谓着装雅观，主要是指衣着文明，既端庄雅致，令人赏心悦目，又不落俗套，不失自己的身份。服务人员在正装穿着上要讲究文明着装，具体而言，就是要在对正装进行选择、穿着时，努力防止其有失雅观。当服务人员身着的正装是由其自行选择时，这方面的问题则更为重要。在一般情况下，服务人员所自行选择的正装，必须兼顾四点：其一，上衣宜有领、有袖，不露肩部、胸部、腰部、背部。其二，下装宜长过膝部、不露大腿。其三，鞋子宜有鞋帮，不露脚趾、趾缝、脚跟。其四，衣扣宜齐全，不以拉链代替纽扣。

根据服务礼仪的规范，服务人员在身着正装上岗时，要显示出自己文明高雅的气质，主要需要避免在选着正装时触犯下述四个方面的禁忌。

（1）**忌过分裸露**

穿着于工作岗位上的正装，是不宜过多地暴露身体的。在这方面，它与时装截然不同。一般而言，凡可以展示性别特征、个人姿色的身体部位，或者令人反感、有碍观瞻的身体隐私部位，均不得在身着正装时有意暴露在外。胸部、腹部、背部、腋下、大腿，是公认的服务人员身着正装时不准外露的五大禁区。在特别正式的场合，脚趾与脚跟同样也不得裸露。

（2）**忌过分透薄**

正装若是过于单薄或透亮，往往会让自己的内衣甚至身体的要害部位“公之于众”，使人十分难堪。女服务人员尤须高度重视这方面的问题，否则会使服务对象产生某种错觉，甚至可能引火烧身，无意之中遭受轻薄之徒的围观、骚扰。

（3）**忌过分瘦小**

一般来讲，服务人员所穿着的用于工作的正装必须大小正好合身。正装若是过分肥大，会显得着装者无精打采、呆板滑稽；正装若是过分瘦小，则又有可能让着装者捉襟见肘、工作不便。就现状而言，一些服务人员，尤其是一些年轻的女性，在自选正装时往往爱挑过于瘦小者，结果凹凸毕现，甚至连内衣的轮廓也突显在外。这种做法，未免过分招摇；做得过了头，就会令人作呕。

（4）**忌过分艳丽**

服务人员在有可能自选正装时，需要在其色彩、图案方面加以留意。一般的规则是：服务人员的正装不宜抢眼，所以其色彩不宜过多、过艳，其图案不宜繁杂古怪。通常最保险的做法是：服务人员所选择的正装应当是深色，而且最好不带任何图案。如果反其道而行之，使自己所着正装的色彩、图案过于艳丽花哨，令人目不暇接、眼花缭乱，便会给人以轻薄、浮躁之感。

穿着得当

服务人员身着的正装，务必穿着得当。对服务行业而言，在全体员工的衣着问题上最起码的要求是：规定其宜着正装。达到了这一目标之后，进一步的要求，则是需要规定其着装：务必得当。仅仅做到了第一步，而不再接再厉地提出进一步的要求，前者便会流于形式、有如虚设，有些时候甚至还会产生事与愿违的不良后果。

要求身着正装的服务人员必须穿着得当，简单地说，就是规定其不但要身穿正装，而且还要把正装穿得恰到好处。具体说来，服务人员要穿好正装，还有两大问题应予重视。

1. 按规定穿着正装

要求全体员工必须身着正装上岗的服务单位，在这方面通常都会有许多详尽的规定。诸如，什么时候应当穿正装，穿正装时有何具体注意事项等。对于这一类规定，服务人员应当严守不怠。

在一个按规定统一着装，尤其是要求员工身着制服上岗的服务单位里，假如有个别员工不穿正装，或者不按有关规定着装，那么除了说明其目无本单位的规章制度之外，往往还意味着其所在的单位管理不严。所以服务单位一定要有令必行，既然规定了全体员工统一着装，就要严格督促检查，绝不允许任何人有所例外。

2. 自觉地穿好正装

所谓穿好正装，在此特指在穿着正装时，必须遵守约定俗成的穿着方法。做不到这一点的话，反倒不如不穿正装。

举例而言，在男服务人员以长袖衬衫与西裤为正装时，按照标准的穿法，衬衫的衣扣除领扣之外皆应扣好，若是打了领带，则领扣也必须要扣上。将衬衫的下摆放在西裤的裤腰之外，或者是卷起自己的袖管、裤管，都是不合规矩的。

再如，女服务人员如果以裙式服装作为自己的正装时，一般应当穿着皮鞋或是布鞋。此时此刻，若是穿上一双旅游鞋或凉鞋，不论服装多么时髦、多么名贵，都是极不般配的。此外，女服务人员还应当注意，在为自己选择袜子时，必须优先考虑袜筒的高度。因为依据成规，女性在身着裙式服装时，宁肯不穿袜子，也不允许穿上一双高度低于裙摆，可能会使自己的腿肚子暴露在外的袜子。此种穿法被称为“三截腿”，不仅是极为失礼的，而且也毫无美感可言。

二、便装选择

便装，又称便服。在绝大多数情况下，人们所说的便装，通常都是相对于正装而言的、适合于在各类非正式场合所穿着的服装。一般来说，便装在穿着时没有多少严格的限制或规定。因其使人感到轻松而随便，所以它才有便装之谓。

在服务行业中，便装往往是相对于服务人员在正式场合所穿的套装、制服、礼服一类的正装来说的。

实际上，它主要是指服务人员在日常生活中所穿的服装。平日里，服务人员接触最多、同时也是时下最为风行的便装主要有夹克衫、T恤衫、太空衫、牛仔装、沙滩装、运动装、短裤等。严格地说，服务人员在家中活动时所穿的家居装、卧室装，亦应被包括在便装之内。

在多数情况下，服务人员只有在工作之余才有机会身穿便装。然而这一客观事实并不意味着服务人员在选择、穿着便装时，可以毫无顾忌、过于任性。

实事求是地说，服务人员平时所穿的便装无疑是其个人形象的有机组成部分之一。而广大服务人员日常生活中的形象，不可否认地说，其实也是其所在单位企业形象的一种自然的延伸。在提及此点时，一个不争的事实就是，平民百姓在对某个服务单位做出评价时，难道不是主要依据他对自己平常接触最多的该单位的个别员工的直观看法吗?!

出于这一原因，不论服务单位还是服务人员个人，对于日常生活中便装的选择都是不应忽视的。

按照服务礼仪的基本规范，服务人员在为自己选择便装时，必须认真地对便装适用的场合、合理的选择以及正确的搭配三个方面的重点问题予以系统的考虑。

（一）适用的场合

服务人员在选择便装时，必须优先考虑其适用场合的问题。这个问题，说得再直白一些，就是“服务人员在什么时候、什么场所才适合身着便装”。

讨论这一问题，绝不是为了搞形而上学，而主要是为了解决服务人员所遇到的实际难题。因为确有不少人不知道到底应该在何时、何地身穿便装，还有一些人甚至从未想到过这一问题。

在实际生活中，服务人员因身着的便装与场合不符而犯规的情况屡见不鲜：有的人，在本不应该身着便装时却身着便装抛头露面；有的人，自认为自己的衣着正式而高档，其实穿的却是最典型的便装；还有一些人，则在本该身穿便装的场合里煞有介事地穿起了正装。凡此种种，不仅会贻笑大方，而且也会在一定程度上有损于自我形象。

▍场合的区分

依照服务礼仪的具体规定，服务人员主要是在非正式的场合里方可身着便装。此外，在某些特定的情况下，亦可有所例外。

所谓非正式场合，一般都是与正式场合相对而言的。有时，它又被称作休闲场合。要真正搞清楚它的含义，首先需要明了正式场合的所指。

1. 正式场合

正式场合，泛指一切进行正式的人际交往的场合。通常它又分为公务场合与社交场合两类。

（1）**公务场合**

公务场合，亦称工作场合，在此主要是指人们在自己的工作单位上班办公的场合。对服务人员来讲，它所指的就是在工作岗位上提供服务的场合。在这一场合，正统、庄重、保守，是对上班族着装的基本要求。只有制服、套服以及其他一切符合这一要求的服装，才是公务场合的适当之选。前面之所以再三强调服务人员在工作岗位上身着制服的必要性，其主要考虑就在于此。

（2）**社交场合**

从广义上来讲，社交场合指的是一切人际交往的场合。从狭义上讲，它指的则是人们在工作之余与别人进行应酬活动的场合。当社交场合与公务场合相提并论时，一般应当根据狭义上的含义来对其进行理解。像服务人员在工作之余经常有机会接触的亲友会餐、旅友伴游、拍客组团、观看演出、应邀赴宴、参加聚会、与人约会、拜访他人等业余活动，都属于极其典型的社交活动。在社交场合中，着装的基本要求是时尚、典雅和别致。许多不宜在公务场合穿着的服装，例如，礼服、时装、民族服装和自己所缝制的服装等，改在社交场合穿着，才算是适得其所。不论多么独特、前卫、另类的服装，人们在社交场合都大可一试。与好友一同外出骑行、钓鱼、观鸟、摄影时，亦可分别穿着适合该项活动特点的专业性服装。有些经常参加社交活动的比较讲究的人士，为了展现自己的与众不同，其社交着装绝对不会像公务着装那样“一衣到底”，而是会频频更换。此种做法，亦可算作其着装的别致之处，故无可厚非。

2. 非正式场合

明白了正式场合的所指，了解了公务场合与社交场合的具体含义，再回过头来看一看非正式场合，就比较容易理解了。所谓非正式场合，即休闲场合。实际上，休闲场合并不仅仅是指人们休息、消闲的场合。除去公务场合、社交场合之外的一切活动场合，皆应包括在休闲场合之内。严格地讲，休闲场合乃是指人们在工作之余的个人自由活动的一切场合。它既包括了在自己家中的一人独处，也包括了在公共场合与其他不相识者的共处。居家休养、外出度假、运动健身、观光旅游、逛街散步以及采买购物等，都属于名正言顺的、颇具代表性的休闲活动。

显而易见，在休闲场合，人们所推崇的是无拘无束、自得其乐，因此休闲装的基本要求便被规定为舒适、随意、自由。有一位礼仪名家曾对此做过十分浅显的诠释："在休闲之时，最主要的是一定要穿上衣服。除此之外，人们完全可以想怎么穿就怎么穿，想穿什么就穿什么，因为这是您的个人自由。"

总之，便装与休闲装乃是同一类型的服装，二者的区别仅在于具体名称上有所不同。根据礼仪规范，若非本职的需要，服务人员只有在工作之余的个人自由活动的时间里身着便装，才是最为适宜的。没有特殊的原因而在工作岗位上身着便装的服务人员，只能表明自己在服饰方面缺乏修养，或是对于本职工作掉以轻心罢了。

▌特殊的情况

应当说明的是，在一些特定的情况下，工作中的服务人员有时也被允许身着便装。它们主要包括以下三种情况：其一，销售便装。在便装销售之时，销售便装者可以身着便装，充当模特，以身示范。其二，工作特殊。工作性质较为特殊，身着正装多有不便之时，服务人员则可穿着便装。例如，一位游泳陪练，在工作时只能身着泳装。要是非叫他身穿套装，便会不可思议。其三，单位规定。即服务单位统一将某种便装规定为本单位的正装。这样一来，便装实际上就在无形之中转化为正装，而不再是其本来意义上的便装了。举例来说，夹克衫、背带裤都是常见的便装，而一个服务单位若是将其定为本单位全体员工的制服，那么，它们则应分别被称为夹克衫式的制服或背带裤式的制服，而不应再被视为便装了。

若非上述几种特殊情况，为了谨慎起见，服务人员在工作时，最好还是不要自作主张身着便装为妙。当本单位没有统一向员工下发正装，而又规定上班必须身着正装时，更要在这一方面加以注意。

（二）合理的选择

服务人员在选择便装时，必须认真考虑其合宜与否的问题。一般而言，人们在选择自己的便装时戒条较少。只要不触犯法律，只要不有悖伦理道德，只要不有碍于自己的健康和安全，那么服务人员完全可以想穿什么就穿什么，想怎么穿就怎么穿。

话虽如此，但在实际生活中，人们在为自己选择便装时也绝对不是率性而为的。即使身在穿便装的场合，人们也大都明白，并非什么便装都可一试。人们在挑选或穿着便装时，也会像自己选择、穿着其他服装时一样，暗自思索一下它是否适合自己。合理的选择，或曰便装的合宜与否，指的就是这一问题。

依照服务礼仪的基本规范，服务人员在考虑便装对自己合宜与否的问题时，重点需要注意的是自己的性别、年龄与身材特点。

▌性别

人分男女，自古皆然。性别之分，可以说是对人类所做的最为基本的一种区分。这一区分，在人类的衣着方面，一向有着重要的体现。

但就总体而言，便装的性别特征并非十分明显。有不少样式的便装，诸如衬衫、T恤衫、夹克衫、羊毛衫、运动衫、冲锋衫、牛仔裤、短裤等，大都既可以由男性穿着，也可以由女性穿着。便装的这一特点，被人们称为“便装中性化”。

尽管“中性化”是便装的一大特点，尽管有不少样式的便装没有男女之分，但这并不等于所有的便装都可以男女通用。在挑选便装时，性别意识无论如何是不能被彻底淡化的。

事实上，仍有一些便装有着明显的男女之分。例如，紧身、露脐的小背心与细带、裸背的太阳裙便是世人公认的女式便装。一名成年男子如果“不揣冒昧”将其穿在自己身上，然后再足蹬厚底无帮凉鞋、肩背双肩包、头架太阳镜，显然便有冒充少女之嫌。搞不好，便会被怀疑患有“性别倒错症”。

年龄

通常，人们在选择便装之时，对自己的年龄往往不是考虑得很多。这主要是因为，确有许多便装是老少咸宜的。即便有的便装是专门为年轻人所设计的，老年人将其穿在自己的身上，亦显得老当益壮、青春焕发，故而也能为常人所接受。

然而，凡事过犹不及。在选择便装时，本人的年龄与其是否相称，是绝对不可以完全置之不顾的。服务人员在为自己选择便装时，大体上还是应当使之与自己的年龄相符合，而不宜相去甚远。

从总体上讲，以便装与着装者的年龄要求而论，可将其分为两类：

第一类便装，无年龄限制。它一般对着装者的年龄限制不多，各种年龄段的人均有机会对其进行穿着。这类便装，多是流行已久的式样经典的便装，例如，夹克衫、T恤衫、牛仔裤等。

第二类便装，有年龄限制。它一般对着装者的年龄有所限制，并不适用于所有年龄段。这类便装，多为刚刚时兴起来的比较前卫的便装。例如，紧身低胸的小背心、剪成毛边或剪出洞洞的牛仔短裤、高至膝盖的黑色高筒毛袜，配上一双厚底的牛仔靴，由少女来穿，比较顺眼；而一位老大妈若是这么穿，便会被视为另类，甚至显得多少有一些“为老不尊”了。

身材

每个人的身材不尽相同，在选择便装时，尽管不需要专门“量体裁衣”，却依然有必要力求使之与自己的身材相协调，以其为自己溢美扬善，藏拙避短。

与正装相比，便装的穿着自有其独特的风格。在一般情况下，便装在造型上经常走两个极端：要么刻意追求宽松、肥大，以宽衣大裤的夸张造型，强调其舒适之美，要么推崇短小、紧身，以窄衣小裤的另类造型，突出其自由风格。按照穿着正装时的标准尺寸去寻觅便装，往往会南辕北辙，不得其法。

服务人员需要注意的是，在为自己选择便装时，虽然不必过分地使其合身合体，但却必须重视其能否为自己的身材扬长避短。其中最重要的一点是，宁肯不以其为自己的身材扬长，也要力求以其为自己的身材避短。例如，背部有巨大胎记者穿露背装、腿部变形者穿迷你裙，肯定都是无益于为自己的身材避短的选择，因而都是错误的。

（三）正确的搭配

服务人员在选择便装时，必须充分考虑其正确搭配的问题。服装的搭配，通常是指人们在穿着服装时，出于一定的目的而将同时需要穿着的多件服装以一定的规律有机地组合在一起，使其彼此之间和谐、般配、呼应、协调一致，以求发挥最佳的穿着效果。

在现代生活中，人们对于穿着打扮问题给予了普遍的重视。“会穿衣服”是世人对精通穿着打扮者给予的一种好评。准确地说，任何一个“会穿衣服”的人，他的衣服都是经过深思熟虑，在个人良好的艺术修养的基础上精心搭配出来的。所以说，“会穿衣服”，通常被理解为“会搭配衣服”。

如上所述，人们穿着便装时的基本要求是：舒适、随意、自由。因此，与正装的穿着相比，便装穿着时的有关搭配方面的讲究，相对便会少得多，而且也有不小的自由度，可以任人发挥。

服务人员在选着便装时，如欲对其进行正确的搭配，一般应当注意下列四个问题。

▌风格协调

服务人员所选择的便装，在风格上应协调一致。任何款式的便装，都有其主导性风格。例如，牛仔装的奔放、太空装的怪异、冲锋装的豪爽、运动装的矫健、沙滩装的热烈、乞丐装的出位、家居装的慵懒，等等，都是使其自成一体的主要特征。

有条件的时候，穿着便装应力求其风格完美一致，至少也不要使自己同时所穿的多件便装风格上相距甚远，相互“打架”。例如，上穿运动衫时下配睡裤或睡裙，便会给人以荒唐之感。

▌色彩和谐

众所周知，古希腊先贤毕达哥拉斯曾提出“美是和谐”的命题。服务人员所选择的便装，在色彩上理应和谐。在任何情况下，服装的色彩都是人们关注的首要之点。因为便装在本质上所追求的是回归自然、自由自在，所以它在色彩方面更为注重的是贴近自然、还原自然。相对而言，服务人员选择便装时在色彩方面常常会遇到许多诱惑。同色彩单调的正装相比，便装可以选择的色彩实在是太多了，世间的一切色彩似乎都可以为便装所用。

服务人员在为自己所选择的便装进行组合、搭配时，除要兼顾本人对色彩的偏爱和色彩的流行外，重要的一点是要在配色方面保持冷静，要使不同的便装在色彩方面或者统一，或者呼应，力求使之在总体上相互协调。若组合起来显得五色杂陈、彼此撞色、相互抵触，则是得不偿失的。

面料协调

服务人员所选择的便装，面料上应彼此协调。服装的面料在其整体美中通常居于一定的位置。面料选择是否得体，往往会直接影响到人们对于服装的总体看法。

在面料选择方面，便装有着较大的余地。除去棉、麻、丝、混纺等常规选择外，毛、皮、革以及各类化纤织物，均可为便装所选用。服务人员在为自己选择便装时，如果需要提高品位、档次，一定要对其面料加以适当的考虑。

服务人员在选择便装时考虑其面料，不仅要对其舒适性、外观美感给予重视，而且还必须让同时所穿的数件便装在面料上大致趋同。如果将轻柔而平滑的真丝上装与粗犷的呢裙配在一起穿着，因为二者之间反差过大，一般看上去会让人觉得不是很舒服。

力戒犯规

服务人员所选着的便装，必须力戒犯规。在对所穿便装进行组合搭配时，人们往往可以自行其是，这是便装大受欢迎的重要原因之一。然而也有一些便装搭配的成规，即其约定俗成之法，是人们在着装时不可以完全漠然视之的。有关便装搭配的成规，就其具体内容来说主要包括三类。

（1）有关上装与下装搭配的成规

上装与下装的搭配，有其自身的一定之规。例如，穿夹克衫时，通常不宜配以西短裤。

（2）有关外衣与内衣搭配的成规

外衣与内衣的搭配，亦有其约定俗成的规则。例如，外穿短袖的T恤衫时，不宜同时内穿衬衣。否则二者衣领层层相叠，很是难看。

（3）有关衣服与鞋袜搭配的成规

平时，服务人员必须遵守衣服与鞋袜搭配的成规。例如，穿牛仔裤时宜配以皮鞋或球鞋，而不宜穿布鞋或凉鞋。穿短裤、凉鞋时，一般可不必再穿袜子，女性则尤其不宜同时再穿长筒袜或连裤袜，不然便是多此一举。通常只有腿上有严重“情况”者才会那么穿。

三、饰物选择

服务人员在其工作岗位上提供服务时，是否允许其佩戴饰物？假定允许服务人员在工作中佩戴饰物的话，佩戴时具体又有哪些要求？是不是任何品种的饰物，服务人员只要有经济能力均可佩戴？……这一系列有关饰物方面的问题，一直是许多服务单位与广大服务人员所迫切希望了解的。

服务礼仪对于服务人员在工作中饰物的使用问题，早有成规戒律在先。其基本规范是：符合身份，以少为佳，区分品种，佩戴有方。由此可知，服务人员在自己的工作岗位上并非不能佩戴任何饰物，但是，在佩戴饰物时一定要遵守本行业的特殊规定。

（一）符合身份

服务人员在自己的工作岗位上佩戴饰物时，一定要使其符合自己的身份。

佩戴饰物的作用

饰物，亦称首饰、饰品。在一般情况下，它所指的是人们在穿衣打扮时所使用的装饰物。饰物的基本作用如下。

（1）**美化形象**

作为装饰用品，饰物大都精美雅致。如果对其进行正确的选择、组合、佩戴，通常都可以发挥其美化自身形象的功效。

（2）**体现情趣**

绝大多数饰物，都以其独具特色的艺术造型而见长。在选戴一款饰物时，人们的艺术眼光如何，自然不言而喻地被体现了出来。

（3）**反映财力**

饰物，尤其是贵重的饰物，往往是可用金钱来估价的。所以从某种意义上讲，人们所佩戴的饰物可被视为其自身经济状况的真实写照。

（4）**区分地位**

不同社会地位的人士在选戴饰物时的讲究、偏爱，常常互有不同。在正常情况下，依据一个人所佩戴的饰物，大致上便可对其实际的社会地位有所了解。

了解了饰物的上述特征，便可以理解服务人员在工作岗位上佩戴饰物时，为何需要使其符合本人的身份了。

服务人员须知

在工作岗位上，服务人员的工作性质主要是提供服务，即一切都要以自己的服务对象为中心，尽心尽力地为其提供优质的服务。

既然是要尽心尽力地提供服务，服务人员就必须处理好自己与服务对象之间的关系，摆正自己在双方关系中的位置，不仅不可以本末倒置，指望将自己凌驾于对方之上，而且也不宜自觉或不自觉地与对方进行攀比，企图在各方面都能够同对方“平起平坐”。

在佩戴可以美化形象、体现情趣、反映财力、区分地位的饰物时，服务人员尤其要注意恪守自己的本分，万万不可在佩戴饰物时无所顾忌，甚至有意标新立异。

（二）以少为佳

服务人员在自己的工作岗位上佩戴饰物时，一定要牢记以少为佳。

量化的要求

因为饰物不止一个品种，所以在佩戴时，便出现了佩戴几种饰物为好的问题。即使佩戴同一品种的饰物，往往也存在佩戴几件为宜的问题。对于这两个实际问题，在服务礼仪中是有一定的规范可循的。

服务礼仪规定：服务人员在自己的工作岗位上佩戴饰物时，大可不必以其数量上的优势而取胜。在正常情况下，服务人员佩戴的饰物讲究少而精。

之所以这样规定，主要出于以下两方面的原因：

其一，佩戴饰物时以少为佳，是服务人员的自身身份使然。其实，并非所有人都应讲究佩戴饰物以少为佳。一位新嫁娘在装扮自己时，饰物佩戴得再多，也能为大家所接受。可若是一位正在服务于人的女服务人员所佩戴的饰物过多，不但不利于工作，而且还有故意招摇之嫌。

其二，佩戴饰物时以少为佳，也是饰物佩戴的自身规律的要求。饰物佩戴，在数量上应有一定的限制。在佩戴饰物时若是对此不管不顾，一味地贪多务得，使其品种、件数双双超量，则很有可能会直接有损于饰物的装饰效果，不但没有增添任何美感，反而显得“铺张浪费”、杂乱无章，而且会给人以“显摆”之嫌。

上限与下限

服务礼仪规定：服务人员在工作岗位上佩戴饰物时，通常有着基本的上限与下限。

1. 佩戴饰物的上限

所谓佩戴饰物的上限，亦即其高线，它指的是最多可以佩戴几个品种的饰物，每一个品种最多可以佩戴几件。在一般情况之下，服务礼仪在此方面的具体要求是：在工作岗位上提供服务的服务人员，在选择、佩戴饰物时，一般不宜超过两个品种；佩戴某一具体品种的饰物，则不应超过两件。

例如，一名女服务人员在其工作岗位上所佩戴的饰物，若无特殊要求，一般可以是单一品种，如戒指，或者是将戒指与项链、戒指与耳钉两两组合在一起使用。如果既佩戴了戒指、项链，又佩戴耳钉，甚至再加上一对手镯和一副脚链，它们彼此之间就难以协调，甚至会彼此相克，看上去乱七八糟。

2. 佩戴饰物的下限

所谓佩戴饰物的下限，亦即其底线，它是相对于上限来说的。具体而言，它指的是佩戴饰物时有关其品种、件数在数量上的最低限制。通常，服务人员在其工作岗位上佩戴饰物时可以以“零”为其下限，即可以不佩戴任何一种、任何一件首饰。对于男服务人员来讲，尤其有必要如此。因为在一般情况下，男服务人员佩戴饰物往往更难为人们所接受。

在有些特殊的工作岗位上，服务人员因工作需要不宜佩戴任何饰物。

（三）区分品种

服务人员在自己的工作岗位上佩戴饰物时，一定要重视区分品种。

在日常生活中，人们所佩戴的饰物多种多样，常见的就有戒指、项链、耳环、耳钉、手链、手镯、胸针、发饰、脚链等。

服务人员在工作岗位上选戴饰物时，因其具有特殊身份的缘故，不可以对上述各种饰物自由地进行选择。对此时的服务人员来讲，有些饰物可为其所用，而另外一些饰物则不宜为其所用。所以，当服务人员为自己选戴饰物时，应当对不同品种的饰物予以不同的对待。

（1）**戒指**

戒指，又称指环，它实际上是一种戴在手指上的环状饰物。除个别特殊的部门，如医疗、餐饮、食品销售部门外，其他服务部门中的从业人员皆可佩戴戒指。对男服务人员来讲，戒指可以说是在其工作岗位上唯一被允许佩戴在衣外的饰物。

（2）**项链**

项链，有时又叫颈链，它指的是一种戴于脖颈之上的链状饰物。在其下端，往往还带有某种形状的挂件。在工作之中，一般允许女服务人员佩戴项链，而且不论将其戴于衣内，还是戴在衣外均可。男服务人员通常在其工作岗位上不宜佩戴项链。即便佩戴的话，也只能将其戴在衣内，而不宜令其显露在外。

（3）**耳环**

耳环，一般是指戴在耳垂之上的环状饰物。有时，它又名耳坠。通常，耳环被视为最能显示女性魅力的饰物。正因为如此，它只为女性所专用。但是，女服务人员在自己的工作岗位上是不宜佩戴造型夸张、另类的耳环的。当前，也有一些新潮的男性佩戴耳环。其具体做法通常是只戴一只耳环，并且仅在左耳佩戴。对此，绝对不允许男服务人员模仿。

（4）**耳钉**

耳钉，指的多是戴在耳垂上的钉状饰物。与外形较大的耳环相比，耳钉小巧而含蓄。所以，在一般情况之下，允许女服务人员佩戴耳钉。

（5）**手链**

手链，一般指的是戴在手腕上的链状饰物。由于服务人员在工作岗位上动手的机会较多，在手上佩戴手链，既可能使其受损，又可能妨碍自己的工作，故此佩戴手链被公认为不妥。

（6）**手镯**

手镯，又叫手环，它指的通常是人们佩戴在手腕上的环状饰物。出于与手链佩戴相似的原因，服务人员在工作岗位上不宜佩戴手镯。

（7）**胸针**

胸针，又叫胸花。它一般是指人们佩戴在上衣左侧胸前或衣领之上的一种饰物，男女皆可佩戴。对工作之中的服务人员来讲，佩戴胸针，大都不被允许。若被要求佩戴身份牌或本单位证章、徽记上岗的话，则更是不宜再同时佩戴胸针。

（8）**发饰**

发饰，此处指的是女性在头发上使用的兼具束发、别发功能的各种饰物，常见的有头花、发带、发箍、发卡等。女服务人员在工作时，选择发饰宜强调其实用性，而不宜偏重其装饰性。通常，头花以及色彩鲜艳、图案花哨的发带、发箍、发卡，都不宜在上班时选用。

（9）**脚链**

脚链，又叫足链，它指的是佩戴在脚腕上的一种链状饰物，多受年轻女性的青睐。通常认为，佩戴脚链可吸引他人对佩戴者腿部及步态的关注。因为这一原因，一般不准许女服务人员在工作中佩戴脚链。

除上述九种最为常见的饰品外，时下社会上还流行佩戴鼻环、脐环、脚环、指甲环、脚戒指等。它们多为标榜前卫、张扬个性的选择，尚未成为社会主流，所以均不宜为服务人员在工作时佩戴。

（四）佩戴有方

服务人员在自己的工作岗位上佩戴饰物时，一定要力求佩戴有方。

在佩戴饰物时，服务人员除去要对以上各点多加注意之外，还应当同时注意掌握一些基本的佩戴技巧。只有这样，在工作岗位上佩戴饰物时，才有可能既使自己充满自信，又为他人所欣赏。

服务人员在自己的工作岗位上佩戴饰物时，特别有必要谨记并遵守下列几点要求。

▌穿正装的要求

着任何正装时，通常都不宜佩戴工艺饰物。工艺饰物，在此特指那些经过精心设计、精心制作，具有高度的技巧性、艺术性，在其造型、花色、外观上别具一格的饰物。一般而言，工艺饰物多适合人们在社交应酬中佩戴，借以突出佩戴者本人的鲜明个性。然而，正装的基本风格却是追求共性，不强调个性的，所以服务人员在身着正装时通常不宜佩戴工艺饰物，特别是不宜佩戴那些被人们视为比较另类的工艺饰物，诸如其造型为骷髅、猛兽、刀剑、异形、女人体的饰品等。

在正装中，制服不仅表示穿着者正在工作，而且代表着正统、保守。因此，在穿制服时，尤其是在身着适用于劳作的工作服时，服务人员以不佩戴任何饰物为宜。从根本上来讲，制服不需要被刻意装饰。一名身穿制服的服务人员，要是佩戴了不少饰物，看上去披金戴银、环佩叮当，制服的风采便会被冲淡，甚至被彻底抹杀。

▌工作时的要求

首饰三不戴

在工作中，服务人员不宜佩戴珠宝饰物。根据质地区分，饰物有珠宝饰物、金银饰物以及仿真饰物之分。所谓珠宝饰物，通常是对以珍珠、翠玉、宝石一类高端材料制作而成的饰物的统称。一般而言，珠宝饰物因价格昂贵往往受人关注，所以它更适合在社交场合佩戴。将珠宝饰品与礼服、时装组合、搭配在一起，才真可谓是珠联璧合。

在工作中，即便允许佩戴饰物，通常服务人员也只宜选戴普通的金银饰物或者索性不戴饰物，而绝对不宜佩戴珠宝饰物或仿真饰物，否则，不但与自己的工作、着装相互矛盾，还可能会令服务对象据此挑剌。

▌协调性要求

佩戴饰物，不宜彼此失调。服务人员假如被允许在工作中佩戴饰物，也要力求少而精。即便准备同时佩戴两种饰物或两件饰物，也千万不要随意将其“披挂”在身。佩戴两种饰物或两件饰物时，一定要尽力使二者彼此和谐、相互统一。

在这一问题上，重要的是应当关注以下三点：其一，要使二者在质地上大体相同。其二，要使二者在色彩上保持一致。其三，要使二者在款式上相互协调。简言之，就是要使多种、多件饰物在质地、色彩、款式上统一起来、协调起来。做到了这三点，饰品的佩戴才可以说是恰到好处。

四、用品选择

站在服务礼仪的角度来看，服务人员在工作岗位上所选择使用的服饰，是应被视为一个有机整体的。它的每一个组成部分，不论处于画龙点睛之处，还是起着衬托作用，往往都有可能会牵一发而动全局，因而不能随便凑合。

应当强调的一点是，服务人员在工作中所选用的服饰，作为一个有机的整体，并不仅仅是衣、裤、裙这常规的“三大件”，也不仅仅是令人瞩目的饰物。实际上，与“三大件”与饰物同时搭配使用的具有实用功能的常规的服务用品，亦应被包括在服务人员服饰的“整体计划”之中，并被给予应有的重视。

服务用品，简称用品，在此特指服务人员在岗时对其具有一定实用功能的物品。服务人员的常规用品，大体上讲均具有以下三个方面的基本特征。

(1) 实用性。它往往在服务工作中发挥一定的实用性作用。离开了它，就有可能对服务工作造成一些不利的影响，甚至还会使之难以继续下去。

(2) 装饰性。它大都会对服务人员发挥一定的装饰性作用。它虽然不是饰物，却又在一定程度上可以直接或者间接地有助于服务人员形象的美化。

(3) 辅助性。它通常在服务人员的整体服饰之中发挥着一定的辅助性作用。它一般不是服饰中的主角，地位不甚抢眼，但其辅助性的作用却决定了服务人员不可对其予以忽视。

按照实际用途来划分，服务人员的常规用品可被分为工作用品与生活用品两大类别。

(一) 工作用品

工作用品，一般是指服务人员在从事服务工作时往往不可缺少的日常用品。它们的最大特点，就是可以在服务人员的服务过程中发挥各种各样的实际作用。

在服务工作中，服务人员使用得最广泛的工作用品主要有身份牌、书写笔、计算器、记事簿等。在使用这些物品时，应注意其各自的具体要求。

身份牌

身份牌，又称身份卡、姓名牌、姓名卡，简称名牌。指服务人员在工作岗位上佩戴在身、用以说明本人具体身份的、经由单位统一制作的、有着一定规格的专用标志牌。在工作岗位上佩戴身份牌，有利于服务人员表明自己的身份，进行自我监督，同时也方便服务对象更好地寻求帮助，或是对服务人员的工作进行监督。

在使用身份牌时，主要有以下四点注意事项。

（1）**规格统一**

服务人员所佩戴的身份牌，应由其所在单位统一负责订制、下发，而不应由服务人员自己动手制作。通常，用以制作身份牌的材料有三种，即金属、塑料与白卡纸。其基本要求是：耐折、耐磨、轻巧。若使用金属或塑料制作身份牌，庄确保其不反光、不褪色。若是以白卡纸制作身份牌，一般应对其进行塑封，或将其套入透明套中。身份牌的色彩宜淡，用色宜少。它的外形，通常应为长方形，其尺寸不应过大或过小。

（2）**内容标准**

身份牌的具体内容，一般应包括部门、职务、姓名三项。必要时，还可贴上或印上本人照片，以供服务对象“验明正身”。有时，亦可由部门、工号两项内容构成。上述文字性内容，均应打印，而不宜手写。若是涉外服务单位，在打印以上内容时通常应采用英文，其他单位则采用中文简化字即可。在一般情况下，采用中文书写身份牌时，不应滥用繁体字或自造简化字，字体要注意清晰易认，而且大小必须适度。如果难以辨认，则形同虚设。

（3）**佩戴到位**

如果单位有佩戴身份牌上岗的要求，服务人员必须自觉遵守。佩戴身份牌的常规方法有三种：一是将其别在左侧胸前；二是将其挂在胸前；三是将其先挂在颈上，然后再夹在左侧上衣兜的兜口，这是一种“双保险”的做法。在以上三者中，第一种做法最为正规。除此三种做法，若无特别的规定，服务人员不宜将其乱戴于他处。随意把它别在帽子上、领子上、裤子上，或是将其套在手腕上，都是不允许的。此外，服务人员随便换戴身份牌，或者将其戴得歪歪扭扭，亦不符合规定。

（4）**完整无缺**

在工作岗位上，由于身份牌乃是服务人员的个人形象的重要组成部分之一，所以在佩戴时应认真爱护，保证其完好无损。凡破损、污染、折断、掉角、掉色、掉字或涂改的身份牌，均应及时更换。

书写笔

在工作中，服务人员往往需要借助笔具进行书写，因此必须随身携带专用的书写笔。倘若在必须进行书写时找不到笔具，或者向他人借用，都是服务人员失职的表现。

在工作岗位上，服务人员最好是同时携带两支笔，并且应当一支是钢笔或水笔，另一支则是圆珠笔。提出这一要求，主要是为了使其符合服务工作的实际需要。

服务人员平时应当随身携带一支钢笔或水笔，主要是便于书写正式的条据。在一般情况下，服务人员随身携带的钢笔还须灌以蓝黑色或黑色的墨水。因为以此两种墨水书写的文本、条据，才显得最为正规。

服务人员平时还应当随身携带一支圆珠笔，这主要是为了在工作中填写各类正规的票据时使用。使用圆珠笔复写票据，不仅容易，而且可以确保字迹清晰。此时一般应使用蓝色的圆珠笔。

在通常情况下，不论书写文本、条据还是填写各类票据，均不宜使用铅笔。因此，服务人员在工作中大可不必携带这种笔，免得劳而无功。

服务人员在工作之中随身携带的笔具，最好别在上衣左侧衣袋上，或是别在上衣内侧衣袋上，通常不宜将其放在裤袋之中。有时，为方便使用，可将圆珠笔以绳、带缚住，挂在颈上后，令其垂于胸前。但是，切不可如此携带钢笔。

若出于工作需要，服务人员亦应常备记号笔、荧光笔。

计算器

在服务工作中，在供求双方间往往存在着一定程度的利益之争。在利益问题上，服务行业讲究的是“亲兄弟，明算账”。服务人员可以合理报价，服务对象可以落地还钱。在双方自愿的基础上，讲究公买公卖。

在买卖活动中，价格的计算通常必不可少。过去，服务人员在需要进行有关的计算时，经常采用的是口算、心算、笔算等方法。它们各有利弊，但难以确保计算结果的准确无误。万一在计算中“差之毫厘”，便很可能“谬以千里”，悔之晚矣。在服务行业中，人们只承认“谋事在人”，而不相信眼泪。在服务过程中，供求双方应该算清楚的账，就要当面算得一清二楚；事过之后若是再来反悔，是没有人会认账的。

服务人员在必要时，若能取出随身携带的计算器进行必要的计算，既能节省时间，又不必担心计算结果不够精确，能“铁面无私”地捍卫双方的切身利益，又能使双方高枕无忧。

在工作岗位上，许多服务人员往往会接触、使用算盘或电脑。它们固然可以助天天与各种数据“相依为命”的服务人员一臂之力，但却不易随身携带。在一般情况下，需要经常在一定范围内走动服务的服务人员，还是准备一个计算器为好。

服务人员随身携带的计算器，不必求其功能齐全，但其数字的位数却应当尽量多一些，以保证计算结果的精确。同时，还应力求使计算器的体积小型化。

记事簿

在服务工作中，日理万机的服务人员如果打算真正恪尽职守，那么凡事都要勤观察、细思量。对于广大服务人员来讲，在工作中需要自己记忆在心的重要信息，诸如资料、数据、人名、品名、地址、电话、传真、线索、思路、建议等，实在多得难以胜数。要是没有掌握正确的信息处理手段，有时极有可能会耽误正事。

在现实生活中，真正能够过目不忘的奇才毕竟不多。常言道：好记性不如烂笔头。其实，只有随时随地将需要记忆的重要信息笔录下来，对广大服务人员来讲才是最切合实际的。这样一来，“记在什么地方”的问题便随之提了出来。

应当指明的是：需要做笔记时，千万不要随手信笔涂鸦。不要手头可以抓到什么东西，便把自己所要记的东西写在那里。将重要的资讯直接记录在商品上、报纸上、碎纸上、烟盒上、钱币上或者自己的手掌上，不仅容易面目全非、易于丢失，而且也实在不像是“正规军”的所作所为。

不要轻易开口向同行或者服务对象讨要可用来做记录之物，更不要当着外人的面四处乱翻、随便乱撕。

服务人员应当郑重其事地为自己准备上一本可以随身携带的小型记事簿。这种记事簿，可以自己动手制作，也可以去购买成品。它应当易于书写和保存，并且大小适度。市场上有售一种“效率手册”。它大都一年一册，每日一页，有的还可以精确地安排或记录其使用者每个小时的行踪。以其充当记事簿，既经济又实用。

使用记事簿时，特别要注意书写清晰与妥善保存两大问题。千万不要乱记、乱丢。在进行具体记录时，则最好分门别类，并且定期予以归纳、小结。

鉴于许多服务单位不允许其从业人员在岗时使用手机，故指望以手机软件替代书写笔、计算器、记事簿，显然是不现实的。

（二）生活用品

生活用品，通常是指服务人员用以维护、修饰自我形象时所使用的一些日常用品。它的主要特征是：直接与服务人员的自我形象的维护存在着一定的关系。在单位内外，它往往都会被服务人员所经常使用。

通常，服务人员使用最多的生活用品，主要包括纸巾、梳子、化妆盒、擦鞋器等。在使用上述形象用品时，有如下注意事项。

▌纸巾

在日常生活中，人们在用餐、方便之后洗过手，总要将其揩干；咳嗽、吐痰、打喷嚏于人前人后之时，免不了需要遮遮掩掩；汗流浃背的时候，往往要避免当众“挥汗如雨”。凡此种种时刻，都需要用到纸巾。

在公共场合，以下行为都是不文明的具体表现：洗过手之后随手乱甩，或者在自己身上乱擦乱抹；吐痰、打喷嚏、擤鼻涕时旁若无人，或者将其涂抹在其他物品上；擦汗时“以衣代劳”。服务人员在自己的工作岗位上这么做则更为不当。

目前，纸巾都是特制的，并有干、湿之别。有的纸巾，还具备消毒功能。平时，提倡服务人员人人随身携带一包袋装纸巾。它的优点有二：其一，它用途广泛。它可以说是“一专多能”，适用面甚广，不论擦手、擦汗还是清除污物，皆可使用。其二，它较为卫生。纸巾由厂家生产，并且袋装，在使用时又是一次性的，所以可令使用者比较放心其卫生问题。

一般而言，服务人员以手帕替代纸巾未尝不可。但是，在实际使用中，它重复使用后在卫生方面和外观方面俱有不足之处；而且带上一块手帕，往往又不够用，擦手与擤鼻涕时总不能共用同一块手帕吧。

切勿以卫生纸或其他纸张替代纸巾。它们外观不甚雅观，而且其他纸张在卫生方面往往不达标。

梳子

在个人形象方面，头发的整洁与否大都令人极为关注。工作之时，不论是否要戴帽子，都有必要关注一下自己的头发是否已梳理整齐。一个人的头发如果蓬乱不堪，即使其发型再时尚，也会使人有不好的看法。有鉴于此，服务人员务必切记，最好随身携带一把小梳子，以供必要时使用。

千万不要用手指替代梳子，当众去抓挠自己的头发。要是以手代梳时，再加一点口水企图为头发“保湿”，则更是令人作呕。用其他物品替代梳子，亦为不当。

随身携带的梳子，最好将其置于上衣口袋之中。需要注意的是，要保证它的清洁与卫生。携带、使用一把肮脏的梳子，还不如不带、不用为好。

服务人员适合为自己梳理头发的时机主要有：出门之际、上岗前、下班后、脱帽后，以及其他一切明显感到本人头发有可能蓬乱的时刻。梳理头发宜在无人之地进行，在工作岗位上面对服务对象时，切忌这么做。

化妆盒

平时，服务人员应当视工作中的个人形象为自己的第一生命。随身携带化妆盒，就是对经常有必要化彩妆的女服务人员的一项基本规定。

服务行业的绝大多数女性，在上岗之前是应当化妆的。一旦由于刮风、下雨、出汗、洗脸、用餐、小憩或更衣等缘故，而使自己原先精心描绘的彩妆遭到破坏，或者出现瑕疵，便需要及时予以修补，甚至有必要重新化妆。如果听之任之，对个人形象损害极大。

服务行业的女性一向讲究自尊自爱，所以在有必要为自己化妆或补妆时，是不可以借用外人的化妆品的。因此，有必要在出门之际尤其是上班时随身携带一只小型化妆盒。它应当既方便又实用。其“主要内容”，应当包括化彩妆时最常用的唇彩、腮红、眼影、眉笔、粉刷以及小镜子等。化妆盒之内的化妆用品不必一应俱全，但却必须实用。

随身携带的化妆盒，应置于本人所带的手包或提袋之内，一般不宜装入衣袋中。

应当特别强调的是，使用化妆盒化妆、补妆，与使用梳子梳理头发一样，都要在私下进行。

▌擦鞋器

在工作岗位上，身着正装尤其是身着制服的服务人员，往往会同时配穿皮鞋。穿皮鞋时，皮鞋的光洁程度与其完好性同等重要。对此，服务人员千万不要疏忽大意。

在穿皮鞋的时候，不应使之蒙尘无光，而是要努力使之“油光可鉴”。一个人所穿的皮鞋，不论是鞋面上积满灰尘，还是鞋帮、鞋底上“拖泥带水”，都会影响个人形象。

擦鞋器是一种集鞋油、鞋擦于一身，可为皮鞋上油、上光，并为之除去灰垢的擦鞋用具。服务人员在穿皮鞋时，若是自备一只擦鞋器并随身携带，在必要的情况下使用，便可使自己的皮鞋随时保持油光锃亮。

使用擦鞋器擦鞋时，亦应回避他人。擦鞋的适宜时间，则主要有每天的上岗前、进门前、外出前，以及其他一切有必要擦鞋的时候。

即使未带擦鞋器，也不要随便以其他东西去为自己的皮鞋除尘上光，不要用手指、纸张、手帕、清水、台布、窗帘或其他布料去擦皮鞋。在外人面前，尤其不要这样做。

除此之外，在工作岗位上需要经常面对服务对象的服务人员，往往还有必要随身准备一瓶口腔清新剂，用以去除口腔中的异味，并保证口腔气味清新。

思考题

1. 为何要对服务人员的服饰做出统一的要求与限制？
2. 在选择服饰时，服务人员应从总体上关注什么问题？
3. 什么是服务人员的正装？
4. 什么是正装的四项基本要素？
5. 服务人员所穿的正装可分为哪几类？
6. 服务人员穿着制服有何积极作用？
7. 服务人员穿制服时主要应注意什么问题？

8. 什么是服务人员的便装？便装主要有哪些类别？
9. 便装适用于什么场合？
10. 服务人员应怎样合理地为自己选择便装？
11. 便装应如何进行搭配？
12. 服务人员佩戴饰物时为什么要使之符合自己的身份？
13. 服务人员佩戴饰物时为什么应当以少为佳？
14. 什么是服务人员的用品？它有何主要特征？
15. 服务人员的工作用品主要有哪些？应如何进行选择？
16. 服务人员的生活用品主要有哪些？应如何进行选择？

第四章

服务人员的语言规范

服务人员的语言规范，在此指的是对服务人员语言运用方面的标准化、正规化要求。在具体的工作岗位上，服务人员唯有遵守相关的语言规范，才有真正的『语言美』可言。

学习目的

- 重视口头用语与书面用语的具体运用。
- 在日常工作与生活中规范自己的基本用语。
- 掌握基本的礼貌用语与文明用语。
- 平时做到“语言美”。
- 避免在语言的具体运用上失礼于人。

本章要点

- 本章所讲授的是服务人员的语言规范。它在此是指对服务人员在其语言运用方面的标准化、正规化要求。遵守语言规范，才能做到“语言美”。
- 本章第一部分讲授的是礼貌用语，它具体涉及：主要的特点、常见的类型等。
- 本章第二部分讲授的是文明用语，它具体涉及：称呼恰当、口齿清晰、用词文雅等。
- 本章第三部分讲授的是行业用语，它具体涉及：基本的原则、具体的运用等。
- 本章第四部分讲授的是书面用语，它具体涉及：正确无误、工整清晰、内容完整、简明扼要等。
- 本章第五部分讲授的是电话用语，它具体涉及：电话的口头用语、电话的书面用语等。

语言，是人类所特有的用来表达思想、交流情感、沟通信息的基本工具。它是一种特殊的社会现象，是由语音、词汇、语法所构成的一定的系统。在一般情况下，语言有口头语言与书面语言之分。在社会交往中，语言一向不可或缺。诚如革命导师列宁所言："语言是人类最重要的交际工具。"

在服务工作之中，服务人员在与服务对象接触的整个过程中始终离不开双方的语言交流。对服务人员而言，本人的语言运用、表达能力，既体现着自己的服务水准，又直接与自己所在单位的总体精神文明状态密切相关。所以，服务人员在自己的工作岗位上服务于人时，必须自觉地遵守有关的服务语言规范。

学习和遵守服务语言的礼仪规范，其中最为重要的是要认真遵守它的四项基本原则。即在运用语言服务于人时，一定要重视其目的性、对象性、诚实性和适应性。只有在这四个方面做好了，才有可能真正使自己运用服务语言的水平得以提高。

目的性原则

在人际交往中使用语言，往往是为了实现一定的交际目的。此即语言的目的性原则。在任何情况下，目的性原则都是人们运用语言时必须牢记的首要因素。

专家认为，人们在运用语言交际时，其主要目的大致上有下述几项：一是传递信息，表达情感；二是引起注意，唤起兴趣；三是取得信任，增进了解；四是进行鼓励，大力激励；五是予以说服，加以劝告。纵观以上五项目的，无一不与服务工作密切关联。因此，在服务于人时，服务人员务必目的明确、头脑清醒、言随旨意，力戒乱语失言、信口开河。在工作岗位上，服务人员如能做到孔子所要求的"辞达而已矣"即可。

对象性原则

在运用语言进行服务时，总是对应着既定的服务对象。服务人员必须明确：当自己运用语言服务于人时，其实际效果往往并不取决于自己如何运用语言，而是取决于自己所运用的语言能否为服务对象所理解或接受。因此，在运用服务语言时，要区分对象、知同明异、因人而异、有的放矢。切忌以不变应万变、一概而论。此即语言的对象性原则。

古人王诩曾经强调："与智者言，依于博；与博者言，依于辩；与辩者言，依于要；与贵者言，依于势；与富者言，依于高；与贫者言，依于利；与贱者言，依于谦；与勇者言，依于敢；与愚者言，依于锐。"他所强调的，实际上正是运用语言交际时所必须重视其针对性的问题。

诚实性原则

诚实性原则，在这里主要是指：服务语言的运用，无论何时何地都要以诚为本、以实为要、以真为准。在任何情况下，服务人员在运用服务语言时都不可虚情假意，更不可欺骗或愚弄服务对象。

遵守诚实性原则，主要要求广大服务人员在运用语言服务于人时要努力做好下列两点：其一，在语言的具体内容上，一定要力求“真、善、美”。要说真话、讲实话，千万不可蒙人、骗人。其二，在语言的表达形式上，要力求表里如一。换言之，就是要力戒徒有其表、表里不一，不可搞形式主义。

适应性原则

服务人员在运用服务语言时，通常都要兼顾并适应其特定的语言环境。它既包括语言运用时特定的社会环境、自然环境，又包括语言运用时的具体场景。它不但具体涉及时间、空间、氛围等方面的因素，而且还应当将人在现场的情绪变化一并考虑在内。此即语言的适应性原则。

《礼记》曾要求人们在交谈时“顺辞令”。遵守适应性原则，就是要求服务人员谨记语随境迁。在运用语言服务于人时，一定要兼顾并顺应当时所处的具体的语言环境，并且努力使二者相切合、相适应。

一、礼貌用语

常规的礼貌用语

语言礼貌，是现代文明社会的重要标志之一。在人际交往的过程中，恰到好处地使用礼貌用语，可以表现出亲切、友好、和蔼与善意，还能够传递出对交往对象尊重、敬佩的信息，因此有助于双方之间互相产生好感、相互达成谅解或合作。在服务岗位上，准确而适当地运用礼貌用语，是对服务人员的一项基本要求，同时也是其做好本职工作的基本前提之一。

礼貌用语，对于服务行业而言，是有其特殊界定的。要求服务人员在工作岗位上所使用的礼貌用语，主要是指在服务过程中表示服务人员自谦恭敬之意的一系列约定俗成的语言及其特定的表达形式。在一般情况下，服务人员在与服务对象进行交谈时，礼貌用语的运用极为普遍，并且十分必要。

（一）主要的特点

服务人员在工作岗位上所使用的礼貌用语，主要具有以下三个特点。

(1) **主动性**

所谓使用礼貌用语的主动性，在此指：在工作中使用礼貌用语，应当成为服务人员主动而自觉的行为。唯其如此，礼貌用语的使用方能口到、心到、意到。正是出于这一原因，服务人员在与服务对象进行语言交际时，应率先主动地采用礼貌用语。

(2) **约定性**

所谓使用礼貌用语的约定性，在此指：在服务岗位上，服务人员所常用的礼貌用语，在其内容与形式上，往往都是约定俗成、沿用已久、人人皆知的。所以，对其只能完全遵从，而绝对不宜“另辟蹊径”。不然，就难以得到认同，而且也难以发挥其功效。

(3) **亲密性**

所谓使用礼貌用语的亲密性，在此指：服务人员在运用礼貌用语时，还必须力求做到亲切而自然。要让服务对象听在耳中、暖在心里，并且心领神会。运用礼貌用语时讲究亲密性，必须是诚心所致、不落俗套，而非甜言蜜语、巧言令色、阿谀奉承、让人肉麻。

(二) 常见的类型

按照服务礼仪的规范，服务人员在工作岗位上所使用的礼貌用语，往往有其特定的适用场合。而在不同场合里所使用的礼貌用语，在具体内容上通常又各有其特殊的要求。

根据特定的使用场合来进行区别，服务人员常用的礼貌用语一般可被划分为问候用语、迎送用语、请托用语、致谢用语、征询用语、应答用语、赞赏用语、祝贺用语、推托用语、道歉用语 10 种类型。一般而言，它们都是服务人员在其工作岗位上所必用的礼貌用语。下面将分别对其主要内容与运用时的基本要求进行扼要的介绍。

问候用语

问候，通常又叫问好或打招呼。它主要适用于人们在公共场所与他人相见时向对方询问安好、致以敬意，或者表达关切之意。

在服务岗位上，一般要求服务人员对问候用语勤用不怠。具体来讲，适宜使用问候用语的主要时机有五：一是主动服务于他人时；二是他人有求于自己时；三是他人进入自己所负责的服务区域时；四是他人与自己相距过近或是四目相对时；五是自己主动与他人进行联络时。

进行问候，通常应当是相互的，即问候应当有来有往、有问有答。在正常情况下，应当由身份较低之人首先向身份较高之人进行问候。在工作中，自然应当由服务人员首先向服务对象进行问候。如果被问候者不止一人，则服务人员对其进行问候时，有以下三种方法可循。

其一，统一对其进行问候，而不再一一具体到每个人。例如，可问候对方："大家好""各位午安"。

其二，采用"由尊而卑"的礼仪惯例，即率先问候身份高者，然后再问候身份低者。

其三，以"由近而远"为先后顺序，即首先问候与自己距离最近者，然后再由近而远地依次问候其他人。

当被问候者身份相似时，一般应采用第一种或第三种方法。

当服务对象首先向服务人员进行问候时，服务人员务必采用适当的内容和形式，及时地回敬对方的问候。

在问候他人时，具体内容应当既简练又规范。通常，适宜服务人员采用的问候用语，主要分为下列两种。

（1）**标准式**

所谓标准式问候用语，即直截了当地问候对方。其常规做法，主要是在问好之前加上适当的人称代词或者其他尊称。例如，"你好""您好""各位好""大家好""阿姨好""包先生好""祁主任好"，等等。

（2）**时效式**

所谓时效式问候用语，即在一定的时间范围之内才有作用的问候用语。它的常见做法是在问好、问安之前加上具体的时间，或是在二者之前再加以尊称。例如，"早上好""早安""中午好""下午好""午安""晚上好""晚安""周末好""马小姐早安""各位前辈下午好""徐经理春节好"，等等。

一些非正式的问候用语，例如，"吃饭了吗""忙什么呢""收成好吗""日子过得怎么样"，等等，均不宜在服务岗位上采用。有时，它们亦称作问答式问候用语，即需要一问一答、有问有答。

迎送用语

迎送用语，主要适用于服务人员在自己的工作岗位上欢迎或送别服务对象。具体而言，它们又可划分为欢迎用语与送别用语，二者分别适用于迎客之时或送客之际。

应当强调的是：在服务过程中，服务人员不但要自觉地采用迎送用语，而且还必须对于欢迎用语、送别用语一并配套予以使用。做到了这一点，才能使自己的礼貌待客有始有终。

1. 欢迎用语

欢迎用语，又叫迎客用语。顾名思义，迎客用语适用于服务对象光临服务人员所在的服务岗位时。在服务对象光临之初，服务人员的欢迎用语是不能不用的。一般而言，服务人员在使用欢迎用语时，有三点应予注意。

（1）欢迎用语，往往离不开“欢迎”一词的使用。在平时，最常用的欢迎用语有：“欢迎”“欢迎光临”“欢迎您”“欢迎您的到来”“莅临本店，不胜荣幸”“见到您很高兴”，等等。

（2）在服务对象再次到来时，应以欢迎用语表明自己记得对方，以使对方产生被重视之感。具体做法是在欢迎用语之前加上对方的尊称，或加上其他专用词。例如，“王经理，欢迎光临”“杨奶奶，我们又见面了”“欢迎再次光临”“欢迎您又一次光临本店”，等等。

（3）在使用欢迎用语时，通常应当一并使用问候语，并且在必要时还须同时向被问候者主动施以适当的见面礼，如注目、点头、微笑、鞠躬、握手，等等。

2. 送别用语

送别用语，又叫告别用语。平时，它仅适用于送别他人之际。在使用送别用语时，经常需要同时相机采用一些适当的告别礼。

最为常用的送别用语主要有：“再见”“再会”“慢走”“欢迎再来”“一路平安”“多多保重”，等等。

使用送别用语时，通常有以下两点应当注意。

（1）**别忘记使用**

当服务对象因故没有消费时，服务人员依旧需要一如既往地保持风度，千万不要在对方离去时默不作声。

（2）**别随意滥用**

在有些特殊的服务部门里，有些送别语假如使用不当，便会令人感到不甚吉利。例如，在医疗部门，对于病愈出院者，不该说“欢迎再来”；对上了岁数的服务对象，则通常不宜说“一路走好”。

▍请托用语

标准式的请托用语，适用于一般性的场合。请托用语，通常指的主要是在请求他人帮忙或是托付他人代劳时，照例所应当使用的专项用语。在工作岗位上，任何服务人员都免不了有求于人。不论需要被理解还是寻求帮助时，诚恳地使用请托用语，对于服务人员而言都是非常必要的。

在一般情况下，服务人员经常使用的请托用语主要可以分为三种。

（1）**标准式**

当服务人员向服务对象提出某项具体要求时，只要加上一个“请”字，例如，“请稍候”“请让一下”“请随我来”等，往往更容易为对方所接受。此即标准式。

（2）**求助式**

这一形式的请托用语，最为常见的有：“劳驾”“拜托”“打扰”“借光”“请关照”，等等。由此可知，求助式的请托用语往往是在向他人提出某一具体的要求时，例如，请人让路、求人帮忙、打断对方的交谈，或者要求对方照顾一下自己时，才被使用的。

（3）**组合式**

有些时候，服务人员在请求或托付他人时，往往会将标准式请托用语与求助式请托用语混合在一起使用，此即是所谓组合式请托用语。“请您帮我一个忙”“劳驾您替我扶一下这件东西”“拜托您为这位大爷让一个座位”等，都是较为典型的组合式请托用语。

致谢用语

致谢用语，有时又称道谢用语、感谢用语。在人际交往中，使用致谢用语，意在表达自己的感激之意。适当地运用致谢用语，可以使自己对他人的感恩为对方所领受，而且也可以展示本人的修养，“礼多人不怪”。若是应当道谢之时却不说一句致谢用语，则会使人极为不快，甚而产生反感。

对于服务人员来讲，在下列六种情况下，理应及时使用致谢用语，向他人表白感激之意：一是获得他人帮助时；二是得到他人支持时；三是赢得他人理解时；四是感到他人善意时；五是婉言谢绝他人时；六是受到他人赞美时。

致谢用语在实际运用时内容或有变化。但从总体上讲，它基本上可以被归纳为下述三种基本形式。

（1）**标准式**

标准式致谢用语的主要内容，通常只包括一个词语：“谢谢”。在任何需要致谢的场合，均可采用此种致谢形式。在许多情况下，如有必要，在采用标准式致谢用语向人道谢时，还可以在其前后加上尊称或人称代词，如“金先生，谢谢”“谢谢郑小姐”“谢谢姜大妈”“感谢您”，等等。这样做，可使其对象性更为明确。

（2）**加强式**

有时，为了强化感谢之意，可在标准式致谢用语之前加上某些副词。此即所谓加强式致谢用语。对其若运用得当，往往会令人感动。最常见的加强式致谢用语有：“十分感谢”“万分感谢”“非常感谢”“多谢各位”，等等。

（3）**具体式**

具体式致谢用语，一般使用于因为某一具体事宜而向人致谢时。在致谢时，致谢的原因通常会被一并提及。例如，“这事有劳您了”“让您替我们费心了”“上次送货给您添了不少麻烦”“那件事情太让您为我操心了”，等等。

征询用语

在服务过程中，服务人员往往需要以礼貌的语言主动向服务对象进行征询。在进行征询时，唯有使用必要的礼貌语言，才会取得良好的反馈。征询用语，就是服务人员此时应当采用的标准礼貌用语。有时，它也叫作询问用语。

服务人员在自己的岗位上遇到下述五种情况时，一般应当采用征询用语：一是主动提供服务时；二是了解对方需求时；三是给予对方选择时；四是启发对方思路时；五是征求对方意见时。

必须注意的是，服务人员在具体使用征询用语时，既要把握好时机，也要兼顾服务对象态度的变化。切勿随意滥用征询用语，从而令人产生服务人员强迫服务对象接受服务、强买强卖之感。

在正常情况下，服务人员应用最广泛的征询用语主要有以下三种。

（1）**主动式**

主动式征询用语，大多适用于主动向服务对象提供帮助之时。例如，“需要帮助吗”“需要我来介绍哪种商品”“我能为您做点儿什么”“您需要什么”“您打算买一些什么”“您想要哪一种”，等等。它的优点是：节省时间，直截了当；其缺点则是：稍微把握不好时机的话，便会令人感到有些唐突、生硬。

（2）**封闭式**

封闭式征询用语，通常用于向服务对象征求意见或建议之时。它往往只给对方一个选择方案，以供对方及时决定是否采纳。例如，“您觉得这件东西怎么样”“您不来上一杯咖啡吗”“您是不是很喜欢这种颜色”“您是不是想先来试一试”“您不介意我来帮助您吧”，等等。

（3）**开放式**

开放式征询用语，有时亦称选择式的征询用语。它的做法是：提出两种或两种以上的方案，以供对方有所选择。这样做，往往意味着真心实意地尊重对方。例如，“您需要龙井茶还是碧螺春”“您想买大号的还是小号的”“您打算预订雅座还是散座”“这种型号的手机有金色、黑色、白色三种，您喜欢哪种颜色的”，等等。

应答用语

应答用语，在此特指服务人员在工作岗位上服务于人时用来回应服务对象的召唤，或是在答复其询问时所使用的专门用语。在服务过程中，服务人员所使用的应答用语是否规范，往往直接反映着他的服务态度、服务技巧和服务质量。

在整个服务过程中，服务人员随时都有可能使用应答用语，由此可见其使用范围之广。服务人员在使用应答用语时的基本要求是：随听随答；有问必答；灵活应变；热情周到；尽力相助；不失恭敬。

就应答用语的具体内容而论，它主要可以分为下列三种基本形式。在某些情况下，它们相互之间往往可以交叉使用。

(1) **肯定式**

肯定式应答用语，主要用来答复服务对象的请求。重要的是，一般不允许服务人员对于服务对象说“不”，更不允许对其合乎情理的要求置之不理。这一类的应答用语主要有：“是的”“好的”“随时为您效劳”“听候您的吩咐”“很高兴能为您服务”“我知道了”“好的，我明白您的意思”“您说得非常对”“我会尽量按照您的要求去做”“一定照办”，等等。

(2) **谦恭式**

当服务对象对于被提供的服务表示满意，或是直接对服务人员进行口头表扬、感谢时，一般宜用谦恭式应答用语进行应答。它们主要有：“这是我的荣幸”“请不必客气”“这是我们应该做的”“今后还请多多指教”“您太客气”“过奖了”，等等。

(3) **谅解式**

在服务对象因故向自己致以歉意时，应及时予以接受，并表示必要的谅解。常用的谅解式应答用语主要有：“不要紧”“没有关系”“不必，不必”“我不会介意”，等等。

赞赏用语

赞赏用语，主要适用于人际交往中称道或者肯定他人之时。孔子认为：有教养者应当“乐道人之善”。及时而恰当的赞赏，等于是接受自己的交往对象，或是对其所作所为做出正面的认可。从实际效果来看，它既可以激励别人，促使其自我约束、正视自己、好上加好，也可以促进或改善双方的人际关系。

应当指出的是，服务人员在工作岗位上对服务对象使用赞赏用语时，讲究少而精和恰到好处，切不可视其为讨好服务对象的一剂灵丹妙药，以为多多益善。实际上，在运用它时宁缺毋滥。

在实际运用中，常用的赞赏用语大致分为下列三种具体形式。有时，它们可以混合使用。

(1) **评价式**

评价式赞赏用语，主要适用于服务人员对服务对象的所作所为在适当时予以正面评价之用。经常采用的评价式赞赏用语主要有：“太好了”“真不错”“对极了”“相当棒”“实在是美”“非常出色”“十分漂亮”“太合适了”“您真有眼光”“您真的非常在行”，等等。

(2) **认可式**

当服务对象发表某些见解之后，往往需要由服务人员对其是非直接做出评判。当对方的见解的确正确时，一般应对其做出认可。此即所谓认可式赞赏用语。例如，“还是您识货”“您的观点非常正确”“看来您一定是一位内行”“真是大爷您说的那么一回事”“没错，没错”，等等。

（3）**回应式**

回应式的赞赏用语，主要适用于服务对象夸奖服务人员之后，由后者回应对方。例如，“哪里，哪里，我做得还很不够”“我做得不像您说得那么好”“还是您比我棋高一招”“承蒙夸奖，真是不敢当，不过得到您的肯定，的确让我开心”，等等。

祝贺用语

在服务过程中，服务人员往往有必要适时地对服务对象使用一些祝贺用语。在不少场合，这样做不但是一种礼貌，而且也是一种人之常情。

祝贺用语非常之多，适宜服务人员在其工作中使用的主要有以下两种。

（1）**应酬式**

在各种一般性的场合，应酬式祝贺用语往往被用来祝贺服务对象顺心如愿。其具体内容往往各异，因此在使用的时候，通常要求对对方的心思多少有所了解。常见的应酬式祝贺用语主要有：“祝您成功”“祝您好运”“一帆风顺”“心想事成”“身体健康”“龙马精神”“事业成功”“生意兴隆”“全家平安”“生活如意”“祝您入住愉快”“祝各位用餐开心”，等等。除此之外，“恭喜，恭喜”“向您道喜”“向您祝贺”“真替您高兴”，等等，亦属应酬式的祝贺用语。

（2）**节庆式**

节庆式祝贺用语，显然主要在节日、庆典以及对方喜庆之日使用。它的时效性极强，但通常却缺少不得。例如，“节日愉快”“活动顺利”“仪式成功”“新年好”“周末好”“假日愉快”“春节快乐”“生日快乐”“新婚快乐”“白头偕老”“福如东海，寿比南山”“旗开得胜，马到成功”，等等。

推托用语

在工作中，服务人员经常会遇上难以满足服务对象某些要求的情况。有时，可能是对方的要求过高；有时，则可能是因为己方条件较差。遇到这种情况，服务人员在解释原因或是回绝对方时，一定要讲究方式方法。

拒绝别人时惯用的语言称为推托用语，它的使用其实也是一门艺术。推托的本意，是借故拒绝。在拒绝他人时，如果语言得体、态度友好、理由充分，拒绝者往往可以使被拒绝者的失望心理迅速淡化；反之，如果拒绝得过于冰冷、生硬，直言“不知道”“做不到”“不归我管”“问别人去”“不伺候你了”“爱找谁找谁去”，等等，则很有可能令服务对象不快、不满，甚至怒发冲冠，酿成进一步的口舌之争。

在工作岗位上，服务人员适宜采用的推托用语主要有三种。在许多时候，它们亦可交叉使用。

（1）**致歉式**

当对方的要求难以被立即满足时，不妨直接向对方表示自己的歉疚之意，以求得对方的谅解。此即致歉式的推托用语。例如，“抱歉，此次积分兑换已经截止了”。

（2）**转移式**

所谓转移式的推托用语，就是不具体地纠缠于对方所提及的某一问题，而是主动提及另外一件事情，以转移对方的注意力。例如，“您不再要点别的吗”“这件东西其实跟您刚才想要的差不多”“您可以去对面的展位看一看”，等等。

（3）**解释式**

解释式的推托用语，就是要求在推托对方时，说明具体的缘由，尽可能地让对方觉得自己的推托合情合理。例如，“我们这里规定，不能乱开增值税专用发票”“中国民航局早有通知，购买机票者必须提供相关证件或其号码”“我下班后需要休息，不能接受您的邀请”，等等。

道歉用语

在工作中，因种种原因而带给他人不便，或妨碍、打扰对方时，服务人员必须及时地向对方表达自己的歉意。其常规做法是：需要使用规范的道歉用语，当面口头向对方赔礼。

道歉用语多种多样，在需要使用时，服务人员应当切忌做得过分，并要根据不同对象、不同事件、不同场合认真而恰当地进行选择。

最为常用的道歉用语主要有：“抱歉”“对不起”“请原谅”“失礼了”“失言了”“失陪了”“失敬了”“失迎了”“恕罪了”“多多包涵”“十分失礼”“很是惭愧”“太不应该了”“真过意不去”，等等。

绝大多数的道歉用语都可以单独使用。如果需要，它们亦可与其他礼貌用语或其他语句组合在一起使用。

二、文明用语

孔子尝言：“文质彬彬，然后君子。”在现代社会，文明既是人的一种习惯，也是人的一种修养。一个人的文明程度，通常通过其言行表现在外。在正式场合，人们通常都讲究使用文明用语。在服务过程中，这一点也不例外。不然的话，就很可能影响到服务人员乃至其所在单位的声誉。

所谓文明用语，具体是指在语言的选择、使用中，应当既表现出使用者良好的文化素养、待人处世的实际态度，又能够令其形象产生高雅、温和、脱俗之感。简言之，文明用语就是要求人们使用语言时必须文明当先。

文明当先，是服务人员在工作岗位上使用语言时应当遵守的基本规范之一。想要在使用文明用语方面真正有所提高，除了要不断地努力学习，对自己严格要求外，最为重要的是：要认认真真地在称呼恰当、口齿清晰、用词文雅三个方面狠下一番功夫。只有在这几个主要方面表现得合乎礼仪规范，才可以说是真正做到了用语文明、文明用语，才可以说文明当先。

下面分别介绍服务人员在称呼恰当、口齿清晰、用词文雅这三个方面所须遵循的基本礼仪规范。

（一）称呼恰当

对服务人员而言，所谓称呼，在此主要是指自己在接待服务的过程中对于服务对象所采用的称谓语。在人际交往中，特别是在与陌生人打交道时，人们对于他人对自己的称呼都非常重视。在服务过程中，服务人员对服务对象的称呼是否恰当，不但真实地反映了其个人修养与实际心态，而且还客观地反映出对后者尊重与否。

服务礼仪规定，在任何情况下，服务人员都必须对服务对象采用恰当的称呼。要做好这一点，主要应当从以下四个方面来具体着手。

区分对象

古往今来，服务行业所崇尚的是“生意兴隆通四海，财源茂盛达三江”，服务人员平日所接触的服务对象往往包括三教九流、各行各业、各界人士。由于双方的关系、身份、地位、职业、籍贯、民族、宗教、年纪、性别等存在着一定的差异，因此在具体称呼服务对象时，服务人员最好是有所分别、因人而异。

根据惯例，称呼的使用有着正式场合与非正式场合之分。

（1）**正式场合的称呼**

正式场合的称呼，主要分为三种类型。其一，泛尊称。例如，“同志”“先生”“小姐”“夫人”“女士”，等等。其二，职业加以泛尊称。例如，“警察同志”“司机先生”“秘书小姐”，等等。其三，姓氏加以职务或职称。例如，“茅经理”“卫科长”“叶教授”，等等。

（2）**非正式场合的称呼**

非正式场合的称呼，主要分为以下六种类型：其一，直接以姓名相称。例如，“周晓”“李青”“刘爱静”“张亚红”，等等。其二，直接称呼名字。例如，“爱英”“润喆”“莲枝”“玉民”，等等。其三，称呼爱称或小名。例如，“乐乐”“石榴”“悦儿”，等等。其四，称呼辈分。例如，“前辈”“大爷”“奶奶”“阿姨”，等等。其五，姓氏加上辈分。例如，“曾大妈”“钱叔叔”“赵伯伯”，等等。其六，在姓氏之前加上“老”字或“小”字。例如，“老人家”“老章”“小冯”，等等。

就一般情况而言，在工作岗位上称呼他人时，服务人员最好是使用各种适用于正式场合的称呼，其中尤以使用各种泛尊称为宜。例如，“同志”这一称呼，对于国内的几乎任何人都可以使用。

照顾习惯

在实际生活中称呼他人时，必须对于交往对象的语言习惯、文化层次、地方风俗、民族差异等各种因素综合加以考虑，并分别给予不同的对待，切不可自行其是，不加任何区分。例如，“先生”“小姐”“夫人”等一类的称呼，在国际交往之中最为适用。在称呼海外华人或内地的白领时，亦可酌情采用。但若以之去称呼农民，却未必会让对方感到舒服和顺耳。

在称呼熟人或老年人时，往往可相机采用一些非正式的称呼，诸如“大哥”“大姐”“王哥”“李姐”“周大伯”“田奶奶”等，这样会使对方倍感亲切。若以此类称呼来称呼城市白领或知识分子，则没准会被理解为“套近乎”。

“老大”“爱人”这两种称呼，在内地分别表示在兄弟姐妹中排行第一和合法的配偶，但到了海外，它们却会往往被理解为黑社会的头目和“第三者”。

某些适用于特定交往对象的称呼，诸如“恩师”“师父”“战友”“死党”等，在服务岗位上显然不可滥用。

在工作岗位上，对任何服务对象都以“领导”“朋友”或“老板”相称，显然也是欠妥的。

有主有次

当服务人员面对多位服务对象时，称呼对方应当“面面俱到”，切勿只对其中的几位加以青睐，而对其他人有所疏忽。

当需要称呼多位服务对象时，一般讲究分清主次、由主至次、依次进行。当需要区分主次称呼他人时，标准的做法有以下两种。

（1）由尊而卑

所谓由尊而卑，即在进行称呼时，应当自尊而卑地依次而行。即应当先长后幼、先女后男、先疏后亲、先上级后下级。

（2）由近而远

所谓由近而远，即应当首先称呼接近自己者，然后再由近而远地依次称呼他人。

此外，还可以采用统一称呼的形式。假如几位被称呼者一起前来，可对对方一起加以称呼，而不必具体到每个人，例如，“各位”“诸位来宾”“女士们”“先生们”，等等。

▌严防犯忌

在需要称呼他人时，服务人员还必须了解一些主要禁忌，并以防犯忌，否则很有可能会失礼于人。

在称呼方面，服务人员有可能触犯的禁忌主要有以下三类。

（1）**不使用规范的称呼**

有些服务人员有时懒于使用称呼，直接代之以“喂”“嘿”“六号”“八床”“下一个”“那边的”“有人吗”。更有甚者，连这类本已失礼的称谓语也索性不用。这一类做法，可以说是失敬于人的。

（2）**使用不雅的称呼**

一些不雅的称呼，尤其是含有人身侮辱或歧视之意的称呼，例如，“土豪”“冤种”“社畜”“眼镜”“拐子”“大头”“胖哥”“瘦猴”“青蛙”“恐龙”“特二”“宅女”“油腻男”“绿茶婊”“玛丽苏”“死忠粉”“五毛党”“大聪明”“柠檬精”，等等，是服务人员绝对忌用的。

(3) **面对他人无称呼**

在工作岗位上，面对服务对象时无称呼或不打任何招呼，均为失礼。

（二）口齿清晰

在工作岗位上，服务人员在更多的情况下需要与服务对象直接进行口头交谈。服务人员在使用口语时，不论遇到何种交往对象，均应做到文明待人。

就服务人员的口语运用而言，可以将其划分为正式口语与非正式口语。二者既有一定的个性，同时也存在着共性。

第一，正式口语与非正式口语的个性。

在个性方面，正式口语显然主要适用于正式的口头交际中。它通常是指有关各方经过协商、议定主题、明确目的、约好时间与地点的正式口头交谈。双方事先会为此进行多方面的准备，在交谈中讲究郑重其事、语言规范，并直奔主题。

非正式口语，在其个性方面则是属于有关各方事先未经任何准备而进行的一种十分自由的随机性交谈。它可长可短，可谈可不谈。其形式随和、轻松，几乎可以无话不谈，比较容易表明人们各自的观点，有利于人们的相互了解与接近。

第二，正式口语与非正式口语的共性。

在共性方面，服务人员在实际工作中往往有可能会在面对服务对象时需要正式口语与非正式口语并用。要想使自己所运用的口语发挥其应有的功效，一般来讲，服务人员有必要在运用口语时掌握它的三个主要特点。

（1）**通俗活泼**

浅显易懂，生动形象，犹如家常话语一般，是口语最重要的特点。一般来讲，口语之中极少出现术语、典故，更忌讳故弄玄虚、高深莫测。口语多为现想现说，系临时组合而成。讲口语，自然不必字字推敲、句句斟酌，只要善于运用生活中的平常话语，恰当地表明个人见解即可。必要时，可辅之以表情动作。所以与书面语言相比，口语十分通俗活泼。

（2）**机动灵活**

人们在运用口语与他人进行交际时，往往既要适当地表达自己的本意，又要注意随机应变，在交谈过程中随时对于自己所运用的口语的具体内容与形式进行适度的调整。从表面上来看，口语大都显得语句简短、结构松散，并多有省略之处。有时，它甚至会出现话题转变、内容脱节、词序颠倒、啰唆重复等现象。然而由于口头交际具有一定的双向性、互动性，这些问题往往瑕不掩瑜，反而更能显示口语生动、活泼的特性。

（3）**简明扼要**

简单明快、突出重点，应当被视为成功的口语运用的一项主要要求。在正常情况下，人们在运用口语时，主要考虑自己本意的表述，而对于具体的表述形式一般并不十分介意。加上口头交际的有关各方通常是相对而视，对于其中一方口头正在表达的内容及其本来的含义，其他各方往往可以通过当时特定的环境心领神会。这样一来，讲口语时，自然不必讲究逻辑严密、修饰得体，不必长句、复句、对偶句、排比句不断。实际上，口语大多句短、意明、一句一意，但求词能达意即可。

应当强调的是：服务人员在工作岗位上运用口语时，不仅需要了解口语的上述基本特点，而且更重要的是要努力使自己在运用口语的过程中真正做到口齿清晰。唯有做到了这一点，自己之所言才能被交往对象听清楚、搞明白，真正实现双向沟通，否则就极有可能劳而无功。

口齿清晰，不但是文明用语的基本要求之一，而且也是做好服务工作的先决条件之一。对此，广大服务人员均应予以高度的重视。

服务人员要做到口齿清晰，主要应在语言标准、语调柔和、语气谦恭三个方面合乎服务礼仪的基本规范。

语言标准

语言标准，是语言交际顺利进行的基本前提。语言不标准，就有可能让服务对象听不懂自己的话，甚至会因此而产生一些不必要的误会，从而影响到服务质量。

语言标准，主要的要求有二：一是要讲普通话；二是要发音正确。服务人员只有在这两个方面做好了，才能称得上是语言标准。

（1）**讲普通话**

普通话，是我国法定的现代汉语的标准语言。它以北京语音为标准音，以北方话为基础方言，以典范的现代白话文著作为语法规范。《中华人民共和国宪法》明文规定："国家推广全国通用的普通话。"推广普通话，既是我国的一项基本国策，也是服务行业提高其服务质量的一项重要举措。我国地大物博，人口众多，方言土语极多。不同地方的人到了一起，时常会因为双方之间存在着语言障碍而苦恼。此刻，双方如果都采用普通话进行口头交际，语言障碍便会迎刃而解。在服务过程中，除面对外国友人、少数民族人士、个别听不懂普通话的人士之外，服务人员一定要在与对方交谈时使用普通话。若面对不懂本地方言土语的外地人却执意不讲普通话，只能表明自己保守排外而已。

（2）**发音正确**

发音正确这项要求，本身包含双重含义：其一，它要求服务人员在运用口语时不能含错字、含别字。其二，它要求服务人员在讲普通话时要注意其阴平、阳平、上声、去声四种基本声调的区别，不能发错音。只有发音完全正确，才能算是讲好了普通话。

▌语调柔和

语调柔和，也是口齿清晰的基本要求之一。语调，一般指的是人们说话时的具体腔调。通常，一个人的语调，主要体现于他在讲话时的语音高低、轻重和快慢的具体配置。要求服务人员语调柔和，主要应在语音的高低、轻重、快慢方面多多加以注意。

（1）**音量适中**

实际上，音量适中指的是一个人讲话音量的高低、轻重的问题。服务礼仪要求：服务人员在与服务对象进行口头交际时，在音量方面，应当以使对方既可以听得清楚，又感觉舒适悦耳为宜。

对服务对象讲话时，服务人员的音量如果过高、过强，就会显得态度生硬、粗暴，而且还有可能会让对方感觉不适；相反，如果服务人员的音量过低、过弱，则又会显得有气无力，因而会令对方感到沉闷不堪，甚至还会产生一种被怠慢的感觉。

服务人员在交谈时，要真正做到音量适中、不高不低、不强不弱，一般并不困难。重要的是，在实际工作中，还必须注意因人而异、因时而异。跟常人在正常条件下交谈，音量适中即可；而与耳背之人交谈，或在人声嘈杂之处与人交谈，则显然应当适度地提高音量。

（2）**快慢有度**

讲话时的快慢，通常指的是语速方面的问题。服务人员在与人交谈时，必须注意保持适当而自然的语速。在运用普通话与人交谈时，通常每分钟所讲的字数以160～200个为宜。在交谈期间，还应注意适时地进行必要的停顿。语速过慢或过快，都有可能被理解为自己感到厌烦，而且也会破坏交谈对象的情绪。

语气谦恭

语气，即人们说话时的口气。在服务人员的口语里，语气一般具体表现为陈述、疑问、祈使、感叹、否定等不同形式。

在人际交往中，语气往往被人们视为具有某种言外之意，因为它往往会真实地流露出交谈者的感情色彩。服务人员在工作岗位上与服务对象口头交谈时，一定要在自己的语气上表现出热情、亲切、和蔼和耐心。特别重要的是：不要在有意无意之间使自己的语气显得急躁、生硬和轻慢。

(1) 忌语气急躁

语气急躁，此处是指服务人员在与服务对象交谈时，语气上显得焦急、暴躁、激动，或者很不耐烦。例如，“抓紧时间”“快点、我还有别的事”“想不想买”“挑够了没有”“快下班了”，等等。

(2) 忌语气生硬

语气生硬，此处是指服务人员在与服务对象交谈时，语气上显得勉强、生冷、僵硬，或者不够柔和。例如，“着什么急”“喊什么”“等着”“废话”“别乱动，你赔得起吗”，等等。

(3) 忌语气轻慢

语气轻慢，此处是指服务人员在与服务对象交谈时，语气上显得轻狂、歧视、怠慢，或者失敬于人。例如，“知道吗，你”“听说过没有”“你见过吗”“看清价格再说”“你买得起吗”“瞧一瞧你自己的尊容”，等等，都是服务人员不宜采用的轻慢他人的语气。

(三) 用词文雅

在任何情况下进行交谈时，都必须借助于一定的语句与词汇。如孔子所言：“不知言，无以知人也。”没有语句与词汇的选择、使用，人们不仅难以表明自己的思想，而且还会使交谈难以进行下去。

服务人员要做到文明用语，非常重要的一点是：必须做到用词文雅。离开了用词文雅，文明用语便会成为无本之木，无从谈起。

对服务人员来讲，用语文雅主要包括两个方面的基本要求，即尽量选用文雅词语、努力回避不雅之语。前者属于对服务人员的高标准要求，后者则是所有服务人员在工作岗位上都必须做到的。

第一，服务人员在其服务于人时要尽量选择文雅词语。

尽量选用文雅词语，即多用雅语。它主要是要求广大服务人员在与服务对象交谈时，尤其是在与其进行正式的交谈时，用词用语要力求谦恭、敬人、高雅、脱俗，在注意切实致用，避免咬文嚼字、词不达意的同时，应当有意识地采用一些文雅的词语。这样做可以显示服务人员的良好教养。

例如，在正式场合欢迎服务对象到来时，使用雅语说“欢迎光临”，显然比说“您来了”要郑重其事得多。而对一位上了年纪且看上去有文化的老人使用雅语说“敬请赐教”，自然比对对方直言“有什么意见快提”更为中听。

第二，服务人员在其服务于人时要努力回避不雅之语。

努力回避不雅之语，主要是指服务人员在与人交谈时，不应采用任何不文雅的语词。其中粗话、脏话、黑话、怪话与废话，则更是在任何情况下都不可出现于服务人员之口。

(1) **不讲粗话**

粗话，一般是指那些意在侮辱他人人格的粗野或带有恶意的话语，也就是所谓骂人的话。服务人员在其工作岗位上提供服务时，不论遇上何种情景，都不允许骂骂咧咧，不宜在口语中夹杂骂人的话。就算是别人首先辱骂了自己，也不允许服务人员与对方相互对骂。

(2) **不讲脏话**

脏话，主要是指庸俗、低级、下流的话语，其中尤以涉及男女关系者为代表，并以色情、黄色、绯闻等内容为主。在服务时，不论对方是同性还是异性，是故旧还是初识，是晚辈、平辈还是长辈，服务人员均不得在交谈中讲任何脏话，带任何脏字。有些话具有双关性质或暗示作用，极易引起误会，服务人员亦不可使用。

(3) **不讲黑话**

黑话，通常泛指那些帮会、地痞、流氓、盗匪以及其他黑社会人士在其相互交往中专门使用的暗语，或者含义隐晦的某些话语。从角色定位的角度上来讲，只有涉“黑”之人才会讲黑话，而讲黑话的人则多与黑社会不无关系。服务人员若是在服务时有意对服务对象讲黑话，不仅会显得匪气十足、身份叵测，而且也会惊扰对方，令其心生疑惑或戒心。

(4) **不讲怪话**

怪话，在这里实际上主要指牢骚话。在日常生活之中，服务人员切勿因为个人的委屈、不满，当着服务对象的面阴阳怪气，或乱讲怪话、滥发牢骚，以泄私愤。至于因故对服务对象产生意见，进而指桑骂槐、旁敲侧击，则更是有悖服务宗旨，应予禁止。

(5) **不讲废话**

废话，一般是指无用之言、多余之语，或者是在没话找话时所讲的话。服务人员务必牢记，在自己的工作岗位上，不宜主动去找服务对象攀谈，不宜讲与服务内容无关的题外话，尤其是不宜主动询问对方的个人隐私问题。如果在工作中没话找话、大说废话，只能说明自己对于本职工作心不在焉。

在此特别应当明确，某些流行语、网络语，例如，“抢 C 位”“打 Call”“锦鲤”“杠精”“歪果仁”“不明觉厉”“蓝瘦，香菇”，并非每一位服务对象都能够听懂。因此，服务人员在其工作岗位上切莫滥用。

除此之外，服务人员还应当注意：具体使用文明用语时，语言内容要文明、语言形式要文明、语言行为要文明。只有三者并重、三位一体，才能够真正地做到用语文明、文明用语。

三、行业用语

在服务的一系列具体过程中，服务人员在与服务对象交谈时，尤其是在向对方介绍商品或服务项目时，往往需要采用一些行业用语。

行业用语，又叫行业语、行话。它一般是指某一社会行业所使用的专门性用语，主要用以说明某些专业性、技术性的问题。

服务人员在服务过程中使用一些专用的行业用语，不但是必要的，而且也是必需的。因为只有恰到好处地使用了某些必须使用的行业用语，才能更好地说明问题，才能显示出本人对业务在行，从而才能真正地赢得服务对象的充分理解与信任。

对于服务人员而言，在与服务对象交谈时使用行业用语，其实并不困难，难的是在使用行业用语时既得心应手，又真正地使之有助于服务质量的提高。

（一）基本的原则

服务岗位介绍商品的三 T 规则

在具体实践中，应站在服务质量的提高这一角度来讨论服务人员行业用语的使用。重要的是：每一位服务人员在使用行业用语与服务对象进行交流和沟通之际，都必须认真遵守“三 T 原则”和适度原则。

“三 T 原则”

“三 T 原则”，是使用行业用语时服务人员所必须掌握的一项重要原则。所谓“三 T”，实际上是 tact、timing、tolerance 三个英文单词的首字母缩写。它们的含义分别是“机智”“时机”与“宽容”。由此可知，“三 T 原则”的本意，就是要求服务人员在有必要使用行业用语时，一定要同时兼顾表现机智、考虑时机、待人宽容三个方面，切不可不分对象，处处一概而论。

(1) **表现机智**

说话时表现机智，在此主要是要求服务人员在面对形形色色的服务对象时，一定要善于察言观色、反应灵敏，既要首先对对方准确地进行必要的角色定位，又要以双向沟通为主要目的。还须注意的是：在使用行业用语时，一定要抓住重点，讲究少而精，并且尽量能被对方理解，这样才能提高办事效率。

(2) **考虑时机**

说话时考虑时机，主要是因为：在一般情况下，行业用语的使用具有一定的时间限制。只有在工作岗位上有此需要时，使用行业用语才会发挥功效。如果忽略了这一点，不分时间、不看对象，开口闭口满嘴行业用语，非但没有任何必要，而且也不易为常人所接受。

(3) **待人宽容**

说话时待人宽容，则是为人处世的一种美德。服务人员在服务过程中具体运用行业用语时，要将心比心、待人如己，努力进行换位思考，处处设身处地地多为对方着想。服务人员必须清楚：面对产品、服务、技术方面的专业性问题，并非每一位服务对象都懂行、都在行，都非常熟悉行业用语。服务人员假定发觉自己所使用的行业用语不为对方所理解，则应立即加以调整，直至完全把本人的意思阐述清楚，或把对方的问题回答清楚为止。千万不要表现得不耐烦，嘲弄对方"怎么这么笨""什么都不知道""连这个都听不懂"，更不能不分对象、公事公办地尽快了事。

在具体使用行业用语时，只有在表现机智、考虑时机、待人宽容三个方面一并加以注意，才能够使行业用语的使用真正奏效。

适度原则

适度原则，是在使用行业用语时服务人员所必须掌握的另一项重要原则。它的基本含义是：行业用语的使用，必须要适得其所。服务人员在具体使用行业用语时，一定要牢牢把握好分寸、表现得体。不注意行业用语的使用适度与否，对服务人员来讲将是十分严重的错误。

运用行业用语要真正做到得体，关键是要切记当用则用、尽量少用。应该使用行业用语时而不使用，往往会令人怀疑自己的业务能力不过关；不必使用行业用语时却滔滔不绝地不停使用，则会给人以故弄玄虚之感。

在服务岗位上与人交谈时，行业用语在自己的话语总量之中究竟应当占什么样的比重，是一个较为复杂的问题。对此应该具体情况具体分析，不宜一概而论。

国内一位服务行业的"明星"，在谈及他个人在这方面的心得体会时曾经说过："最重要的，是应当因人而异。与懂行的人交谈时，一般需要多使用一些行业用语。与不懂行的人交谈时，则通常应当有意识地尽量少用一些行业用语。与普通水平的人交谈时，既要使用一些行业用语，又要同时使用一些非行业用语。只讲行业用语，或者只讲非行业用语，往往都难以为对方所接受。只讲行业用语，对方很可能一窍不通；只讲非行业用语，对方又可能会怀疑服务人员的业务水平。在与普通水平的人交谈时，将行业用语与非行业用语适当地糅合在一起使用，对方既能听得懂，又会对服务人员的业务水平表示信服。如果这样去做，往往会两全其美。”他的此番见解，可被视为是对得体使用行业用语的一种生动而形象的诠释，服务人员对此可以“仁者见仁，智者见智”，加以借鉴。

在具体运用行业用语时把握好分寸的问题，对于任何服务人员而言，都是非常重要的。在这方面，服务人员一定要兼顾以下两点重要事宜。

（1）**实事求是**

要求服务人员在运用行业用语时实事求是，主要是要求其客观地、正确地使用行业用语。不可不懂装懂、随口乱诌，也切莫指望以满口似是而非的行业用语去蒙人、骗人、唬人，更不可随意编造、以假充真、以讹传讹。

（2）**使用得当**

在具体使用行业用语时，一定要准确使用，并且还要注意行业用语的规范性与地方性差异。在一般情况下，使用行业用语时，必须力求正确无误。此即所谓使用得当。

例如，销售方对供应商交货不太及时提出批评时，使用“脱期”一词就比使用“违约”一词更为妥当。因为前者仅仅是在具体的时间问题上提出意见，而后者则往往会令人感到双方之间的争端存在扩大化趋向，多少暗含着有可能毁约的意思。

在使用行业用语时，一定要尽量做到规范化、标准化。例如，在中国内地，提及“激光”时，就不宜称之为“镭射”；谈论“塑料”时，亦不便代之以“塑胶”。

当然也要注意照顾交谈对象的理解能力。如果一位医护人员或药品销售人员在面对一名普通患者，向对方提及“青霉素”或“阿司匹林”这两种常用药品时，若不想引起误会的话，就最好不要采用二者另外的专用名称“盘尼西林”或“乙酰水杨酸”。

还应当提到的是，在使用行业用语时，还须兼顾其地方性差异。举例而言，“菠萝”“花生”“快餐”“出租车”“故事片”“航天飞机”，在我国台湾地区便被称为“凤梨”“土豆”“便当”“计程车”“剧情片”“太空梭”。假如不注意大陆与台湾地区的这种差异，在与台湾地区的人民交谈时往往便会矛盾丛生、误解不断。

（二）具体的运用

就具体内容而论，服务人员在服务过程中运用行业用语时，还必须在善用专业术语、常用敬人之语和不用服务忌语等方面多下功夫。

善用专业术语

在工作岗位上，服务人员必须要善用专业术语。在行业用语中，绝大部分都属于专业性的术语。在使用这些只适用于某一特定领域内的专门性用语时，服务人员既要遵守“三T原则”与适度原则，更要因人而异、因事而异、因地而异。千万不要以为专业术语的运用可以多多益善。实际上，在运用专业术语时，大体上是看效果不看动机、重质量不重数量的。

（1）因人而异

在运用专业术语时，要求服务人员因人而异。最重要的是，既要使自己的道理讲得通，又要能够同时让交谈对象听得明白。具体而言，要真正做到在运用专业术语时因人而异，就要在交谈之前，善于对交谈对象进行必要的观察、了解和定位，并且依照对方的性别、年龄、民族、籍贯、行业以及受教育程度，适当地有所区别。

（2）因事而异

在运用专业术语时，要求服务人员因事而异，重点是要求：服务人员在具体运用专业术语的过程中，把握好时机的变化，沉着果断，善于随时根据具体情况的改变而进行必要的调整，并善于应变。在具体运用专业术语时，不但要注意两相情愿、相互理解，而且必须随时相机加以调节。一味坚持原先的设想，不分对象，“一往无前”、按部就班地进行下去，在实践中往往难以行得通。要想使专业术语用得好、用得准，自己讲得透，别人听得懂，就要根据当时具体情况的变化，当深则深，当浅则浅，当多则多，当少则少，当用则用，当不用则不用。最忌讳的是无视现实状况的具体变化，而非要去走极端。

(3) 因地而异

在运用专业术语时，要求服务人员因地而异，主要是要求：使用于不同地区的专业术语，应当有明显的区别。其关键之点，是要让具体受众之中的大多数听得懂，听得比较明白。其具体操作，则是要在以下几个方面“知同明异”：其一，是对发达地区与不发达地区要有所区别；其二，是对汉族聚居地区与少数民族聚居地区要有所区别；其三，是对内地与港澳台地区要有所区别；其四，是对国内与国外要有所区别。在不同地区运用专业术语时，有时需要采用不同的语种；对同一事物，往往也需要使用不同的名称。例如，内地的“自行车”与“玩偶”，到了港澳地区则被分别称为“单车”与“公仔”。对此类区别，在跨地区服务时绝对不能掉以轻心。

常用敬人之语

在工作岗位上，服务人员必须常用敬人之语。敬人之语，简称敬语、敬辞，指的是用来向交谈对象表示恭敬之意的一些特定的用语。在工作岗位上提供服务时，必须常用、多用敬人之语。这样做既是对服务人员的一项基本业务要求，同时也是服务礼仪的一项主要规范。

上文业已指出，服务对象所要求的理想服务应当既包括物质上的满足，又包括精神上的享受。具体而言，服务人员在服务过程中对服务对象使用恰当的敬人之语，是使对方获得精神上的享受的先决条件之一。正因为如此，敬人之语理当被归入服务人员的行业用语中。服务人员日常所使用的行业用语，主要就是由专业术语与敬人之语这两大主要内容所构成的。

敬人之语，主要包括礼貌用语、文明用语、自谦用语等。在具体运用敬人之语时，要重在落实、重在持久、重在言行一致、重在普及与提高并重。要提倡在服务岗位上，人人都要常讲、多讲敬人之语，并且要表里如一、长期坚持、永不懈怠。千万不要在提倡敬人之语这一问题上搞形式主义的一风吹、走过场。只把敬人之语贴在墙上，而难见之于口，或者有口无心、言不由衷，都很难打动服务对象，更不要说使对方获得精神上的享受了。

不用服务忌语

在工作岗位上，服务人员必须禁止使用服务忌语。服务忌语，通常是指服务行业中的忌讳之语，亦即服务人员在服务时不宜使用，并应当努力避免使用的某些词语。站在提高服务质量这一角度上来讲，不用服务忌语，是要求广大服务人员使用规范化的行业用语的必然结果。

美国知名学者保罗·福塞尔曾经说过："语言最能表现一个人。你一张口，我就能了解你。""一个人怎么说话，说什么话，当然毫无例外地显示着他的品位。"他由此进一步认定：一个人平日所使用的具体词汇，实际上都如实地表现了他自身的教养与待人的态度。用他的观点来解释服务人员不得使用服务忌语的原因，同样是行得通的。

使用服务忌语的最大恶果，在于它往往出口伤人。这种伤害通常都是相互的：在伤害了服务对象的同时，也对服务人员的自身形象造成伤害。

就具体内容而论，服务人员在工作岗位上绝对不宜使用的服务忌语主要有如下四类。

1. 不尊重之语

在服务过程之中，任何对服务对象缺乏尊重的语言，均不得为服务人员所使用。在正常情况之下，不尊重之语多是触犯了服务对象的个人忌讳，尤其是与其身体条件、健康条件方面相关的某些忌讳。

例如，在对老年的服务对象讲话时，绝对不宜说"老家伙""老东西""老没用"等。即便提的并不一定就是对方，对方也必定十分反感。至于以"老头子""老婆子"一类的称呼来称呼老年人，则绝对是不应该的。

在跟病人交谈时，尽量不要提“病号”“病鬼”“病秧子”一类的话语。若没有什么特殊的原因，也不要提及对方的身体好还是不好。应当意识到，绝大多数病人都是“讳疾忌医”的。

在面对残疾人时，切忌使用“残废”一词。某些歧视、不尊重残疾人的提法，诸如“傻子”“呆子”“侏儒”“瞎子”“聋子”“瘸子”之类，则更是不宜使用的。

在接触那些自认为身材不甚理想的人士时，对他们自己最不满意的地方，例如，体胖之人的“肥”、身高不高之人的“矮”，都不应当直言不讳。

与不懂行者接触，则无论如何不能说对方“蠢”“笨”“土”“二”“十三点”或“二百五”。

2. 不友善之语

在任何情况下，都绝对不允许服务人员对服务对象采用不够友善甚至满怀敌意的语言。只有摆错了自己的实际位置，或者不打算做好服务工作的人，才会那么做。

例如，在服务对象要求服务人员为其提供服务时，后者以鄙视前者的语气说：“你买得起吗”“这是你这号人用的东西吗”“这不是你的菜”，等等。

当服务对象表示不喜欢服务人员推荐的商品、服务项目，或者是在经过了一番挑选后感到不甚合意、准备转身离开时，服务人员在服务对象身后小声嘀咕：“没钱还来干什么”“装什么大款”“一看就是穷光蛋”，等等。

有时，当服务对象对服务感到不满，或是提出一些建议、批评时，有个别的服务人员居然会顶撞对方说：“谁怕谁呀，我还不想侍候你这号人呢”“你算什么东西”“瞧你那副德行”“我就是这个态度”“愿意去哪儿告去都行”“本人坚决奉陪到底”，等等。

凡此种种，不仅皆属于不友好之语，而且还是不友好到了极点。在工作中如此对待服务对象，既有悖于职业道德，又有可能无事生非，或者进一步激化、扩大事端。

3. 不耐烦之语

服务人员在工作岗位上要做好本职工作，提高自己的服务质量，就要在接待服务对象时表现出应有的热情与足够的耐心。要努力做到：有问必答，答必尽心；百问不烦，百答不厌；不分对象，始终如一。假如使用了不耐烦之语，不论自己的初衷是什么，都是属于违规的。例如，当服务对象询问某种商品的功能时，不允许服务人员答以“我不懂”“我不会”“我也不知道”“从未听说过”。

当服务对象询问具体的服务价格时，不可以训斥对方：“你自己看去”“那上面不是写着吗”“瞪大眼睛自己看去”“没长眼睛吗”，等等。

当服务对象要求为其提供服务或帮助时，不能够告诉对方：“着什么急”“找别人去”“凑什么热闹”“那里不归我管”“老实等着”“吵什么吵”，或者自言自语“累死了”“烦死人了”，等等。

当下班时间临近时，不许驱赶服务对象："下班了""抓紧时间""赶快点""你自觉点""还让不让我吃饭"，等等。

4. 不客气之语

服务人员在工作中，客气话是一定要说的，而不客气的话则坚决不可以说。

在劝服务对象不要动手乱摸乱碰时，不能够说："老实点""别乱摸""把它摔坏了你管赔不管赔"，等等。

当服务对象交款时，不能为图省事而告之以"不收现金"，或"不收零钱"。在需要服务对象交零钱，或没有零钱可找时，直截了当地要对方"拿零钱来"，或告知对方"没有零钱找"，都极不适当。

当服务对象提问时，绝对不能同对方说："你管那么多干什么""不买东西别问""你问我，我问谁"，等等。

服务人员在工作岗位上所不能使用的服务忌语，不一定非要死记硬背，而要努力成为一个"有心人"，时时刻刻牢记服务忌语的危害之处，久而久之，自然就不会随口乱讲了。

四、书面用语

在具体的服务工作中，服务人员都会经常接触或使用书面用语。书面用语的使用，既有一般语言使用的普遍性的要求，也有其自身特点所决定的一些特殊性要求。

书面用语，简称书面语，它所指的是使用文字、符号所书写出来的语言。在一般情况下，书面用语这一提法往往是相对于口头用语而言的。

服务人员在自己的工作岗位上，时常需要在提供服务或以服务为主要目的的情况下，亲自动手书写电子函件、书信、条据、合同、通知、告示，或者在对商品、服务具体进行说明、介绍时用到书面用语。若从事这一类工作时不对自己使用的书面语言加以规范，往往会使服务质量受到影响。

应予强调的是：服务人员工作中使用的书面用语自有其独特之处。一般说来，服务行业所使用的书面用语，大都具有以下四个方面的主要特点。

（1）**服务性**

在服务行业中所使用的书面用语，自然主要以服务于消费者为其基本目的。此即它的服务性。不论传播信息、沟通联络、展业营销、介绍业务，还是作为凭据，它们大都以服务工作中的一种实用性工具的面目而出现。从其主要内容到其具体表现形式，无不具有极强的服务性质与浓厚的服务色彩。

（2）**凭据性**

对于广大服务对象而言，服务

人员在为其服务时所使用的书面用语，经常会被视为一种具有一定信用性或约束力的证据而备受重视。此即它的凭据性。在一般情况下，它有助于服务单位建立自己的良好信誉，并且使服务对象增强对服务单位的信任、满意程度。如果服务单位与服务对象之间发生了纠纷，它还具有一定的法律证据的作用。

（3）**缜密性**

为了更好地提供服务，更为准确地为服务对象所理解，并且避免让自己陷入被动、麻烦，或引起法律纠纷，服务人员在具体使用书面用语时，必须格式规范、书写清晰、行文标准、用词恰当、表达周全、含义精确。此即它的缜密性。在任何情况下，服务人员在服务过程中具体使用书面用语时，都必须三思而后行、深思熟虑、再三检查，力求缜密严谨，防止出现笔误或歧义。

（4）**严肃性**

服务人员以服务为目的而使用的书面用语，显然与私人交往中所使用的书面用语有所不同。后者的一般做法是轻松、随意，无须过多地字斟句酌，而且可以不拘常规。与此有别的是，使用于服务行业中的书面用语则必须以严肃、认真、规范为第一要旨。此即它的严肃性。唯有达到了这一要求，才能更好地发挥书面用语的作用，才能够体现出其使用者良好的专业素养。

在日常工作之中，需要服务人员使用书面用语之处甚多，小到价签、发票、便条、通知，大到协议、合同、介绍、说明、告示、书信、传真、微博、微信、电子邮件，服务人员都有可能需要亲自动笔书写。在服务过程中，服务人员所使用的书面用语，要做到正确无误、工整清晰、内容完整、简明扼要。这四个方面的具体要求，就是服务人员在具体使用书面用语时必须严格遵守的基本礼仪规范。

（一）正确无误

在正式的服务过程中，正确无误是对服务人员使用书面用语的一项首要的要求。原因十分简单，假如服务人员在使用书面用语时稍有失误，例如，在书写价签、发票、说明时出现笔误，或者掉字，则既有可能直接影响到自己的服务质量，又有可能引起误会，甚至还有可能会授人以柄。过去，服务行业中曾流行一句与此相关的警句：“一字之差，可使自己倾家荡产。”

服务人员在使用书面用语时要力求正确无误，就要从以下两个方面着手：其一，在使用书面用语时必须审慎对待、一丝不苟。有了思想上的高度重视，平时就不大容易在这方面犯错误。其二，在使用书面用语时，必须注重具体行文的规范。而要达到这些要求，通常又要注意如下三点。

（1）**书写正确**

在使用书面用语时，一定要做到书写正确。在使用汉语时，一般均应采用标准的简化字，而忌用繁体字、非标准的简化字以及错别字。在使用外语时，则必须要采用正确的拼写方式，并且要严守语法规则。在需要书写数目时，该使用汉字还是阿拉伯数字，该大写还是小写，均须依照有关规定书写。

（2）**理解正确**

在中文与外文里，每个词汇都有着自己的本义与引申义，每一种具体的表达方式往往约定俗成。因此，服务人员在使用书面用语遣词造句时，应反复推敲、字斟句酌，并须力戒不懂装懂，想当然地滥用词语。对于某些并非人人皆知的专用名词、行业术语、外文缩写或特定的简称，也不宜随意使用。因为个人理解上所存在的偏差，时常也会影响到书面用语使用的正确性。

（3）**格式正确**

书面用语的使用，大都需要借助一定的具体格式。不同格式的行文，通常都有一些不同的具体要求。在使用某一文体写作时，对其具体格式必须认真地“照章办事”：该空格处就要空格，该分段时就要分段，该使用某种约定俗成的表达方式时则必须使用。

（二）工整清晰

在服务过程中使用书面用语时，还必须努力书写得工工整整、清清楚楚，容易辨认。如果服务人员在使用书面用语时不注意其工整清晰与否，不仅有可能妨碍其效果，还有可能会令人感到其使用者过于马虎大意。服务人员在具体使用书面用语时要使之工整清晰，应当重点在下列四个方面有所注意。

（1）**一笔一画**

服务人员在书写书面用语时必须一笔一画、按部就班。在任何情况下服务人员都要防止自己字迹潦草的情况出现。如果写起字来龙飞凤舞，犹如天书一样让人难以辨认，只能证明书写者孤芳自赏、目中无人，并有可能令服务对象对此莫名其妙，甚至误解其本意。

（2）**大小适中**

服务人员在使用书面用语的过程中，务必注意自己所书写的字体的大小。需要指出的是：字体过大，会显得过于张扬；字体过小，则使人阅读困难。二者都是不合适的做法。在具体进行书写时，既要善于在谋篇布局上进行宏观的把握，又要巧于在篇幅大小上缜密构思。在条件允许的前提下，应力求使字体的大小恰到好处。还要注意的是：在利用信笺、表格进行书写时，必须使文字与数字入行入格，而不可随随便便地在行、格之外“自由行动”。使用多媒体或进行电子文件排版时，不论文字、数字、符号的使用，还是其具体格式，均应符合相关的规范。

（3）**美观整洁**

具体使用书面用语时，相当重要的一点是：要保持书写之后的美观整洁。要做好这一点，在下笔之前就要深思熟虑，在行文之时则要专心致志，以免笔误或墨迹斑斑。万一发现在书写中出现了错别字、掉字或错句，要么认真使用涂改液进行补正，要么重新再写一遍，千万不要将错就错、得过且过，也不要随意在已经完成的篇幅上打叉、勾画、圈点、涂改，或者随处添加。把自己书写的文字搞得到处都是"补丁"，只能说明自己马虎大意。要是以之交付服务对象，则更不会令对方产生任何好感。

（4）**符合习惯**

在使用书面用语时，务必在选择具体的书写工具时符合习惯做法。用来进行书写的纸张，应当薄厚大小适度、耐折耐磨耐用，并且吸墨好、不易洇。其色彩与光洁度，亦应符合书写的特定要求。服务人员在工作岗位上进行书写时，所选择的笔具主要有钢笔、毛笔与圆珠笔。钢笔与毛笔，主要用来书写正规的函件、告示、文本；而圆珠笔的使用，则多见于书写便条或填写票据。在一般情况下，不宜使用铅笔。在书写正式文件时，通常不宜使用圆珠笔，而只能采用毛笔或钢笔。在选择墨汁、墨水或圆珠笔油时，亦有一定的讲究。使用毛笔时，则只宜采用黑色墨汁，而不宜代之以各色油彩、水彩。使用钢笔时，宜用黑色或蓝黑色墨水，而不宜使用纯蓝或其他各种彩色墨水。使用圆珠笔时，只宜选用黑色与蓝色的圆珠笔，不宜滥用其他颜色的圆珠笔。在电子媒介上使用书面用语时，也要兼顾绝大多数人的阅读习惯。其字体大小要注意，表情包与感叹词要少用，色彩与背景不宜令人眼花缭乱。与此同时，还要少用背景音乐与无关的动画、美图。

（三）内容完整

在正式场合使用书面用语时，其具体内容的完整与否，从某种意义上讲，往往比正确无误、工整清晰显得更为重要。因为只有内容完整的书面用语，才能真正起到其本应起到的作用。

要使服务人员所使用的书面用语真正做到内容完整，除了必须努力阅读、勤学多练之外，重要的是：在具体写作时，必须认真牢记并做到语句完整、结构完整、表达完整。具体而言：其一，语句完整。它是内容完整的基本前提。其二，结构完整。它是内容完整的重要条件。其三，表达完整。它是内容完整与结构完整的主要目的之所在。三者相辅相成、相互关联。如欲做到写作内容完整，对这三个方面就要给予同等重视，任何一个方面都不可疏忽大意。在具体运用书面用语时，出于确保其内容完整的需要，服务人员还应注意下列两个问题。

注重细节

在写作过程中，需要认真注重许多具体的细节。在不少情况下，内容的不完整往往不是写作者的水平不高所致，而是写作中的某些细枝末节上发生了问题。对服务行业中的书面写作而言，最容易导致内容不完整的细节问题主要出自下列六个方面。

（1）随意杜撰词语

任何词语的使用，都有其约定俗成之规。不然的话，人们在相互沟通过程中便会产生障碍或误解。在书面写作中随意杜撰词语，往往难为他人所理解或接受。

（2）任意使用外文

外文的使用，只有在特定的情况下才更容易奏效。在书面写作中任意使用外文，如果面对的是并不认识它的对象，肯定不利于写作内容的完整表达。

（3）滥用方言俚语

只有在面对同乡或文化背景相近的人时，在书面写作中使用方言俚语才会给人以亲近之感；反之，则会使交往对象既读不懂、不明白其具体含义，又从心里产生不快。

（4）语句长短不当

在书面写作时，语句的长短一定要根据具体需要而定，当长则长，当短则短，千万不要任意行事。句子过长，通常会使人产生理解方面的困难；句子过短，则又有可能有碍于其具体内容的完整表达。

（5）标点符号不对

在各类应用文的书面写作中，标点符号经常发挥着画龙点睛的功效。在不少情况下，点错了一个小数点，便会因此造成经济损失；少写了一个逗号，本意便会被人理解得差之千里。因此，千万不可错误地使用标点符号。

（6）数据日期不准

服务人员在具体进行书面写作时，对于事关重大的某些数据、日期，一定要慎之又慎。应当重视的是，既要防止错写、漏写、写作不规范等错误的出现，又要严防自己在书写数据、日期时考虑不周，给个别用心不良之人涂抹、篡改的机会。

反复检查

在书面写作之后，要反复阅读检查已告完成的内容。前人关于写作曾有经验之谈："文章是改出来的。"此话可谓至理名言。虽然应用文的写作不以流传千古为目的，但若一挥而就之后对其再也不读、不看，搞不好就有可能出现误人误己的"次品"或"废品"。本着对个人负责、对他人负责、对本职工作负责、对单位负责的宗旨，服务人员在使用书面用语写作完成之后，一定要再三予以核查，至少也要将其认真通读、检查一到两遍。

(四) 简明扼要

服务人员使用于工作岗位上的书面用语，绝大多数都可被视为服务应用文。服务应用文，自然以服务为其主要目的。因此，服务人员在具体使用书面用语提供服务时，务必以服务为本、务实为重。要真正做到这一点，通常就要求服务人员所使用的书面用语必须简明扼要。

行文的要求

要求服务人员所使用的书面用语简明扼要，就是要使之简略、概括、精练，既抓住了陈述问题的要点，又易于被服务对象所理解。在使用书面用语时做到简明扼要，不仅是书面用语自身的要求使然，而且也出自服务行业的实际需要。

在具体进行写作时，服务人员要做到行文简明扼要，就应当重视下列四点。

(1) **不该写的内容别写**

有些内容，与写作的根本目的毫无关系。对此类东西，在写作时千万不要随意添加进来。

(2) **可不写的内容别写**

某些具体内容，对于服务人员而言，是既可以写，又可以不写的。在一般情况下，对其最佳的处理方式是：尽量别写。

(3) **不准写的内容别写**

按照服务行业的有关规定，某些内容是服务人员在其写作服务应用文时所不准书写的。遇到此种情况，即便服务对象对自己恳求再三，甚至威胁利诱，服务人员也千万不要为其所动。

(4) **不好写的内容别写**

在不少时候，服务人员在写作服务应用文时，总会感到某些具体内容不大好写。处置此类情况的一个好办法，就是不好写的内容不写或者少写。

例行的禁忌

要做到使用书面用语的简明扼要，服务人员在具体进行写作时，还须有意识地避免下述四个方面的禁忌。

(1) **忌感情用事**

在写作服务应用文时，在行文中固然要注意待人热情而礼貌。但是，在此方面需要适可而止，千万不要滥用感情。在写作中，过分地洋洋洒洒，只会给人以虚假之感。

(2) **忌滥用虚词**

行文简明扼要的一个捷径，是进行写作时应尽量少用虚词。虚词不能单独成句，其含义比较抽象，但具有一定的帮助遣词造句的作用。在写作中不用任何虚词不大可能，但若使用其过多也毫无必要。

（3）忌过度修辞

写作服务应用文时，不可能不使用某些修辞方法。然而修辞方法使用得过多、过度，往往也是于事无益的。

（4）忌过多口语

一般而言，写作服务应用文时虽不必咬文嚼字，但也不宜过多地使用口语，否则便会显得不够正式。

五、电话用语

在现代信息社会中，电话的应用早已十分普遍。服务人员在自己的工作岗位上，时常都有可能利用电话同服务对象进行交谈，甚至还会进行电话营销。从某种意义上讲，使用电话这一行为本身，对于服务人员而言也是一种服务。在具体使用电话时，尤其是与服务对象直接进行通话时，服务人员的所作所为是否得当，与其服务水平大都紧密相关。

除视频电话外，服务人员日常工作中使用电话的一大特点是：通话双方彼此之间互不见面。一方的神态表情、举止动作，另一方往往是看不见的。在这种情况下，主要发挥作用、影响通话的直接效果的，往往便是通话者的声音、通话者的态度和通话者所使用的言辞。此三者，一般被人们称为“电话三要素”。它们不仅与通话内容直接相关，而且也直接影响着通话双方之间的相互关系。

一位传播学专家曾经指出：“不论在工作单位里还是在社会上，只凭一个人在电话里讲话的方式，就可以判断出其教养水准。”他所提到的“一个人在电话里讲话的方式”，就是由通话者的声音、通话者的态度以及通话者所使用的言辞，即“电话三要素”所构成的。服务人员在使用电话通话时要做到彬彬有礼、表现得体，就必须在通话方式上对自己严格要求。

严格地讲，服务人员所使用的电话用语，实际上也是由口头用语与书面用语两大部分所构成的。在一般情况下进行电话交谈时，通话双方主要使用的是口头用语。而在某些特殊的情况下，例如，需要进行电话记录或者收发传真时，则通话双方或其中某一方还往往必须使用书面用语。因此，服务人员在学习、运用电话用语时，对于在口头用语与书面用语两个方面的有关礼仪规范均须加以注意。

（一）电话的口头用语

服务人员进行电话通话时，在口语方面所应当注意的问题主要有以下几方面。

做好准备

打电话的规则

打电话，往往需要提前做好准备。在打电话之前，通话双方，尤其是率先拨打电话的一方，通常都要进行必要的准备。

1. 拨打电话

具体而言，服务人员拨打电话所应当进行的准备工作，大体上有五个方面。

（1）备好电话号码

在有条件的情况下，拨打电话之前，必须准确无误地预备或查找好对方的电话号码。必要时，还可同时准备好联络对方的其他的有效方式，如移动电话、座机的号码，或者对方其他的几个电话号码，以备在难以拨通头一个电话号码时使用。

（2）拟好通话内容

在联络服务对象之前，大凡重要的电话通话，都应当提前对通话内容有所准备。在进行重要的电话通话之前，最好先拟好一份通话提纲。在正式通话时以此为参照，既可以节约时间与费用，又可以抓住重点、条理分明、不易遗漏。

（3）慎选通话时间

服务人员在拨打电话给他人时所选择的通话时间，首先应当考虑对方是否方便，而不允许利己而不利人。在一般情况下，拨打给他人的电话不宜选择过早、过晚或私人休息时间。节日、假日、周末、午休或常规的用餐时间，通常均不宜选择。打电话去国内的某些偏远地区或国外时，还应当考虑本地与当地的时差等因素。

（4）挑准通话地点

因公进行电话通话前，对于通话的具体地点亦应有所斟酌。除要兼顾现有条件之外，还应当在选择通话地点时考虑以下几个因素：一是将要使用的电话的主要功能能否满足通话的基本要求；二是通话内容是否具有保密性，需要保守业务秘密的电话一般不宜在大庭广众之下拨打，尤其是不宜使用外单位或电话亭的电话拨打；三是不宜利用本单位电话拨打私人电话，切勿假公济私、贪占单位的便宜；四是尽量不要借用外人的电话，特别是不宜长时间借用。借用其拨打国内、国际的长途电话，则更为不妥。

（5）恭候对方回复

要求他人在指定时间来电话时，一定要准时恭候在留给对方号码的座机或移动电话前，以等待对方的回复。至少在约定时间前后的一刻钟之内，是不宜贸然离去的。同时还须切记，在此期间应不再使用留给对方号码的座机或移动电话通话，否则就极有可能使对方打不进来电话。

2. 接听电话

服务人员在工作岗位上接听电话，通常也需要事先做好必要的准备，做到有备无患。对于服务单位与服务人员个人而言，常规的准备工作主要有三个。

（1）**确保畅通**

服务单位对外联络所用的座机与移动电话，均应确保其畅通。因此，服务单位的电话，尤其是已经对外公布号码的热线电话或服务电话座机，一定要经常检查。发现故障之后要及时检修。更改号码后，则要及时对外公告，以保证其畅通。

（2）**专人值守**

服务单位对外联络所用的电话，一般均应指定专人负责。在上班时间内，要保证其随时有人接听，免得有碍于工作。

（3）**进行记录**

在不少时候，服务人员都可能会需要将外来的电话全部或部分地记录在案，作为资讯或转达之用。记录电话一般有三种主要方法：一是进行簿记；二是进行板书；三是进行录音。不论具体采用何种记录电话的方法，都应当将必要的工具，如笔、纸、记事板、录音机等，提前一一备好。

检点表现

在具体进行电话通话时，通话双方虽然不一定有机会利用可视技术看到对方，但双方的现场表现，却依旧是彼此都可以感觉得到的。

人们在进行电话通话时的具体表现，主要见诸双方通话时的声音与态度。要求服务人员在通话时以礼待人、检点各自的通话表现，实际上就是要求其不论在拨打电话还是在接听电话时，都要对自己的声音与态度进行有意识的调控。

在通话的整个过程中，通话双方均应在个人表现方面注意的主要问题有以下两个。

1. 声音清晰

电话交谈，主要是借助于声音进行的。由于线路、距离以及其他方面的原因，电话里的声音多多少少会有一点儿失真。这种情况假如过于严重，就会直接妨碍通话的效果。所以通话双方在打电话时，都要力求使对方听清楚自己的声音。

要在通电话时确保声音清晰，主要有五点注意事项。

（1）**咬字准确**

通话时，如果咬字不准、含含糊糊，自然难以让人听清、听懂。

（2）**调控音量**

在通话时，音量的高低极为重要。过高的音量会令人耳鼓不适，过低的音量则又会使人听不清楚。在正常情况下，通话时的音量以对方听得清楚而又感觉舒适为宜。

（3）**速度适中**

与面对面的交谈相比，通电话时讲话的速度应当适当放慢，否则就可能产生重音。但也不宜过慢，否则就会给人以有气无力、勉强应付之感。

（4）**语句简短**

通电话时，双方所使用的语句应当力求简练、短小。这样做不仅可以节省双方的时间，而且也有助于提高声音的清晰度。

（5）**姿势正确**

双方在通话时，皆应站好或坐好。不要随意在通话时走动，或是兼做其他事情。持握电话的正确姿势是：双手将其轻轻握好，听筒一方靠近耳部约一厘米处，话筒一方则距离口部约有一厘米的间隔。电话若与自己间距不当的话，也会使声音不够清楚。

2. 态度平和

服务人员在利用电话与他人进行联络时，必须有意识地保持平和的待人态度。在通话时，服务人员的态度显得异常亲近，或者过度冷漠，都会令人难以接受。

服务人员在通话时要做到态度平和，主要是要求其平等待人，以便更好地为服务对象服务。要做到这一点，通常要求服务人员在通话时重视以下三点。

（1）**不卑不亢**

与他人进行通话，不论双方熟悉与否、关系如何，不论人求我还是我求人，服务人员都要以尊重友善的态度对待对方。既不允许妄自尊大、盛气凌人，也不允许低三下四、曲意逢迎。

（2）**不骄不躁**

在工作岗位上与任何人通话时，服务人员都要保持冷静的头脑，约束自己的态度。在任何情况下都不允许在电话中滥发脾气、训斥他人、指责对方，甚至对通话对象恶语相加。在电话中发牢骚、说气话、讽刺或挖苦人，也是不应该的。

（3）**不忘职责**

服务人员在工作岗位上打电话时务必牢记：自己是“守土有责”的。该打的电话不打，该接的电话不接，该转的电话不转，随意中断通话，或者在通话过程中对对方保持沉默、不理不睬甚至无端地挂掉，等等，无论如何都是一种失职的行为。

在通话的具体过程中，拨打电话的一方与接听电话的一方，各自通常还有一些在态度上需要注意的事项。

作为拨打电话的一方，服务人员在通话态度上须注意以下四点事项。

（1）**通话要见机行事**

打电话时，主动权一般掌握在拨打电话一方的手里。尽管如此，服务人员在拨打电话时亦应注意对方的反应，见机行事，切勿居高临下。倘若感到对方反应不够及时或积极，可询问一下对方此刻通话是否方便。必要时，可暂时中断通话，过会儿再打。

（2）**拨错要及时道歉**

万一因为误记、误拨等原因而将电话打错，在得到确认以后，一定要主动向对方赔礼道歉。不要若无其事地一声不吭，更不宜向对方滥发脾气。

（3）**时间要有所限制**

在正常情况下，出于对通话对象的尊重，通话时切勿时间过长。一般来讲，每次通话的具体时间以3～5分钟为宜。通话时拖延的时间过长，对于交谈对象是不够尊重的。

（4）**话筒要轻轻挂上**

依照惯例，应由通话双方之中地位较高者负责挂断电话。拨打电话者在挂断电话时，依例应先向通话对象暗示此意，然后再以双手轻轻将话筒放下。挂断电话时切勿一言不发、随手猛掷；或者在对方意犹未尽时，自作主张地令通话戛然而止。

作为接听电话的一方，服务人员在通话态度上所须注意的主要事项也大致有四个。

（1）**积极接听**

在接听电话时，不要有意拖延时间，或是对其存心置之不理。服务礼仪要求，当电话铃声响起之后，应在铃响三次左右及时予以接听。在通话中如请对方稍等片刻，则不宜长于1分钟。

（2）**全力呼应**

接听外人拨打进来的电话时，切勿表现得漫不经心。当通话因故中断后，接听的一方应立即拨打电话给原拨打电话的一方，并说明电话中断的具体原因，免得对方对此产生怀疑。

（3）**善解人意**

遇到错打进来的电话，服务人员不可因此而对对方大发脾气。有可能时，不妨协助对方核实或查找一下对方所要拨打的电话号码。因故不宜接听他人的电话时，必须先向对方道歉并讲明原因，随后再在双方约定的时间里，主动且准时地打电话给对方。请对方过一会儿再打进来的做法，则未必适当。

（4）**巧于结束**

若在通话时无意将其继续下去，一般不宜直言相告。一个巧妙的方法是：告诉对方有客人到访，有人召唤自己，或者又有另外一个电话打了进来，因为遇上此类情况时，再继续目前的通话是失礼的。万不得已打算这么做时，别忘记向通话对象道歉，并告诉对方，希望以后有机会再与对方继续畅叙。

讲究内容

在整个电话通话进行的过程中，双方都要注意通话的具体内容。

服务礼仪规定，在通话初始、通话中途以及通话告终时，服务人员通话的基本内容不仅各异，而且具体规范也多有不同。

1. 通话初始的规范

通话初始，是打电话的第一个阶段。在这个阶段之中，对于通话双方的主要要求有三项：一是互相问好；二是自我介绍；三是进行确认。

在通话之初，双方开口所讲的头一句话就是问候对方，既可以恭敬地问候对方“您好”，也可以和蔼地问候对方“你好”。不允许张口闭口对对方“喂”个不停，也不应当开门见山地直奔通话的主题而不用问候语。需要由总机接转电话时，同样有必要先问候对方。如果通话对方率先向自己问好，应立即以相同的问候语予以回应。

为了让通话对象了解自己的身份，通话双方在通话之初均应以适当的方式向对方略做自我介绍。在一般情况下，正式通话之初的自我介绍，主要分为以下六种类型。

(1) **仅报单位的全称**

正式通话之初的自我介绍，可以只报单位的全称。例如，“助你服务中心”“金源商厦”，等等。此种类型的自我介绍，一般适用于服务单位的电话总机或服务热线电话。

(2) **报出单位的全称与具体部门的名称**

正式通话之初的自我介绍，可以报出单位的全称与具体部门的名称。例如，“市第二人民医院医务处”“天通苑大饭店公关部”，等等。此种类型的自我介绍，主要适用于办公室电话。

(3) **报出电话号码**

正式通话之初的自我介绍，可以报出电话号码。例如，“7834010”“33375533”，等等。这一类型的电话自我介绍，主要适用于录音电话。

(4) **报出通话人的全名**

正式通话之初的自我介绍，可以报出通话人的全名。例如，“吕征”“云朵”“张珺”“武长江”“郑秋芬”“许珈嘉”，等等。这种类型的自我介绍，通常适用于由专人负责值守的电话，或是专人使用的电话。

(5) **报出通话人的全名与所在具体部门的名称**

正式通话之初的自我介绍，可以报出通话人的全名与所在具体部门的名称。例如，“财务部伊爱国”“客服中心李兵”，等等。这种类型的自我介绍，主要适用于内线电话和由总机接转的电话。

(6) **报出通话人的全名与单位的全称以及具体部门的名称**

正式通话之初的自我介绍，可以报出通话人的全名与单位的全称以及具体部门的名称。例如，“四方旅行社出境部姜海英”“市农业银行行长办公室钱克己”，等等。这种类型的自我介绍，大都适用于较为正式的对外联络电话。

以上六种类型的自我介绍，通常均应在通话双方相互问好之后使用。一般而言，其中尤以第六种类型最为正式，它的适用范围也是比较广泛的。

与当面交谈有所不同，若非使用可视电话，则在通话之初有必要相互确认一下对方的身份。在许多情况下，即使是熟人之间进行通话亦须这样做。进行确认的具体方式有两种：一是双方自我介绍；二是相互之间进行了解。后一种方式，主要是在通话的另一方未做自我介绍时使用。

拨打电话的一方，可以下述方法之一发问："请问是保险公司客户服务部吗？""请问于萍小姐在不在？""我想找销售部的负责人说话"。

接听电话的一方，则可以询问对方："您想找哪个部门""您找谁"，也可以询问："请问您是哪一位""请问您如何称呼"。

2. 通话中途的规范

通话中途，是打电话的第二个阶段，也是其核心阶段。在这一阶段中，通话双方既要讲究礼待对方，表达好自己的意愿，又不可不注意以下一些非常重要的细节问题。

(1) **内容紧凑**

在工作岗位上与人通话，主要是为了提供服务，服务人员对于这一点务必谨记在心。在一般情况下，通话时除了互致问候之外，不宜谈论与本职工作无关的话题。在接打电话时与通话对象东拉西扯，是一种缺乏个人修养的表现。当对方对此类内容冷漠时自己依然如故，则更是不恰当的。

(2) **主次分明**

在相互问好之后，通话双方即应立即转入主题。此时，拨打电话的一方应当单刀直入地告诉对方打电话的原因。有什么事情、有几件事情，应当首先讲得一清二楚。例如，可以告知对方："有一件事情想和您商量一下""有两件事情需要通知你"，等等。首先给对方一个整体印象，接下来再把自己预先声明的几件事情依次叙说一遍，做到主次分明、循序而行、有条不紊。

(3) **复述重点**

在通话过程中，为了确保重点内容能让对方明白无误地理解，必要时应对其加以适当的重复。诸如时间、地点、价格、规格、特征、用途，以及相关的数据、号码等，通常都是通话时应予重复的重点。在通话过程中，服务人员遇上自己认为是重点的问题，即应告知对方："请允许我重复"，而不要不管不顾，或是冒昧地询问对方："你能不能听清楚""记住了没有"。在事关重大之时，对重点内容可以重复再三。为确保万无一失，服务人员也可以恳请对方："请您重复一遍"。

(4) **积极呼应**

通话时间如果较长，或者通话之中的一方以较长的时间叙说某件事情时，另外一方必须全神贯注，认真倾听。不论自己认为对方谈论的东西是否重要，或者自己有无兴趣，都不可以长时间地沉默无语，对对方不进行任何配合。如果长时间地在接听电话时一言不发，往往会使对方怀疑自己听得很不专心，甚至根本没有在接听。在通话期间，欲使对方感觉自己始终都在专注地倾听，不妨经常以适当的短句对对方应声附和一下。这类短句常用的有：“是，是的”“好的，好的”“明白”“没错”“是这么回事”“请您继续说”“真跟您说的一样”，等等。

(5) 代接电话

在工作中，服务人员在接听电话时往往会遇上这种情况：拨打电话者所找的人暂时不在电话旁。在这种情况下，帮助对方是服务人员一种义不容辞的责任。接听电话后，如果发现对方要找的不是自己，亦应一如既往地保持友善的态度，不要语气大变或立即挂断电话，更不要对对方的其他请求一概拒绝。

一般而言，服务人员在代接电话时时常会遇到以下三类情况。

(1) 对方要找的人就在附近

服务人员代接电话时，对方要找的人有时就在附近。此时，应告知对方稍候片刻，然后立即去找。需要注意的是，不要立即大声喊人，不要让对方等候过久，也不要直接询问对方与所找之人是何关系，找他到底有何公干。

(2) 对方要找的人已经外出

服务人员代接电话时，对方要找的人有时已经外出。此时，应首先告知对方他要找的人已经外出，然后再去询问对方：来系何人，是否有事需要转达，或者愿不愿意留下姓名和电话号码。对方如有事需要转达，应认真记录下来，并尽快予以转述。如果事关重大，则最好不要再委托他人代劳，以防泄密。

(3) 对方要找的人不便接听

有些时候，对方找的人正在忙于他事，不便立即接听。此刻代接电话的人可如实地告之于对方，或者告知他要找的人已暂时外出。随后，可询问一下对方要不要自己代劳，或者要不要替双方预约个方便的下次通话时间。

3. 通话告终的规范

通话告终，是通话的第三个阶段，也是最后的一个阶段。在这一阶段，通话双方都应当遵守基本的礼仪规范，以便使双方的通话善始善终。在通话告终之际，通话双方应当遵守的具体的礼仪规范主要涉及下述五个方面。

(1) 再次重复重点

在通话即将告终之际，拨打电话的一方在自认为必要的情况下，可将通话内容的重点再次向对方复述一遍。为避免给对方以烦闷之感，在重复时应多多采用礼貌用语。接听电话的一方，有时也可以这么做。

(2) 暗示通话结束

通话的双方，其中尤其是主导通话的一方，皆可首先向通话对象发出即将结束通话的暗示，例如，“您还有什么吩咐”“那么就这样吧”“我要讲的就是这些”“还有没有别的事情”，等等。

（3）**感谢对方帮助**

在通话过程中，如果自己的请求得到另外一方的满足，或者对方直接给予了自己一定程度的帮助，则在即将结束通话时，勿忘向对方就此正式地进行道谢。

（4）**代向他人问候**

假定通话双方已是老友、故交，那么双方在通话结束之前，不妨相互问候一下对方的同事或家人。如长期未曾谋面或通话，则更应当这么做。

（5）**互相进行道别**

结束通话的最后一句话，应当是通话双方互道“再见”。在任何情况下，这句话都是人们在通话告终之际不可缺少的。假定不讲这一句话，服务人员的电话礼仪水准就会因此而打折。

（二）电话的书面用语

服务人员在进行电话通话时，往往还需要使用一些书面用语。作为口头用语的补充，有时书面用语还有可能跃升为主角。在通话时利用书面用语，主要应注意如下三个方面的问题。

做好电话记录

服务人员与服务对象或其他人互通电话时，尤其是在接听对方打进来的电话时，经常需要对对方的来话内容进行必要的记录，用以备忘。在进行电话记录时，除了要选择适当的记录工具之外，最重要的是要力求记好要点内容，并在记完要点之后进行核实。

按照常规，在进行电话记录时，其内容大致上应当包括“六 W”在内。所谓“六 W”，即以“W”为其首字母的六个关键的英文单词。

（1）第一个“W”是“who”，即“什么人”。记录要点应当包括对方的姓名、单位、部门、职务、电话号码，等等。在记录总机接转电话或外地电话时，分机号码与电话区号、国家代码皆不可缺少。

（2）第二个“W”是“when”，即“什么时间”。记录要点应当包括对方打来电话的具体的年、月、日、时、分。

（3）第三个“W”是“where”，即“什么地方”。记录要点应当包括对方所在的地点，以及接听电话者当时所处的具体地点。

（4）第四个“W”是“what”，即“什么事情”。记录要点主要是通话时双方讨论的具体事情，记录此项时以条理清晰、内容完整、要点明确为佳。

（5）第五个“W”是“why”，即“什么原因”。它所指的是通话的主要原因，或者双方所讨论的某些事件的前因后果。

（6）第六个“W”是“which”，即“什么处理方式”。它一般指的是进行电话记录的一方事后对该记录所做的处理。

以下是一份包括上述“六W”要素在内的接听电话记录表（见表4-1），可供服务单位、服务人员参考。

表4-1　接听电话记录表

接听电话记录表

No. 00066

来话人：

姓　　名：________________

单位部门：________________

职　　务：________________

电话号码：________________

来话时间：

________年____月____日____时____分

通话地点：

来话人地点：________

受话人地点：________

通话要点：

1. ________________________

2. ________________________

3. ________________________

结束时间：

________年____月____日____时____分

处理要点：

1. 交由____________进行处理

2. 请由____________尽快回电

3. 约定____________再来电话

4. ________________________

记录人：________________

本次通话时长：________________________

管好电话记录

做好电话记录后，还须认真进行妥善的管理。只做记录而忽视对电话记录进行必要的管理，往往会前功尽弃。

要管好电话记录，主要要求经手办理此事的服务人员认真注意如下四点。

（1）**精心保管**

做好电话记录后，一定要精心保管。切勿随手乱扔乱放，以免需要时难以找寻。有鉴于此，尽量不要在手机上、报刊上、文件上或便条上进行重要的电话记录。

（2）**严格保密**

对于重要的电话记录，尤其是当其涉及行业秘密之时，务必严格保密。在一般情况下，单位专用的电话记录簿须由专人负责保管。不准将其广为传阅，或者随意向外界披露。未经允许，其他服务人员不得随意翻阅本单位专管专用的电话记录簿。

（3）**及时处理**

进行电话记录后，有关人员应及时对其进行必要的处理。该汇报的要汇报，该传达的要传达，该转告的要转告，该办理的要办理。最重要的一点，是不要随意拖延处理时间。在交接班时，有关负责人员要认真做好未曾处理的电话记录的交接。

（4）**迅速反馈**

有关人士在接阅电话记录后，应尽快对需要着手办理的事宜进行处置。必要时，要向相关人员或部门通报处置情况。对电话记录中某些尚不清楚的情况，可再进行必要的了解。

▌善于利用传真

目前，许多服务单位都在使用电话传真一体机对外保持联络。在使用传真时，应重视以下三点。

（1）**掌握功能**

使用传真的第一要旨，是要掌握其基本功能。假如对传真的主要功能了解不够，就难以使其真正发挥作用。例如，图案、表格的传真效果通常均有可能失真，因此需要对其慎用。

（2）**拟好文稿**

用来传真的文稿，一定要提前拟好。它务必简单明了，以便节省费用。无关大局之事，一般不必利用传真。书写或打印、输入传真稿时，字体要大而清楚，并要保持适当的间隔与行距，不然发送之后就有可能不够清晰。

（3）**联络确认**

在收发传真时，一定要进行必要的联络与确认。具体而言，为防止失误，发出传真前，应先向接收方拨打电话。其主要目的，一是确认一下对方号码是否有误；二是告知对方准备接收。传真发送完毕之后，如有必要，亦须再次拨打电话确认一下对方是否已经收到刚刚发送的传真。

思考题

1. 为什么需要进行服务语言的系统学习?
2. 服务语言的运用有何主要原则?
3. 哪些是服务行业必用的礼貌用语?
4. 服务行业的礼貌用语有什么主要特点?
5. 常用的服务行业的礼貌用语有哪些基本类型?
6. 什么是服务行业的文明用语?
7. 服务人员怎样才能在工作中做到称呼恰当?
8. 服务人员怎样才能在工作中做到口齿清晰?
9. 服务人员忌用哪些不文雅的语词?
10. 什么是服务行业的行业用语?
11. 什么是行业用语使用的三T原则?
12. 服务人员如何才能做到不使用服务忌语?
13. 在使用书面用语时,怎样才能做到正确无误?
14. 如何确保书面用语内容的完整?
15. 服务人员在通电话时应如何注意自己的通话表现与通话内容?
16. 如何才能在工作岗位上做好电话记录?

第五章 服务人员的岗位规范

服务人员的岗位规范，在此指的是对服务人员在其工作岗位上所作所为的标准化、正规化要求。服务人员只有在工作岗位上严格遵守相关的岗位规范，并且为服务对象提供规范化的服务，才能真正做到『服务美』。

学习目的

- 重视岗位规范与规范服务。
- 在工作岗位上规范自己的所作所为。
- 掌握基本的岗位规范。
- 力争做到“服务美”。
- 避免在工作岗位上表现失当。

本章要点

- 本章所讲授的是服务人员的岗位规范。它在此是指对服务人员在其工作岗位上的所作所为的标准化、正规化要求。遵守岗位规范与提供规范化服务二者并重，才能做到“服务美”。
- 本章第一部分讲授的是岗前准备，它具体涉及：自身准备、环境准备、工作准备等。
- 本章第二部分讲授的是顾客接待，它具体涉及：待机接触、拿递展示、介绍推荐、成交送别等。
- 本章第三部分讲授的是导购推销，它具体涉及：接近顾客、争取顾客、影响顾客等。
- 本章第四部分讲授的是直播销售，它具体涉及：合法销售、合礼销售。
- 本章第五部分讲授的是纠纷处理，它具体涉及：律己从严、待人从宽等。
- 本章第六部分讲授的是位次安排，它具体涉及：会客、会谈、会议、签字、合影、乘车、宴请、国旗悬挂等。

在自己的工作岗位上，服务人员必须严格地遵守相关的岗位规范。在此特别应当明确的一点是，服务礼仪的核心内容，就是有关服务人员的岗位规范。在服务于人时，服务人员如果对有关的岗位规范一无所知，或者明知故犯，那么遵守服务礼仪就必定会变成一句空话。

服务人员的岗位规范，亦称服务规范，它所指的主要是服务人员在其工作岗位上面对服务对象时要遵守的，以文明服务、礼貌服务、热情服务、优质服务为基本准则的各项有关服务标准和服务要求。《礼记》上说："礼义以为纪"，"以设制度"。简言之，它实际上就是服务人员在从事服务时的标准的、正确的做法，就是服务人员在岗所须遵守的岗位礼仪。

从具体内容上来讲，服务人员的岗位规范主要是由服务态度、服务知识与服务技术三大部分所构成的。三者互相关联，在实际的服务工作之中缺一不可。

其一，服务态度。它在此指的是服务人员在服务时临场的主要表现。标准的、正确的服务态度，应当是主动、热情、耐心、周到。

其二，服务知识。这里主要是指服务人员在服务过程中理应具备的专业技术知识。唯有在这方面狠下功夫，服务质量才可能真正有所提高。

其三，服务技术。它一般指的是服务人员在服务的整个过程中所须运用的、具有一定可操作性的技能与技巧。它不仅与服务知识有关，而且往往可以体现出一名服务人员的服务经验、服务态度、服务质量和服务水平。

在一般情况下，如果依据服务过程中的不同阶段来进行划分，服务人员的岗位规范可以具体分为岗前规范、岗上规范与岗后规范三部分。在学习、遵守岗位规范时，必须三者并重。若是只讲究其一，不论其他，便不能被视为在遵守岗位规范方面表现良好。

要求服务人员遵守岗位规范，主要意在规范服务。规范服务，又叫规范化服务。它的主要含义是：有关服务单位根据已被标准化、成文化、条例化的服务规范，对本单位的全体从业人员进行严格的要求、管制和监督，从而促使服务工作完全依照本单位、本行业统一的服务规范的具体要求展开。

从根本上讲，推行规范化服务，在社会主义市场经济的条件下，是我国的各个服务单位和服务组织实现其交换职能，有效地组织流通，保障物畅其流、服务到位和社会再生产得以顺利进行的重要措施和基本手段。

推行服务行业规范化服务的主要出发点，是要提高服务机构的整体服务质量，即全面提高其经营质量、管理质量和工作质量，用高水准的经营、高效率的管理、高质量的工作、高标准的服务，更好地为服务对象服务、为人民服务、为社会服务、为我国的社会主义现代化事业服务。

对于服务人员而言，遵守服务规范与进行规范服务，乃是同一个问题的两个不同侧面。其一，不遵守有关的服务规范，就谈不上为服务对象提供规范化的服务。其二，不为服务对象提供规范化的服务，服务规范便会形同虚设。有鉴于此，服务人员在服务过程之中，必须坚持遵守服务规范与进行规范服务二者并重。唯有二者相得益彰，才有名副其实的“服务美”可言。

服务人员在工作岗位上要真正地做到遵守服务规范与进行规范服务并重，必须要做好以下三点。

（1）**提高自身素质**

平时，服务人员一定要努力提高自身素质。对服务人员而言，自身素质通常指的是其所应具备的相关能力。只有思想素质、文化素质、业务素质全面得到了提高，服务人员才真正有望实现规范化服务。

（2）**加强责任意识**

在工作中，服务人员必须提高自己的职业责任意识，即要全心全意地对国家负责、对社会负责、对本单位负责、对自己的服务对象负责。

（3）**工作尽职尽责**

服务人员在工作中，务必尽职尽责。具体而言，就是要明确自己的职责的主要要求，并依照相关要求认真做事、认真做人，认真做好自己的本职工作。

一、岗前准备

在正式接待服务对象之前，服务单位、服务人员为了保证服务工作的顺利进行，往往会提前着手进行一些必要的预备、筹划或安排。这些活动，即岗前准备。

服务人员的岗前准备，虽然开始于正式服务之前，但依旧是整个服务过程之中不可缺少的一个重要环节。俗话说“有备无患”。实际上，岗前准备之于正式服务也是如此。只有充分进行了必要的岗前准备，服务人员的服务水平才能够在服务过程中得到更好的发挥。

服务礼仪规定：服务人员所进行的岗前准备通常分为自身准备、环境准备与工作准备三个具体的方面。在这三个具体方面，服务礼仪都有着一系列相应的具体规范。

（一）自身准备

服务人员的自身准备，在此是指服务人员每天上班之前所须进行的个人预备工作。服务人员每次上岗之前，只有做好了自身的准备，真正做到了有备而来，才能为其他方面的工作奠定坚实而良好的基础。

具体到不同的服务部门，服务人员在进行自身准备时，要求往往不同，侧重点也有所不同。总的说来，下述五个方面的具体细节问题，是每一位服务人员在进行岗前的自身准备时都需要注意的。

充分休息

在正常情况下，服务人员在每次上班之前，都要尽一切可能进行充分的休息，以便养精蓄锐，在工作岗位上以充足的体力、旺盛的精力与饱满的热情来完成本职工作。

服务人员不应该在理当进行休息的时间内从事其他事务，也不要借此机会从事第二职业。休息不充分的直接后果，是极易使自己为他人所提供的服务“偷工减料”。一个无精打采、有气无力、疲惫不堪的人，是很难在其服务于人时尽心尽力的，同时也难有其良好的个人形象可言。

讲究卫生

讲究个人卫生，是服务人员进行岗前个人准备时应始终牢记的。除平时要讲究并保持个人卫生外，在上岗之前，服务人员均应再次抽出一定的时间，认真地检查一下自身的卫生状况。

检查个人卫生状况的重点，应当放在本人的手部、口部与脸部。这三处的个人卫生，不仅最受他人的关注，而且也是最难以持久地保持的。在条件允许的前提下，上岗前可酌情再次在这几处做一下个人卫生。

修饰外表

服务人员在进行岗前准备时，务必对自己的外表多加关注。具体到其个人的仪容、着装方面，基本的要求有九点，即发必齐、须必剃、甲必剪、妆必淡、衣必雅、扣必系、帽必正、鞋必洁、袜必穿。这九个方面之中任何一个方面稍有差错，都会使人感到服务人员的外表出了问题。

无论如何，服务人员都不要对外表不管不顾。在工作岗位上，若是服务人员的外表出了问题，服务对象不但会觉得服务人员缺乏敬业精神，而且还会认为其所在单位管理不严。

心理稳定

一个人的心理状态，往往受制于多种因素。与常人一样，服务人员的心理变化，与其生活压力、精神状况、身体健康、家庭负担、工作环境等因素往往不无关系。但是，这绝对不应当成为服务人员放纵自己、随意宣泄自己情感的一种借口。

在工作岗位上，服务人员的心态决定其工作状态。其喜、怒、哀、乐，均被视为其待人接物的态度。在人际交往中，就个人而言，素质决定一切；对他人而言，则是态度决定一切。因此，服务人员要从大局出发，以工作为重，上岗之前对个人的心理状态进行必要的调整；要善于保持平常心、拥有阳光心态，在任何情况下，都不使个人的悲欢离合影响工作，或是有碍于人。

提前到岗

为了不影响服务工作的正常进行，服务人员不但要遵守本单位规定的作息时间，每天按时上班，而且通常应当提前到岗，以便做好正式上班的准备工作。

需要交接班、换装梳洗，或者进行其他的准备工作时，服务人员更应提前一定的时间到达自己所在的单位。不允许服务人员无故旷工、迟到；即便准点到岗，将上述必要的岗前准备工作转移到上班以后进行，一般也是不被许可的。服务人员若一而再、再而三地那样做，只能说明自己缺乏责任心，这在本质上与无故脱岗并无二致。

（二）环境准备

环境准备，是服务人员按照惯例应当进行的岗前准备中的重要环节。缺少了这一必要的环节，或者对其重视不够，服务质量将大打折扣。

服务人员所进行的岗前环境准备，具体来讲，应当分为店容店貌与商品陈列两个主要方面。二者的具体要求，往往是有所不同的。

店容店貌

店容店貌，是服务人员平日进行岗前环境准备工作时必须注意的一个重要环节。

所谓店容店貌，通常是指服务人员所在单位对外进行营业服务的店堂环境状况。作为服务单位的主要硬件之一，营业店堂的环境状况，毋庸置疑会给人以极其直观、极其深刻的印象。对于服务单位的这一“门面”，绝对不可掉以轻心。

服务人员在进行岗前环境准备工作时，时常应当首先从规范店容店貌上入手。要规范店容店貌，服务人员主要有下列五件事情要做好。

1. 搞好清洁卫生

搞好清洁卫生，是每一位服务人员必做的一件大事。营业店堂的卫生，应当从店内卫生与周边卫生两个方面着手进行。

其一，店内卫生。在店内卫生方面，要做到：窗明、地净、四壁无尘，商品、柜台、货架保持清洁，空气流通，没有任何异味。此外，还应悬挂或张贴禁止吸烟的告示。

其二，周边卫生。在周边卫生方面，则主要应当做到：地上无垃圾、墙壁无涂写、水面无杂物、草坪无污迹、四周无废弃或无关无用之物。

清洁卫生工作不仅要有专人负责，而且应当成为每一位服务人员的自觉行为。需要注意的是，尽量不要在服务对象面前打扫卫生，否则会给对方造成很大的不便。

2. 爱护本店店标

店标，一般指的是挂在服务单位正门门前以其名称为内容的标牌。它亦称招牌或店名牌匾，是其整体形象的重要标志之一。在正常情况下，它被视为服务单位用以进行对外宣传的一面旗帜和吸引顾客的主要标志。正因为如此，几乎所有的服务单位都会对本单位的命名与店标设计慎之又慎。

在店标方面，应当切记三点：其一，不随意滥用。这样做，是为了避免自贬身价。其二，不随便悬挂。在任何时候，都必须使之端端正正。其三，不任其污损残缺。平时要经常检查、清洗，一旦其出现缺损，要及时加以修复或更换。

3. 做好美化装潢

必要时，可对服务单位进行对外营业的店堂稍事美化装潢。其总体要求是：突出个性、高雅脱俗，并以对服务对象有利为宜。

在一般情况下，店堂可酌情摆放花草树木，并适当地布置一些雕塑、壁挂或字画。进行必要的装修时，亦应考虑自身的特点，并以有利于为服务对象服务为要。需要注意的是，装修与摆设切勿过多、过杂、过乱。同时，还要经常进行必要的检查与维护。

4. 讲究整体布局

服务单位，尤其是对外营业的店堂的整体布局，应予以高度重视。在安排布局时，具体要求通常有如下两点。

(1) 安排好内部机构的布局

在安排本单位内部机构布局时，不仅要考虑自身条件，更要优先考虑服务对象的实际需要。本单位的公关部、总服务台、宾客接待中心、客户服务中心以及收款处等，皆应安排在易于找寻之处，并且必须标志清楚。

(2) 安排好服务柜台的布局

在许多进行商品、服务销售的服务部门里，服务柜台的布局是否合理往往至关重要。进行合理的柜台布局，能够使营业店堂内部整齐美观，既有利于买卖双方，使人流、物流畅通无阻，又符合审美原则。为了吸引消费者，各服务柜台均应悬挂醒目的标志牌，并且彼此之间最好具有一定的联系。

5. 设置便民设施

较大型的服务机构，均应为服务对象提供一些必要的便民设施，例如，用以休息的座椅、用以供水的饮水机、用以复称的公平秤、用以检验纸币真伪的验钞机、用以上网的 Wi-Fi，以及用以托放孩子的儿童乐园，等等。

设置便民设施，不必贪大求全，而要量力而行。重要的是，必须指定专人，经常对其进行必要的检查与维护。若特设的便民设施非残即缺，甚至名不副实，难免会产生相反的作用。

商品陈列

有道是：传播力决定影响力。商品陈列，是许多行业的服务人员进行岗前环境准备工作时应当时刻注意的另一个重要环节。

目前，绝大多数的服务单位都以商品销售为其服务的主要方式。还有一些服务单位，虽不以销售商品为其主业，但多多少少也会有所涉及。对于商品销售，业内人士曾有一句行话："人招人，百招不应；货招人，不请自来。"它所讨论的，实际上就是商品销售之前进行陈列的问题。

做好商品陈列，至少可以发挥以下双重作用：一方面，它可以用琳琅满目的商品显示自己的生意兴隆、生机勃勃。另一方面，它也可以吸引招徕顾客，并促进商品的销售。

在一般情况下，商品陈列又分橱窗陈列与店内陈列两方面。要搞好商品陈列，二者均应认真对待。

1. 橱窗陈列

进行橱窗陈列，意在传递相关的商品信息，它实际上是服务单位对外所做的一种无声广告。如欲使之发挥功效，则必须重视以下三点。

(1) 斟酌陈列方式

准备进行橱窗陈列时，可有多种具体的备选方式。主题陈列法、特写陈列法、漫画陈列法、节日陈列法、季节陈列法、单品陈列法、分类陈列法、多媒体陈列法以及综合陈列法等均可一试，并可交叉使用。不论具体采用何种陈列方式，都应努力以其体现本单位的经营特色，既介绍商品，又引导消费。若达不到这一要求，则采用哪一种陈列方式都难言成功。

(2) 讲究陈列艺术

进行橱窗陈列，要力求实现科学方法与艺术手段两者之间的完美统一。通常，在布置橱窗时，重点是要做到格局合理、层次分明、构图和谐。要做到格局合理，就要善于利用空间，力求疏密有致；要做到层次分明，就要强调立体感、层次感并重；要做到构图和谐，则要正确地运用点、线、形、色，并且注重构图的条理美、比例美和形式美。

(3) 方便路人观看

既然橱窗陈列主要是为了吸引过往行人的注意力，那么在布置其陈列时，就要把主观愿望与客观现实相结合，优先考虑路人观看方便与否，特别是在光线、照明、色彩、角度方面，需要处处注意换位思考。既要防止路人看不清、观看不便等问题的出现，又要防止被陈列的商品看上去失真或者变形。

2. 店内陈列

进行店内陈列，主要是为了方便消费者进行选购。要搞好店内陈列的准备工作，首先应当认真遵守“三易原则”。所谓“三易原则”，在此是指有关单位在进行店内的商品陈列时，应当处处以顾客为重，应当想方设法使商品的陈列合乎顾客的要求，让商品易看、易摸、易选。

在进行具体的商品陈列时，应当特别考虑下述两大问题：其一，要使之体现本单位的经营特点，重点突出、主次分明、美观大方、赏心悦目。其二，要力求货位合理、高低适度，方便顾客挑选，有利于服务人员的服务。

具体而言，在进行店内商品陈列时，还有以下四个要点必须加以重视。

（1）**醒目夺人**

店内陈列只有做到了醒目夺人，才能对顾客产生一定的吸引力。

（2）**丰富多彩**

店内陈列，应尽可能地使之丰富多彩。陈列商品要讲究新、奇、特、美、全，并要注意使之系列化、配套化。不允许搞什么“仅供展示”“概不出售”“货已售缺”的名堂，切莫因此令顾客乘兴而来，扫兴而去。

（3）**信任顾客**

陈列商品，务必以信任顾客为重。在条件允许的情况下，应当允许顾客对所陈列的商品自由地触摸、挑选、调试、试用，使顾客产生信任感与亲切感。

（4）**便于交流**

在陈列店内商品时，还须考虑到服务人员所处的位置是否有助于服务人员与顾客之间的交流，是否方便服务。最好是将商品陈列于与服务对象既互不相扰，又两厢方便的位置上。此外，还须考虑服务人员走动、取物、答疑的方便与否。

3. 货位分类

在一般情况下，店内商品的货位大致上分为以下三大类型。

（1）**速购商品类**

此类商品，多为日常生活必需品，价格低、交易多、选择小、消耗快。顾客在选购此类商品时只求方便、快捷。因此应将其设置在店内显眼之处。

（2）**选购商品类**

此类商品，供求弹性大，交易不够频繁，价位较高，使用周期长，因而需要认真挑选。顾客在选购此类商品时，往往希望自由选择，无人干扰。其陈列之处一般应当场地宽阔、光线充足。

（3）**特殊商品类**

此类商品，多为奢侈品或鉴赏品，一般价格昂贵，功能独特。顾客在选购此类商品时，通常会反复比较，精心挑选。考虑到这些特点，应将此类商品陈列于环境幽雅、客流较少之处。

应当特别予以说明的是：商品陈列不可能一成不变。在必要的时候，如季节变化、节庆来临、品牌推广、周年庆典等，可及时对橱窗陈列与店内陈列酌情调整。此种做法，往往还会给人以新奇之感。

（三）工作准备

在服务人员所做的各种岗前准备之中，工作准备是最重要、最直接的一种，因为它是与服务人员即将开始的服务工作密切相关的。

所谓工作准备，在此特指服务人员在抵达工作单位之后、正式上岗之前，为更好地做好服务工作而进行的各种有关的准备。凡此种种准备，通常是一环不可缺少、一环不可不慎的。如有缺少或不慎，服务工作就极有可能因此而大受影响。

由于具体所处的工作岗位不同，服务人员平日所须进行的工作准备往往会有所不同。从总体上来看，下列六项最为基础性的工作准备，则是绝大多数服务人员皆须面对的。

工作交接

有不少服务工作，通常是需要进行交接班的。有时一些服务单位或服务部门还会定期召开班前会，统一安排布置工作。在进行工作交接和工作布置时，服务人员一定要专心致志，一丝不苟。

通常工作交接的具体要求，可归纳为“一准”“二明”“三清”。

其一，“一准”。所谓“一准”，是要求服务人员准时地进行交接班。

其二，“二明”。所谓“二明”，是要求服务人员在其交接班时，必须做到：岗位明确、责任明确。

其三，“三清”。所谓“三清”，则是要求服务人员在进行工作交接时，务必做到：钱款清楚、货品清楚、任务清楚。

在上述诸方面稍有闪失，就会遗患无穷。

更换工装

目前，许多服务机构都有员工统一穿着工装的规定。因此，在正式上岗之前，就职于有此项规定的单位的服务人员，必须按照规定更换服装，而不得自行身着不合规定的服装在工作岗位上招摇过市。

特别应当指出的是，更换工装，通常必须在班前进行，而切莫在工作岗位上当众进行。此外还要注意：更换工装必须完全到位。要求服务人员在其工作岗位穿着的工装，包括与之配套的名牌、帽子、鞋子、领带、手套等，一件不准多，一件不许少。一般而言，服务人员的工装只限本人使用，不允许借用他人的工装。

验货补货

直接从事商品销售的服务人员，需要进行的一项重要的工作准备便是验货和补货。

（1）**验货**

所谓验货，在此是指查验商品。其目的主要有二：其一，为了检查自己负责销售的商品是否在具体数量上有无缺短。其二，为了检查自己负责销售的商品在质量上有无问题。验货时，若发现商品出现缺短，应及时报告。若发现商品出现了质量问题，如肮脏、破损、腐败、变质、发霉、过期等，则应及时进行剔除，以维护消费者的切身利益。万万不可对其视若无睹，更不允许以次充好、以假充真。

（2）**补货**

所谓补货，在此特指在商品销缺或备货不足时及时补充。在任何情况下，商品销售都要防止出现断档。必须认真做到库有柜有、备货充足，以保证供应。进行补货，往往需要搬运、拆包、拆箱、组装、分装或者拆零。这些工作，都应当在上班前做好。应禁止在上班之后，尤其是在顾客购货时进行补货。

检查价签

《中华人民共和国价格法》规定：不论销售商品还是提供服务，都必须按照政府价格主管部门的规定明码标价。因此，每一位服务人员都应自觉执行此项规定，坚持天天班前检查价签，严防不标价或者标错价。

在给商品或服务标价时，通常要求一类一签。对于大件商品，还应做到一件一签。为防止差错，标价时最好使用打码机打码，尽量少用手写。字迹要大小适度，要使服务对象在距离 2 米左右处可以看得一清二楚。

标价的标签应当采用一致的格式，其内容主要包括“六标”，即必须标有货号、标有产地、标有品名、标有规格、标有单位和标有单价。在具体制作价签时，要做到“六标”齐全，并且还要防止名与实不相符的“错位”情况。

辅助用具

根据实际工作的不同需要，服务人员在当班前还须备好一些工作中不可缺少的工作用品，并且将其置于固定之处。必要时，当班前还须对其进行查验或补充。目前，服务人员常用的辅助服务工作的用具主要有七类。

(1) **计价用具**

常用的计价用具，有电子收银机、电子计算器、算盘，以及圆珠笔、复写纸、发货票、条形码等。若允许顾客使用电子支付工具付款，则还应为其配备相应的二维码、读码器、扫码枪等。对此类计价用具，必须经常校验、检查。

(2) **测试用具**

有不少商品在出售前，必须借助一些测试用具，诸如试电笔、万用表、接线板、信号仪、多功能插头，以及电池、纸张、墨水等，对其试用。这些测试用具一旦缺少，往往便会直接影响销售。

(3) **计量用具**

常用的计量用具，主要是指秤、尺、量杯、量筒、天平等度量衡器。对其不仅要正确使用，而且还必须定期检查其灵敏度、精确度。此外，还须注意依法使用。

(4) **包扎用具**

主要的包扎用具，通常有纸、带、盒、袋、绳、夹、胶带，以及防护膜、隔离板、填充物等。在进行包扎时，要令其大小适度、相对固定、包扎牢靠，并符合卫生标准。同时，还要使其有利于环境保护。

(5) **宣传用具**

宣传用具，在此是指与商品与服务相关的广告、说明、介绍，以及图片、模型、沙盘、声像、软件、小视频等。在上岗之前，应将其认真备齐，以供展示、赠送或索取。

(6) **销售用具**

有时，在商品销售或提供服务时，往往需要备好一些必要的用具，诸如车、椅、刀、剪、钩、勺、夹、板、杯、碗等。对其均应认真进行检查，并要严守有关规定。

(7) **找零钱款**

在顾客付款时，通常不允许要求对方提供或自备零钱，更不准以任何借口拒找零钱。为此，应提前根据实际需要，备好零钱的具体品种，并确保其数量充足。需要明确的是：当顾客付款时，现钞、零钱、购物卡、储蓄卡、信用卡与电子支付工具应受到同等程度的欢迎，绝不允许服务人员挑三拣四、厚此薄彼。

台面清理

在进行准备时，服务人员必须要进行的最后一项工作，是对自己即将使用的台面的清理。进行台面清理的基本要求是：整齐、干净，并方便工作。

对于自己使用的办公桌、文件柜，服务人员一定要收拾整齐。文件、资料、笔具要分类摆放，电脑及其配套设备要放置到位。切勿平时随手乱扔，以至于使用时东寻西找，自己心中无数，别人也觉得杂乱无章。

对于自己负责管理的柜台、货架，要确保无积尘、无污迹。在柜台上，切勿放置任何无用之物。在货架上，各类商品不仅要分类码放，而且必须码放整齐。对于废弃物则一定要随时发现，随时清理。

二、顾客接待

在工作岗位上，对服务人员来讲，最为重要的工作莫过于顾客接待。顾客接待，在一些服务机构中亦称销售接待。它所指的主要是由服务人员代表所在单位出面，向服务对象提供服务、出售商品的一系列过程。在这一阶段，双方不仅有可能成功地实现商品、服务与货币的等价交换，一方获得赢利，一方获取所需，而且还会在一定程度上促进彼此之间的相互交流、相互了解。

从总体上讲，顾客接待是一门精深的艺术。服务人员在接待顾客时，既要端正其服务态度，更要讲究其接待方法。只有这样做，才能够使主动、热情、耐心、诚恳、周到的服务宗旨得以全面贯彻。

严格地说，顾客接待是一个由一系列重要环节所组成的环环相扣的过程。在不同的服务部门中，顾客接待过程的具体环节往往各异，但总的来说，它们大都会全面或部分地包含待机、接触、拿递、展示、推介、开票、收款、包扎、成交、送别 10 个基本环节。要尽善尽美地做好顾客接待工作，在这 10 个基本环节上，服务人员都必须一丝不苟地遵守相应的岗位规范。以下，扼要介绍其中几个重点环节的具体要求。

（一）待机接触

服务人员正式进入自己的工作岗位，等待顾客的来临，随时准备服务对方，叫作待机。而当顾客光临时，服务人员接近对方、招呼对方，则被称为接触。对服务人员来讲，待机是为了接触，接触则是待机的自然发展，二者往往直接联系在一起。

服务人员在本人的工作岗位上待机接触顾客时，在指导思想上必须明确以下两点：一要积极主动；二要选准时机。不重视这两点，就难免会出现这样或那样的差错。

服务对象临门入店，应被视为对本单位莫大的信任。为其提供积极主动的服务，是每一位服务人员责无旁贷之事。这里所谓的积极主动，主要是要求服务人员在接待顾客的各个环节上，尤其是在接待之初，处处以顾客为中心，时时发挥本人的积极性、主动性，切忌消极被动。

服务人员在接待顾客时，若想使自己的积极主动的行动奏效，重要的是要选准时机，即必须相机而动，必须见机行事。自己的积极主动既不可表现得过早，也不宜表现得过晚。如果表现过早，会给人以强迫、拉客之感；如果过晚，则又会令人感到被怠慢、被冷落。

具体来说，在待机接触阶段，服务人员应当在以下三个方面多加注意，并且严格遵守有关的礼仪规范。

站立到位

服务岗位待客举止
三 S 规则

在一般情况下，服务人员在工作岗位上均应站立迎客。即使允许其就座，当顾客光临时，亦应立刻起身相迎。在站立迎客时，最重要的是要注意站立到位。关于服务人员的站立到位，国际社会所通行的具体讲究是“三 S 规则”，即起立（stand）、注视（see）、微笑（smile）。

在国内，目前一般的要求是：服务人员理应主动站立于不但可以照看本人负责的服务区域，而且易于观察顾客、接近顾客的位置。

在柜台服务时，有所谓“一人站中间，两人站两边，三人站一线”之说。它的具体含义是：一个柜台，如果只有一名服务人员站立服务，应令其站在柜台中间；如果有两名服务人员站立服务，应分别站立于柜台两侧；如果有三名或三名以上的服务人员站立服务，则应令其间距大致上相同地站成一条直线。

在无柜台服务时，服务人员大都应当在服务场所的门口附近站立。重要的是：自己所站的地方既要易于迎客，又要易于照看自己所负责的具体范围。

站立迎客时，服务人员一般应面向顾客或是顾客来临的方向。一般不允许四处走动闲逛、忙于私事，或者玩手机、刷微信、扎堆闲聊、闭目养神。

善于观察

对于顾客的观察，是服务人员在工作中不得不做的事情。在服务行业曾经广为流行的一条经验叫作“三看顾客，投其所好”。所谓“三看”，具体所指的是：一看顾客的来意，根据其不同来意予以不同方式的接待；二看顾客的打扮，判断其身份、爱好与消费水准，据此推荐不同的商品或服务；三看顾客的举止谈吐，琢磨其心理活动，使自己为对方所提供的服务恰如其分。由此可见，“三看顾客”，实际上就是要求服务人员通过察其意、观其身、听其言、看其行，进而对顾客进行准确的角色定位，以求把自己的服务做好、做活。

一般而言，顾客进入服务机构之后，并非人人有备而来，非要在此处进行消费不可。即使顾客有一定的消费欲望，从欲望产生直至转变为现实的消费行为，也要经过观看、思考、了解、比较、挑选、购买等一系列的过程。在这一系列的过程中，需要服务人员恰到好处地见机行事，有力地促进对方产生购买意向。

日本的一位著名的服务行业经营者，曾经总结过服务人员“主动接近顾客的六种最佳机会”：一是对方长时间凝视某一商品时；二是对方细看细摸或对比摸看某一商品时；三是对方抬头将视线转向服务人员时；四是对方驻足较长时间地仔细观察商品时；五是对方貌似在找寻商品时；六是对方与服务人员目光相对时。这位经营者的经验之谈，显然是可资借鉴的。

适时招呼

在服务人员主动接触顾客时，向对方所讲的第一句话就是打招呼，此所谓“来有迎声”。

在服务行业里，由服务人员主动向顾客打招呼，早已成为一种惯例。通常，它被称作“迎客之声”。它与“介绍之声”“送客之声”一道，并称为服务人员在工作岗位上不能不使用、不得不重视的“接待三声”，或“待客三声”。

作为正面接待顾客时开口说出来的第一句话，“迎客之声”直接影响到服务人员留给顾客的第一印象，并且在双方的交易过程之中举足轻重。

要使自己恰到好处地发出“迎客之声”，服务人员通常需要注意下列三点。

（1）**时机适当**

向顾客打招呼，具体时机务必适当。只有在应该向顾客打招呼时及时地向对方打了招呼，才会让对方觉得又顺耳、又顺心。

（2）**语言适当**

打招呼时，具体使用的语言务必适当。在发出“迎客之声”时，务必注意称呼得体，问候礼貌，用语准确。一定要使之契合当时的语言环境，不仅要贴切，而且要自然，同时，还必须不失礼貌。

（3）**表现适当**

服务人员向顾客打招呼时，其具体表现务必适当。服务人员在向顾客主动打招呼时，少不了需要以表情、举止相配合。在正常情况下，向顾客打招呼，最忌讳面无表情、举止失常。正确的做法应当是：面带微笑、目视对方、点头欠身。

（二）拿递展示

服务人员在正面接待顾客时，往往需要主动或被动地为顾客拿递物品，或为其进行展示操作。在拿递、展示的一系列过程之中，服务人员丝毫不得马虎大意。只有严格地遵守相关的岗位规范，并且认真照章办事，才能够真正地做到尽职尽责。

拿递物品

所谓拿递物品，简称拿递，它指的是服务人员应顾客的请求，或者自己主动将商品以及其他物品从柜台、货架等处拿取出来，递交、摆放在顾客面前，由其自行观看、了解、比较、挑选、鉴别。在日常工作中，拿递是服务人员重要的基本功之一。

根据岗位规范，服务人员在拿递物品时有以下三点注意事项。

（1）**准确**

在拿递商品或其他物品时，服务人员应预先充分了解自己所经营管理的商品和其他物品的主要特点，并善于对顾客进行目测。即要依照自己的经验和对对方的实际观察，准确无误、十拿九稳地将对方所需要的东西拿递过去，努力掌握一整套“看头拿帽”“看体拿衣”“看人拿物”“一步到位”“适得其所”的过硬本领。

（2）**敏捷**

需要为顾客拿递物品时，既不要慢条斯理、过分迟缓、笨手笨脚、大大咧咧、拖泥带水，又不可强给硬塞、胡搅蛮缠、逼迫别人。得体的做法，是要反应快捷、手脚利索、训练有素、一气呵成。物品若非规定自选，一般不宜由顾客自取。

（3）**安稳**

在拿递物品时，还须对物品本身以及顾客的人身安全予以注意。切勿粗枝大叶、重手重脚、乱扔乱放。拿递讲究的是轻取轻放、持握牢靠、摆放到位、确保安全。该交放到顾客手中的物品，必须交放到对方手中；该摆放在顾客面前的物品，则一定要摆放在对方的面前。二者不容颠倒。在一般情况下，服务人员在为顾客拿递物品时，轻易不要要求对方动手帮忙。

▌展示操作

所谓展示操作，此处指的是服务人员在接待顾客时，在必要的情况下，将顾客感兴趣的某种商品的性能、特点、拼装、组合及其全貌，运用适当的方法当面展现出来，或者为对方进行示范性的使用，以便对方进一步了解、鉴别、选择商品。展示操作如果适当，可以加深顾客的购买兴趣，并促使双方成交。

在进行展示操作时，通常要求服务人员在技术性、参与性、重点性与真实性四个具体的方面多加努力。

（1）**技术性**

技术性，在此指的是展示操作商品，要求服务人员具备一定的专业知识。同样一种商品，能否对其进行展示操作，展示操作的技术是否熟练，肯定会有不同的收效。在面对顾客时，不愿为其进行展示操作，在展示操作中操作不当，或者一问三不知、东拉西扯、信口开河，都是不允许的。因此，服务人员必须具有丰富的专业知识和过硬的技术本领，不但平时要对自己所经营的商品了解得清清楚楚，而且在必要时还能够懂得根据商品的不同性能、特点采用不同的展示操作技巧。

（2）**参与性**

参与性，在此是指：应在条件允许时，争取顾客参与到服务人员的展示操作之中。展示操作，主要意在促使顾客进一步对商品有所了解。因此，在进行具体的展示操作时，绝对不可“孤芳自赏”“顾影自怜”。在可能的情况下，要想方设法使顾客看得见、看得清、看得明明白白，并要尽量一边进行展示操作，一边解答对方所提出的各种问题。此外，还应当尽可能地争取让对方参与这一过程，使其从被动变为主动。

(3) **重点性**

重点性，指的是在进行展示操作时，服务人员必须主次分明、抓住重点。要根据自己对顾客的了解、对方所提出的疑问，以及展示操作本身所应抓住的主要环节，对其重点之处不厌其烦地反复展示、反复操作，并且辅之以必要的口头说明，以及易为顾客所接受的分解动作、重复动作、缓慢动作。尽量不要在展示操作时主次不分，敷衍了事，将重点、难点、疑点一带而过。

(4) **真实性**

真实性，指的是服务人员的展示操作必须真实可靠、诚实无欺。服务人员面对顾客所进行的展示操作，固然具有一定的表演色彩，但是它与虚拟、夸张、注重艺术效果的文艺节目的演出终究有着本质的不同。在进行展示操作时，最重要的是要让顾客全面而客观地了解商品，所以必须以务实为本，处处时时实事求是，来不得半点夸张、虚伪，更不允许作假、骗人。在展示操作时，商品的性能、特点以及主要优缺点，都必须对顾客以实相告。不允许无中生有，对其功效随意加以缩小或夸大。即使是对商品的缺点避而不谈或巧加掩饰，也是不允许的。

拿递与展示，虽然是顾客接待中两个各自独立的环节，但在实际的服务过程中，它们却往往如影随形，时常关联在一起。

（三）介绍推荐

在顾客接待过程中，买卖双方能否成交，往往直接取决于服务人员向顾客所做的有关商品、服务的介绍推荐是不是可以为对方理解和接受。

所谓介绍推荐，亦称推介，在此是指由服务人员向顾客举荐商品、服务，使对方对其有所熟悉、有所了解。介绍推荐的主要方法，要么是主动地介绍商品、服务的有关知识，要么则是因势利导地对顾客所提出的有关商品、服务的问题进行回答。后者有时亦称“问有答声”。

介绍推荐，不仅是服务人员指导消费、促进销售的常规手段之一，而且也是“接待三声”之一——“介绍之声”——的具体内容。由于“介绍之声”往往是由服务对象与服务人员一问一答地进行的，因此它亦称“问有答声”。

要讲好在顾客接待过程中通常开口必讲的第二句话，服务人员对于与“介绍之声”有关的下述三点要求必须认真予以对待。

苦练基本功

服务人员在其工作岗位上要讲好“介绍之声”，就必须对自己经营的商品、负责的服务十分熟悉。只有如此，才能做到介绍在行、有问必答、解说到位。

对于商品销售而言，要做好介绍、推荐，就要做到“一懂”“四会”“八知道”。

其一，“一懂”。所谓“一懂”，指的是服务人员要懂得商品流转各个环节的业务工作。

其二，“四会”。所谓“四会”，指的是服务人员对自己所经营的商品要会使用、会调试、会组装、会维修。

其三，“八知道”。所谓“八知道”，则是指服务人员要知道商品的产地、知道商品的价格、知道商品的质量、知道商品的性能、知道商品的特点、知道商品的用途、知道商品的使用方法、知道商品的保管措施。

对于提供服务而言，服务人员同样也需要对类似这样的问题掌握得一清二楚。

尤其重要的是，服务人员在介绍或推荐商品、服务时，必须讲究职业道德，务必维护消费者的利益，一切都要实事求是。在介绍推荐时，既不要夸大其词，也不要隐瞒缺点。不要存心张冠李戴、指鹿为马。例如，不要有意识地将甲地的商品、服务说成是乙地的，将国产或国营的商品、服务说成是进口的，将杂牌的商品、服务说成是名牌的。与此同时，坚决不要以次充好、以劣抵优、以假充真，例如，不要将积压、滞销或残次的商品硬是说成畅销、紧俏、优质的。

熟悉顾客心理

在对商品、服务进行介绍或推荐时，服务人员一般应当着重做好以下四件事情：一是要引起顾客的关注；二是要培养顾客的兴趣；三是要增强顾客的购买欲望；四是要与顾客达成交易。做好这四点，完全有赖于服务人员对顾客心理状态及其具体变化的了解程度。

应当明确的是：顾客在接触服务人员时，顾客对服务人员对自己的态度以及可信程度尤为关注。不同性别、不同年龄、不同职业、不同阅历、不同个性、不同习惯、不同地域、不同民族、不同受教育程度的人的具体表现，往往有所不同。在一般情况下，服务人员在为顾客进行介绍、推荐时，既要注意对对方进行角色定位，又要争取实现良性的双向沟通。此时此刻，服务人员应着重关注下述三点。

（1）与顾客建立和谐的关系

在进行介绍或推荐时，服务人员首先要争取给对方以宾至如归之感。此外，还要力争缩短双方之间的距离。做到这一点，将有助于增强对方对自己的信任。

（2）与顾客建立彼此信赖的关系

在介绍或推荐商品或服务时，服务人员应当质朴诚实、童叟无欺，设身处地地多为顾客着想，认认真真地为其出主意、想办法、解疑惑、真帮忙。切记"买卖不成信义在"。唯有对顾客诚实无欺，才能使双方彼此信赖。

(3) 使顾客自然而然地自行决断

介绍或推荐商品、服务，服务人员一定要抓好时机。该介绍时一定要介绍，不该介绍时千万不要介绍。关键是要懂得察言观色，能够明白对方有无兴趣、有无能力、有无购买欲。千万不要强拉硬卖，不要不看对方脸色而一味地"自吹自擂"。

掌握科学方法

掌握科学的方法，是做好介绍与推荐的前提。要做到这一点，不仅需要根据商品、服务的不同特点去介绍，而且还需要尊重顾客的不同兴趣、偏好；不仅需要尽可能地全面，而且还需要努力抓住重点。除此之外，还可辅以其他手段，例如，一边进行介绍或推荐，一边进行展示操作；或者一边进行介绍或推荐，一边回答顾客的疑问。宏观而论，服务人员在介绍或推荐特定的商品与服务时，应着重突出其四个特点，即人无我有、人有我优、人优我新、名人使用等。具体而言，服务人员应掌握的介绍与推荐商品和服务的方法大致有如下三种。

(1) 根据特点进行介绍

任何商品、服务均有其各自的特点。一般而言，它们分别表现在成分、性能、造型、花色、样式、质量、价格、附带服务、售后服务等方面。服务人员在对其进行介绍时，可就其最为突出的特点予以有所侧重的介绍。例如，或者介绍其成分、性能，或者介绍其造型、花色、样式，或者介绍其质量、长处，或者介绍其独特风格与历史地位，或者介绍其附带服务、售后服务。

(2) 根据用途进行介绍

顾客不论购买商品还是购买服务，主要是为了使用与享受。因此在介绍或推荐商品、服务时，应着重围绕其用途展开。其主要方法有以下五种：一是介绍或推荐其多种用途；二是介绍或推荐其特殊用途；三是介绍或推荐其附带用途；四是介绍或推荐其新增用途；五是介绍或推荐其独特用途。

(3) 新近上市的商品、服务的介绍

新上市的商品、服务，往往会面临顾客因对其不甚了解而举棋观望的局面。服务人员在对其进行宣传、推荐时，通常应当采取一些独特的方法：介绍新型商品或服务时，应着重介绍其优点、性能、用途及保养方法。介绍改进型商品或服务时，应着重介绍其改进之后的新增优点。介绍引进型商品或服务时，对于这类进口、合资、合作的商品或服务，宜在将其与国产商品、服务进行对比的基础上，介绍其独具特色之处。介绍未定型商品、服务时，宜在说明其尚处于试销的同时，介绍其与定型的同类商品在质量、性能、价格、后续服务等方面的差别，以供顾客自行比较。

（四）成交送别

成交与送别，处于顾客接待的较靠后环节。二者虽然不可混为一谈，但在实际操作中，却往往是联系在一起的。

成交

所谓成交，主要是指顾客在决定购买商品、服务之后，与服务人员达成了具体的交易。在顾客接待的整个过程中，这实际上是顾客将自己的购买意愿转变为现实的购买行动的阶段。在这一阶段，服务人员的态度、表现如果大失其水准，往往会使顾客中途变卦，或是令双方因此而产生遗憾。为此，要求服务人员在这一阶段必须以规范化的服务，努力满足顾客的一切实际需要。

具体而言，在商品、服务的成交阶段，服务人员应当在下列六个方面处处加以注意。

（1）**协助挑选**

在购买商品或服务时，每一位顾客都渴望买到自己称心如意的东西。因此，服务人员在必要时要主动协助对方进行挑选。要百拿不厌、百挑不烦、百试不怒，切勿愚弄对方、信手挑来、随意说好，更不许将残次之物选给对方。

（2）**补充说明**

在顾客购买商品、服务的过程中，服务人员有义务对对方购买的物品或服务进行必要的、补充性的说明。其主要内容应当包括：使用要诀、使用禁忌、保养方法、保修时限、维修地点及其某些明显的不足，等等。这些内容如有所遗漏，就是服务人员工作上的重大失职。

（3）**算账准确**

算账，大体包括计价、开票、收款、找零，或者刷卡、扫码、填写支票、开具发票与保修证明等步骤。服务人员在为顾客算账时，应当严肃认真、迅速准确。在计价、开票时，必须将应当收取的金额告诉顾客，供其核对。在收取现金时，必须坚持唱收唱付，即顾客付款后，收款者必须将对方交付的金额述说一次，如有余额找付给顾客时，亦应将对方的应付金额、实付金额及找零金额清清楚楚地再说一次，以供对方确认。

（4）**仔细包装**

有不少商品在销售时需要由服务人员代为捆扎包装。这方面的主要要求是：积极主动、快捷妥当、安全牢靠、整齐美观、便于携带。具体而言：在捆扎包装商品时，应首先对其进行检查，并且最好当面进行，以防止错包、漏包、调包，并且让顾客更加放心。在包装过程中，务必小心谨慎、轻拿轻放，切忌粗手粗脚、乱摔乱放。在可能的情况下，服务人员在包装商品时，还须听取并尽力满足顾客的特殊要求。

(5) **帮助搬运**

有些笨重、硕大的商品，服务人员在力所能及的前提下，应当代顾客搬运。通常，可以用手提、肩扛、车推等方式，将其送到本店的店门之外。有时，亦可将其送至对方的车上，或代为联系运输车辆，或直接负责送货上门。看着顾客忙来忙去或束手无策，而自己却无动于衷，则是绝对不允许的。

(6) **致以谢忱**

顾客向自己购买了商品或服务，既是对自己的支持，又是对自己的信任。所以，服务人员在适当时，应当在口头上向对方直接道谢。有时，服务人员还可对对方这种明智的选择予以适当的肯定或称道。这样做，绝不是溜须拍马，而主要是为了对对方进行精神上的鼓励。

▌送别

所谓送别，又称送客，它指的是当顾客离去之际，由服务人员与其道别。在所谓“接待三声”之中，它称为“去有送声”，有时又叫作“送客之声”。作为服务人员必须要讲的第三句话，它虽然处于顾客接待的最后一个环节，但却必不可少。

当顾客离去时，服务人员向其有礼貌地道别，可使自己的接待工作善始善终，并且给对方亲切、温馨之感。应当注意的是，送别时在以下四点上切记不可大意。

(1) **道别必不可缺**

不论遇上什么情况，不论与自己是何种关系，只要有顾客从自己身边离去，服务人员即应开口向其道别，不准视而不见、尊口难开。

(2) **道别不分对象**

不论服务对象是否进行了消费，服务人员在其离去时均应向对方道别。以下都属于短视的行为：只对已消费者道别，而有意不对未消费者道别；只对大额消费者道别，而有意不对小额消费者道别；等等。

(3) **道别勿失真诚**

送别顾客时，应当表现得亲切自然、言简意赅、言行一致、诚心诚意。不要表现过度夸张，或是言行相去甚远。

(4) **道别内容有别**

面对不同服务对象，或者置身于不同的服务岗位时，道别的具体内容必须有所区别，而不宜千人一面。某些与此时、此地、此人不相适应的道别用语，则切勿滥用。

三、导购推销

在服务过程之中的售前、售中阶段，导购推销往往是成功地实现交易的不可缺少的重要手段。在绝大多数情况下，导购推销工作大都由专人负责。就其工作性质而论，导购与推销的从业人员通常都是服务于人的，因而也属于服务人员。

就基本目的而言，导购与推销皆为达成交易而进行。在其目的基本相同的前提下，二者之间也存在着一定的区别。

所谓导购，在服务行业里，主要是指当消费者意欲购买商品、服务时，为其进行引导。在服务性机构内，专职从事导购的工作者，通常称为导购人员。在通常情况下，他们应当佩戴明显的标志，站立于服务单位大门入口处、总服务台处，或是在服务单位的营业场所内进行走动服务。

所谓推销，在服务行业里，则是指为了扩大商品、服务的销路而进行的一系列争取消费者，宣传、推广、介绍商品或服务的工作。在服务性机构内，专职从事推销的工作者，一般称为推销人员。为商品、服务打开销路，使其得到潜在的消费对象的认可，是推销人员的分内之事。

对于导购人员与推销人员的岗位规范，服务礼仪有着一系列详尽的规定。从总体上来讲，要成功地进行导购推销，至少要在接近顾客、争取顾客、影响顾客三大方面依规而行。

(一) 接近顾客

不论导购还是推销，都必须以接近顾客为起点。如果不能成功地接近顾客，便没有任何成功的机会可谈。

接近顾客，通常应当讲究方式、选准时机、遵守礼节。在这三个具体的环节上倘若表现失当，那么即便在距离上接近了顾客，在心理上也难以与对方真正接近。

讲究方式

在服务过程中，导购与推销各有各的具体工作方式。要想真正地接近顾客，若不讲究其具体方式的选择，则难免会事倍功半。

1. 导购的方式

就导购而言，目前主要流行的有两种方式：主动导购和应邀导购。二者适用于不同的情况，其具体作用也不尽相同。

(1) 主动导购

主动导购，在此是指：当导购人员发现顾客需要导购时，在征得对方同意的前提下，主动上前为其进行导购服务。此种方式，往往既可以表现出对顾客的重视之意，又有助于促销，多用于顾客较稀少时。

(2) 应邀导购

应邀导购，在此则指的是：当顾客前来要求对某种商品进行介绍或导购时，由导购人员为其提供导购服务，多适用于顾客较多时。这种方式，具有针对性强、易于双向沟通等优点。

2. 推销的方式

就推销而言，当前通行的方式大体上有下述四种。有时，此四者可以交叉、穿插使用。

（1）现场推销

现场推销，即在供应商品或服务的现场，一边进行推销，一边进行销售。它的长处是：对象明确、手法灵活、易于调整，并且容易产生轰动效应。但是，它对推销人员通常有着较高的要求。

（2）上门推销

上门推销，即由推销人员专程登门拜访潜在的消费者，向其直接进行商品或服务的推介。其长处主要是：不受外界干扰、可以徐徐道来。但是，它容易遭到婉拒。

（3）电话推销

电话推销，即由推销人员利用电话向潜在的消费者进行推销。其长处是节省时间、意明言简。但是，其对象针对性较差，而且推销人员难以及时进行自我调整。

（4）融媒体推销

融媒体推销，即将电视、广播、报纸、杂志、互联网等大众传播媒介整合在一起所进行的推销。它的覆盖面广、影响大。但是，它所需费用较多、受众不易确定、反馈较为困难。

选准时机

不论导购还是推销，服务人员接近顾客的具体时机都很有讲究。在进行导购推销时，假如不注意具体时机的选择，自己的主动意图则必定难以实现。

从总体上来讲，下列四种时机皆为接近顾客、对其适时进行导购推销的上佳时机。

（1）顾客产生兴趣时

当顾客对某一商品或服务产生兴趣时，对其进行导购推销往往更容易受到对方的欢迎。

（2）顾客提出要求时

当顾客直接要求为其导购，或希望进一步了解某种商品、服务时，服务人员应热情地为其提供服务。

（3）周边环境有利时

当周边环境有利时，即在气氛温馨、干扰较少的环境中进行导购推销，往往会有较高的成功概率。

（4）内外形势有利时

服务单位在内部、外部形势均对自己有利时，因势利导地加大导购、推销工作的力度，通常可以“乘风破浪”，取得较好的成绩。

遵守礼节

谈及待人接物之道时，先贤有言：“以礼节之”。节者，节制、约束也 。导购人员、推销人员在接近顾客时，必须注意依礼行事、礼待顾客；必须明确“有所不为”与“有所为”。一般来讲，在接近顾客时，有关服务人员在问候、行礼、自我介绍、递上名片、互加微信时，必须在礼节的运用上中规中矩。

（1）**问候得体**

在接近顾客之初，要首先向对方道一句：“您好”。必要时，还可以加上一句：“欢迎光临”。在问候对方时，要语气亲切、面带微笑，并且目视对方。

（2）**行礼有方**

导购人员或推销人员在接近顾客时，通常应当向对方欠身施礼或者点头致意。在一般情况下，欠身施礼、点头致意宜与问候对方同时进行。行握手礼，则多见于熟人之间。一般而言，导购人员与推销人员通常不主动向初次相交的顾客行握手礼。只有在对方首先有所表示时，方可与对方握手为礼。在行握手礼时，一般应由顾客首先伸出手来。对导购人员与推销人员来讲，与顾客握手时，忌戴手套和墨镜，并且不准轻易以自己的双手或左手与他人相握。

（3）**自我介绍**

接近顾客时，让对方明确自己的具体身份是非常必要的。为此，必须要进行正确的自我介绍。导购人员与推销人员在工作岗位上进行自我介绍时，通常有三种模式可以参照：其一，只介绍自己的身份。它多用于现场服务时。其二，介绍自己所在单位、部门以及具体职务。它一般适用于较为正式的场合。其三，将自己所在单位、所在部门、具体职务以及姓名一起加以介绍。它适用于最为正式的场合。

（4）**递上名片**

很多时候，尤其是在上门推销时，推销人员往往需要递上自己的名片，以便双方日后保持联络。递名片宜在自我介绍之前或对方有此要求时进行。正确的做法是：以名片正面面向对方，使用双手或右手递交过去。需将名片同时递交多人时，应以“由尊而卑”或“由近而远”为序。根据惯例，不宜主动索要顾客的名片。但当顾客主动送上其名片时，则须依礼捧接，即应在道谢的同时，以自己的双手或右手接过对方的名片，将其认真捧读一遍之后，毕恭毕敬地收藏起来。

（5）**互加微信**

若双方都认为有必要今后保持联系，导购与推销人员可与顾客互加微信。此刻合乎礼仪的做法是：互加微信，通常应由顾客提议，但导购与推销人员对此则不宜拒绝。

（二）争取顾客

在具体从事导购、推销工作的过程之中，必须在热情有度、两相情愿的前提下，摸清顾客心理，积极地见机行事，以适当的解说、启发和劝导，努力争取顾客，以求促进双方交易的成功。

争取顾客，不仅需要全体服务人员齐心协力、密切配合，而且更要求每一名导购与推销人员都要善于恰到好处地运用必要的技巧。

具体而言，从事导购推销工作时如欲有效地争取顾客，通常有下述四个方面的问题必须予以注意。

现场反应敏捷

在争取顾客时，有关人员必须做到观察入微、反应敏捷，并及时地根据现场的实际情况来调整自己的相应策略。如果在争取顾客时“一概而论”“以不变应万变”，则其效果难免微乎其微。

要做到在现场反应敏捷，通常要求导购人员、推销人员必须尽量做到如下“六快”。

（1）**眼快**

争取顾客时，必须眼快。它的主要要求是：迅速地看清楚顾客的态度、表情和其他反应。

（2）**耳快**

争取顾客时，必须耳快。它的主要要求是：能够马上听清楚顾客的意见、反映和相关谈论。

（3）**脑快**

争取顾客时，必须脑快。它的主要要求是：基于自己的耳闻目睹做出准确而及时的判断，并据此迅速做出必要的反应。

（4）**口快**

争取顾客时，必须口快。它的主要要求是：回答问题及时、解释说明准确、与顾客进行语言上的沟通得体而流利。

（5）**手快**

争取顾客时，必须手快。它的主要要求是：在有必要以手为顾客取拿、递送商品，或以手为其提供其他服务、帮助时，又快又稳。

（6）**腿快**

争取顾客时，必须腿快。它的主要要求是：腿脚利索、办事效率高、行动速度快、具备良好的执行力。这样做，既显得自己训练有素，又不会耽误顾客的时间。

推介方式有效

在服务过程中，不论具体从事导购工作还是推销工作，都时常有机会正面向顾客推介商品或服务。在推介商品、服务的过程中，只有采取正确的方式，才能防止出师不利。

要行之有效地进行商品、服务的推介，以下六种基本技巧均可尝试。

商品介绍（人无我有，人有我优，人有我新）

（1）**强调物有所值**

要强调物有所值。此举重在使顾客充分了解商品、服务的真正价值，让对方明确：它是“物有所值”“人有我优”“价廉质优”的。

（2）**突出使用价值**

要突出使用价值。此举意在使顾客充分了解商品、服务的使用价值，让对方确知它的实际用途主要有哪些。

（3）**明确独特之处**

要明确独特之处。此举主要是使顾客充分了解商品、服务的独特之处，即“人无我有”“独此一家”。这一点，往往是其能够吸引顾客的关键之所在。

（4）**创造接触机会**

要创造接触机会。此举的关键是要使顾客有机会对商品、服务有所接触，以直接的第一手材料来强化对方的感官印象，加深对方的兴趣与认知程度。

（5）**自行比较鉴别**

要自行比较鉴别。此举主要是要使顾客接触、观看的商品、服务尽量能够多上几种，以便使对方可以有更多的比较和选择的机会。必要之时，可强调自己所推荐的相关商品“人有我新”，即以新产品、新款式、新服务、新功能、新技术去吸引顾客。

（6）**讲究推介顺序**

要讲究推介顺序。进行具体推介时，不同品种的商品或服务的先后顺序多有讲究。常规的方法是：使顾客接触、观看的商品、服务，在多种比较、选择的先后次序上呈现出先低级后高级的顺序。因为对方往往有可能对其求全责备。若先送上最高级别者，此后便没有可供选择的余地了。

掌握顾客心理

在导购、推销之中，顾客的心理活动十分复杂，但绝非变化莫测。导购人员、推销人员若能对自己所服务的顾客的心理活动多上一分了解，其成功的把握往往便会大上一分。

如欲取得导购、推销的成功，在摸清顾客的心理活动方面，有以下四件事情通常是必须要去做的。

（1）**促使顾客加深认识**

许多时候，顾客往往会对自己所感兴趣的某些商品、服务心存疑虑。在此情况下，导购人员、推销人员即应尽量地向对方提供更为详尽的资讯，例如，有关商品或服务的明显特点、主要性能、基本用途、价格优势、使用方法、制造原料、销售情况、保质期限、售后服务等，以便促使顾客早做决断。

（2）**促使顾客体验所长**

在导购、推销时，为顾客创造一些直接接触目标商品、目标服务的机会，例如，请对方对商品、服务试穿、试戴、试看、试听、试尝、试玩、试用，等等。总之，让对方直接体验其所长，是非常必要的。这种做法，通常可以加强对顾客感官的刺激，促进对方对商品、服务实际效用的认识，进而达到启迪对方之目的。

（3）**促使顾客产生联想**

在导购、推销的具体过程中，可根据具体对象的不同，从商品或服务的命名、商标、品牌、包装、造型、色彩、价格、知名度、消费圈、名人的选择等方面，适当地揭示其某些迎合顾客购买心理的相关寓意或特征，提示商品消费、服务享用时所能够带来的乐趣与满足，借以丰富顾客的联想，使其产生未来因该商品、该服务的消费而获得心理满足的美妙憧憬，满足其追求美好事物的心理欲望。

（4）**促使顾客有所选择**

前面已经提过，为了避免顾客在购买商品、服务时对其质量、用途、价格、售后服务等存在心理障碍，导购人员、推销人员最好要为对方多提供几种选择。例如，可取出一定数量的商品由其自行比较、挑选，或者将自己正在进行推介的服务与其他同类服务进行比较。这样做，一方面可以大大地增强顾客对自己的信赖，另一方面也可以帮助顾客进行思考，充分地满足其反复权衡商品、服务利弊的心理需要。

临场反应机敏

进行导购、推销是一项十分复杂的工作。尽管有关这方面的岗位规范非常详尽，但对实际从事这类工作的服务人员来讲，最重要的还是应当做到在面对顾客时胸有成竹、随机应变，以争取变被动为主动。

所谓临场反应机敏，在此是要求导购人员、推销人员既要具备良好的个人素质，又要善于观察、了解顾客。除此之外，在具体导购或推销商品、服务时，也要注意机动灵活。通常，如能做好以下“四先四后”，则必定会对自己的工作有一定程度的帮助。

（1）**先易后难**

先易后难，即在推介商品、服务时，应当首先从顾客容易理解之处着手，然后逐步由浅入深地提高其难度。

（2）**先简后繁**

先简后繁，即在推介商品、服务时，应当首先从其简单易解之处开始，然后逐渐由简而繁，渐渐地向其复杂、繁难之处过渡。

（3）**先急后缓**

先急后缓，即在推介商品、服务时，应当首先从顾客急于了解之处开始，然后逐渐向对方当初并不急于了解但又十分重要的方面挺进。

（4）**先特殊后一般**

先特殊后一般，即在推介商品、服务时，应当首先从其独特之处开始，然后逐渐地再介绍其较为一般之处。

（三）影响顾客

人所共知，在导购、推销的具体过程中，导购人员、推销人员与顾客之间往往相互影响、彼此互动。

导购人员、推销人员必须明确，要想使自己的服务工作有所进展，至关重要的一点是：必须想方设法地对顾客施加一定程度的影响，而不是使自己深受对方的影响、为对方所左右。

毋庸置疑，导购人员、推销人员所施加给顾客的影响，当然应当是正面的、积极的影响。如能对顾客真正地产生正面的、积极的影响，肯定会对促进双向沟通与导购推销工作大有裨益。

根据服务礼仪的有关规范，能够在导购、推销过程中对顾客产生正面的、积极的影响的，主要有以下六个方面的因素。对导购人员、推销人员而言，它们可以称之为“影响顾客六要素”。下面对导购人员、推销人员应予关注的“影响顾客六要素”分别加以扼要的介绍。

以诚实服务

在现代社会里，“真”“善”“美”颇为人们所看重。在服务过程中，尤其是在为顾客提供导购、推销服务之际，导购人员、推销人员的诚实与否是深受顾客重视的。只有为顾客诚实服务，才会真正把自己的导购、推销工作做好。

待人以诚，乃做人之本。诚实服务，简言之，就是要求导购人员、推销人员对顾客以诚相待、诚实无欺、真挚恳切、正直坦率。随着我国社会主义现代化事业的不断推进，广大消费者的知识水平不断提高，阅历不断丰富，信息渠道多种多样，对其盲目低估、加以欺骗，既不明智，亦不理智。导购人员、推销人员在接触顾客的过程中，如能对对方诚实无欺，则必为对方所信任和称道，使之更加放心地进行消费，甚至会成为“本店常客”。

以信誉服务

孔子曾言：“信则人任焉”；“人而无信，不知其可也。”有位国外的推销行家在介绍其个人经验时也曾强调：“信誉仿佛一条细细的丝线。它一旦断掉，再想连接起来可就难上加难了。”事实的确如此，对导购人员、推销人员来讲，信誉确实是生命线。一旦失去了信誉，便会失去立足之本。

（1）重视信誉

信誉服务，在此主要是要求：导购人员、推销人员在其服务时，必须遵诺守信、说到做到、说话算数，实事求是地处世、实事求是地做人。不允许信口开河、不允许对顾客胡乱承诺、不允许滥开空头支票。

(2) **大小无别**

讲究信誉，是诚实做人的基本要求。应当明确的是：信誉虽有大小之分，但二者同等重要。因为任何大的信誉都是众多小的信誉积累而成的，失去小的信誉，就不可能拥有大的信誉。

(3) **区分概念**

讲究信誉，必须区别“夸”与“吹”这两个根本不同的基本概念。对导购、推销工作来说，“夸”是绝对必要的，而“吹”则绝不可取。因为“夸”是为了让顾客更好地、更充分地了解自己的商品、服务好在哪里，能为对方提供哪些便利；而“吹”则是言过其实、夸大其词、虚张声势，毫无信誉可言。

以心意服务

以心意服务，就是要全心全意、尽心尽意地服务于顾客，并且做到善始善终，绝不半途而废。

(1) **奉献真心**

以心意服务，实际上是要求导购人员、推销人员在工作之中，真正地对顾客奉献出关怀与真心，随时随地地给予顾客无微不至的服务，并且对顾客认真负责到底。

(2) **心中有数**

一般而言，导购人员、推销人员最为直接的岗位目标主要有以下三个：一是让顾客动心；二是让顾客放心；三是让顾客省心。欲真正做到这几点，导购人员、推销人员在自己的工作之中就必须有意识地树立“三心”：一是要细心，它指的是必须细心地观察顾客；二是要真心，它指的是真心地替顾客考虑；三是要热心，它指的是热心地为顾客服务。

(3) **实心实意**

在服务于人时，尤其是在为顾客进行导购、推销服务时，唯有细心、真心、热心“三心”并具，才能够真正地感动“上帝”，才有助于在业务上取得成功。诚如一位营销专家所说：“只有在实心实意地帮助顾客的同时，自己才更容易在事业上获得成功，才可以品尝到生活的无比乐趣。”

客观地说，待客以细心、真心、热心，就是以心意服务。以心意服务于顾客，就不可能与顾客之间出现不融洽的人际关系。

以情感服务

具有情感，是人类的主要特征之一。情感，一般是指人们对于客观事物所持的具体态度。一般认为，它反映着人与客观事物之间的一种需求关系。从根本上讲，人们的需要是否获得了满足，通常会引起人们对待事物的好恶态度的变化，继而对该事物持以肯定或否定的情绪。

就其实质而言，导购、推销工作能否取得成功，关键就在于服务人员能否感动顾客。在实际工作中，导购推销者的不同情感，往往会导致不同的服务行为：要么是行为积极，要么是行为消极。服务人员应当充分认识到，任何人的情感都是无比丰富的。真挚而友善的情感，具有无穷的魅力和感染力；强烈而深刻的情感，可以促使自己更好地为顾客服务。

（1）情感健康

以情感服务，主要是要求：导购人员、推销人员具备健康的情感，以便使自己的服务工作更加符合顾客的心理需要。

（2）具有爱心

以情感服务，就是要求：导购人员、推销人员必须具有正确的情感倾向性，即待人必须有爱心。具体说来，就是应使自己拥有同情与恻隐之心、理解与宽容之心、尊重与体谅之心、关怀与友善之心，等等；并且使之出于真情、发自肺腑。

（3）持之以恒

以情感服务，在此是要求：导购人员、推销人员必须具有深厚而持久的积极情感。即在工作岗位上，要将个人情感稳固而持久地控制在有利于服务方面，不能任其变化无常。

以形象服务

导购推销工作与有关的服务人员的个人形象往往息息相关，而且还间接地对有关的服务单位的整体形象产生一定的影响。因此，对于导购、推销人员来说，理应坚持“以形象服务”。

（1）重视个人形象

以形象服务，就是要求导购人员、推销人员在面对顾客时，必须树立起良好的个人形象。在岗服务时，每一名服务人员都是所在单位的一扇窗口。服务人员必须意识到：美丽中国、美丽城市、美丽单位，“因为有你”。在其个人的仪容、仪态、服饰、谈吐和待人接物方面，既要注意自爱，又要注意敬人。总的来讲，成功的导购人员、推销人员，应当给人以文明、礼貌、稳重、大方的良好的第一印象。在导购、推销的具体过程中，它往往会成为一个重要的双向沟通的基础。从任何一个方面来讲，个人形象欠佳的导购人员、推销人员，都是难以为顾客所接受并信赖的。

（2）维护单位形象

以形象服务，还要求导购人员、推销人员在面对顾客时，着力维护自己所代表的单位的形象。一个成功的服务单位留给顾客的整体形象，应当是热情待客、优质服务、管理完善、言而有信。服务单位的整体形象，在实践中往往具体体现在服务人员的所作所为中。换言之，服务人员，尤其是从事导购、推销工作的服务人员，在服务对象眼里，往往就是其所在单位的化身。

以价值服务

顾客持币购买商品、服务时，首先希望的是物有所值。这是一种普遍的心理状态，也是经济生活中等价交换规则的具体体现。对导购人员、推销人员来讲，物有所值应当成为其做好本职工作的正确的、基本的导向。

以价值服务，主要要求的是：在导购、推销的具体过程中，必须使顾客了解清楚被推介的商品、服务的真实价值，使其认识到自己即将做出决策购买的商品、服务是物有所值的。

（1）重视使用价值

以价值服务，就要注重商品、服务的使用价值。一般来讲，顾客所购买的主要是"需求的满足"。所以在推介商品、服务时，其着重点应当是使用价值而不是商品或服务本身。从现代科学的角度来看，使用价值有物理性使用价值与心理性使用价值之分。前者指的是纯物质性的使用价值，后者则是指消费者在心理上、精神上的较高层次的需求。在导购、推销时，介绍使用价值的正确方法应当是二者并重，并且适当地向后者倾斜。

（2）关心价格变化

以价值服务，同时还必须注重价格。价格，实际上是价值的具体表现形式。在不少情况下，价格往往会成为导购、推销工作的一种主要障碍。导购人员、推销人员除了要掌握价格情况之外，还应有意识地避免过度地讨价还价、随意打折，避免价格虚高、哄抬物价、漫天要价，而是应以强调商品、服务的自身价值，以及完善的配套服务作为以价值服务的重点。

四、直播销售

自 20 世纪末以来，直播销售脱颖而出，并且在各种现行的销售模式中逐渐地后来居上，迄今为止方兴未艾。

直播销售，此处指的是：在互联网上，通过互联网站、应用程序、小程序等，以视频直播、音频直播、图文直播或多种直播相结合等形式开展营销的商业活动。有时，它亦称网络销售或线上销售。实际上，它是对网络直播营销的一种简称。

客观地讲，直播销售自其问世以来，方便了群众、活跃了市场、拉动了消费、繁荣了经济，并为消费者营造了更为广阔、活跃的消费空间。但是，正如消费品市场需要更进一步规范一样，国内的直播销售目前也有待进一步地合理化、规范化。

宋朝思想家程颐认为："礼者人之规范，守礼所以立身也。"从事直播销售工作时遵循必要的礼仪，显而易见属于规范直播销售的一项重要举措。

在谈及国家治理、社会治理时，习近平同志曾经强调"礼法合治"。有鉴于此，直播销售行业从业人员所要遵守的基本礼仪规范有二：一是要合法地销售；二是要合礼地销售。

（一）合法销售

毋庸置疑，在当代中国从事直播销售，理当遵守法律法规，遵循公序良俗，遵奉商业道德，坚持正确导向，弘扬社会主义核心价值观，营造良好的网络环境，为"美丽中国"的建设尽一己之力。

进而言之，不论个人还是企业，从事直播销售的头等大事，都是要知法、学法、懂法、守法，是要心中有法、行为依法、合法为大。《中华人民共和国民法典》《中华人民共和国产品质量法》《中华人民共和国广告法》《中华人民共和国价格法》《中华人民共和国反不正当竞争法》《中华人民共和国电子商务法》《中华人民共和国个人信息保护法》《中华人民共和国网络安全法》《网络直播营销管理办法（试行）》《网络信息内容生态治理规定》等与直播销售行业直接密切相关的重要法律法规，直播销售从业人员必须始终遵行不殆。

（1）**注册登记**

我国法律规定：从事直播销售，"应当依法办理市场主体登记"；"直播营销平台应当依法依规履行备案手续，并按照有关规定开展安全评估"；"应当建立健全账号及直播营销功能注册注销"。

直播销售行业的每一名从业人员都必须充分地认识到：自觉遵守以上明文规定，乃是自己所在的直播营销平台生存与发展的最大前提。

（2）**个人资格**

国家规定："直播营销人员或者直播间运营者为自然人的，应当年满十六周岁；十六周岁以上的未成年人申请成为直播营销人员或者直播间运营者的，应当经监护人同意。"此外，直播营销人员与直播间运营者提供在线服务时，必须身体健康、头脑清醒、情绪正常、行为理性。

上述规定，无疑是直播销售从业人员能否上岗的一个"门坎"，或曰"准入条件"、从业资格。

（3）**货真价实**

我国法律规定："销售者销售产品，不得掺杂、掺假，不得以假充真、以次充好，不得以不合格产品冒充合格产品。""不得销售国家明令淘汰并停止销售的产品和失效、变质的产品。"与此同时，"销售者应当采取措施，保持销售产品的质量。"

我国法律还规定："经营者定价，应当遵循公平、合法和诚实信用的原则。""经营者定价的基本依据是生产经营成本和市场供求状况。”进行具体销售时，“应当按照政府价格主管部门的规定明码标价，注明商品的品名、产地、规格、等级、计价单位、价格或者服务的项目、收费标准等有关情况”，“不得在标价之外加价出售商品，不得收取任何未予标明的费用”。销售进口商品时，亦应遵守以上规定。

以上两方面的规定，一是要求“货真”；二是要求“价实”。只有“货真”，才有“价实”可言；只有“价实”，“货真”才有其意义。二者兼备，是每一名直播销售所必须坚持的。

（4）**自觉纳税**

我国法律规定：“电子商务经营者应当依法履行纳税义务”。作为电子商务组成部分之一的网络直播销售行业，必须人人自觉履行公民义务，依法纳税。

具体而言，直播销售从业人员依法纳税，主要有下述两点注意事项：一是要如实申报；二是要如期缴纳。二者不可偏废。

必须明确的是，作为秘密性较强的新业态之一，直播销售行业绝非法外之地。偷税、漏税等违法行为，是每一名直播销售人员均应自觉加以杜绝的。

（5）**遵法守规**

国家规定：直播间运营者、直播营销人员从事网络直播营销活动，应当遵守法律法规和国家有关规定，遵循社会公序良俗，真实、准确、全面地发布商品或服务信息，不得有下列行为：

第一，是“反对宪法所确定的基本原则的”；

第二，是“危害国家安全，泄露国家秘密，颠覆国家政权，破坏国家统一的”；

第三，是“损害国家荣誉和利益的”；

第四，是“歪曲、丑化、亵渎、否定英雄烈士事迹和精神，以侮辱、诽谤或者其他方式侵害英雄烈士的姓名、肖像、名誉、荣誉的”；

第五，是“宣扬恐怖主义、极端主义或者煽动实施恐怖活动、极端主义活动的”；

第六，是“煽动民族仇恨、民族歧视，破坏民族团结的”；

第七，是“破坏国家宗教政策，宣扬邪教和封建迷信的”；

第八，是“散布谣言，扰乱经济秩序和社会秩序的”；

第九，是“散布淫秽、色情、赌博、暴力、凶杀、恐怖或者教唆犯罪的”；

第十，是“侮辱或者诽谤他人，侵害他人名誉、隐私和其他合法权益的”；

第十一，是“使用夸张标题，内容与标题严重不符的”；

第十二，是“炒作绯闻、丑闻、劣迹等的”；

第十三，是“不当评述自然灾害、重大事故等灾难的”；

第十四，是“带有性暗示、性挑逗等易使人产生性联想的”；

第十五，是“展现血腥、惊悚、残忍等致人身心不适的”；

第十六，是“煽动人群歧视、地域歧视等的”；

第十七，是“宣扬低俗、庸俗、媚俗内容的”；

第十八，是“可能引发未成年人模仿不安全行为和违反社会公德行为、诱导未成年人不良嗜好等的”；

第十九，是“发布虚假或者引人误解的信息，欺骗、误导用户”的；

第二十，是“营销假冒伪劣、侵犯知识产权或不符合保障人身、财产安全要求的商品”的；

第二十一，是“虚构或者篡改交易、关注度、浏览量、点赞量等数据流量造假”的；

第二十二，是“知道或应当知道他人存在违法违规或高风险行为，仍为其推广、引流”的；

第二十三，是“骚扰、诋毁、谩骂及恐吓他人，侵害他人合法权益”的；

第二十四，是“传销、诈骗、赌博、贩卖违禁品及管制物品等”的。

与此同时，直播销售人员还应遵守以下法规：

第一，直播间“下列重点环节的设置应当符合法律法规和国家有关规定，不得含有违法和不良信息，不得以暗示等方式误导用户”：“直播间运营者账号名称、头像、简介”，“直播间标题、封面”，“直播间布景、道具、商品展示”，“直播营销人员着装、形象”，“其他易引起用户关注的重点环节”；

第二，凡是“直播间运营者、直播营销人员发布的直播内容构成商业广告的，应当履行广告发布者、广告经营者、或广告代言人的责任和义务”；

第三，“直播营销人员不得在涉及国家安全、公共安全、影响他人及社会正常生产生活秩序的场所从事网络直播营销活动”；

第四，“直播间运营者、直播营销人员应当依据平台服务协议做好语音和视频连线、评论、弹幕等互动内容的实时管理，不得以删除、屏蔽相关不利评价等方式欺骗、误导用户”；

第五，“直播间运营者、直播营销人员应当依法依规履行消费者权益保护责任和义务，不得故意拖延或者无正当理由拒绝消费者提出的合法合理要求”；

第六，“直播间运营者、直播营销人员使用其他人肖像作为虚拟形象从事网络直播营销活动的，应当征得肖像权人同意，不得利用信息技术手段伪造等方式侵害他人的肖像权。对自然人声音的保护，参照适用前述规定”。

(6) 直播带货

直播带货，亦称好货推荐。它一般是指娱乐界人士或社会名流在直播间客串直播销售人员，对特定的商品所进行的展示、介绍与推荐。它属于直播销售的一种特殊形式。

不论任何人，包括娱乐界人士与社会名流在内，参与直播带货时都应当遵法守规，并爱惜羽毛。在直播带货的实际过程中，任何人都不允许不懂装懂、弄虚作假、鱼目混珠、夸大功效，甚至直接地利用自己的名人身份忽悠、误导或者欺骗消费者。

（二）合礼销售

在工作之中，直播销售人员必须守规矩、讲文明、有礼貌。此之谓直播销售的合礼销售。

合礼销售，在此是指直播销售人员在其工作岗位上的所作所为必须符合相关的礼仪规范。直播销售礼仪，指的是直播销售人员在其工作之中所要遵守的个人行为规范。

就内容而言，直播销售礼仪具体包括：语言规范、文字规范、举止规范、装扮规范、应对规范，等等。

就本质而论，直播销售礼仪的操作，无非是要体现一个“敬”字。子曰：“礼者，敬而已矣。”在工作岗位上遵守直播销售礼仪，就是要“敬”客户，就是要“敬”岗位；同时也是要“敬”自己。简言之，直播销售礼仪的本质，就是要“无不敬”。

（1）**语言守礼**

在工作岗位上，直播销售人员的语言必须符合相关礼仪规范。除了要力戒“脏”“乱”“差”的语言之外，还必须兼顾下列几点。

第一，称呼要得体。

直播销售之中对己对人的称呼，都要得体合规：可以通俗、时尚，但不能庸俗、媚俗。

在直播销售的具体过程中，张口就是“亲”，闭口则称“偶”，逢人便道“家人”“老大”“老铁”“男神”“女神”“帅锅”“美女”“小哥哥”“小姐姐”，自称则“吾”“咱”“俺”“某”“在下”“宝宝”“哥们儿”“姐们儿”，并非放之四海而皆准。

第二，用语要标准。

直播销售人员在线服务时，应当讲普通话。这既是国家法律上的规范，也是与人交流最易于“求同存异”的选择。下列几点“有所不为”，均应为直播销售人员所谨记。

一是别讲方言、俚语；

二是别讲过于专业的、过于“小众”的术语或行话；

三是别讲过于前卫的时尚用语；

四是别用港、台腔讲话；

五是别讲客户未必听得懂的外语。

第三，互动要礼貌。

与他人在线进行互动时，直播销售人员除了必须使用规范的礼貌语之外，还务必要在语言上处处礼貌待人。

一是不要态度冷漠。与客户线上互动时张口只问“在吗”，表态往往答之以“哦”或者“呵呵”，与人作别时则是不置一词地下线而去，等等表现，只会令人感受到直播销售人员态度的冷漠。

二是不要蛮横无理。但凡与人在线互动，尤其是与客户进行在线互动时，直播销售人员均应彬彬有礼。即使与对方存在争议，或者没有做成线上的生意，也不宜随便怼人，更不能“拍砖”“喷人”。

(2) **文字守礼**

直播销售过程中需要使用文字时，所要遵守的礼仪规范主要涉及以下几点。

第一，不要滥用繁体字或不规范的简化字。

第二，不要使用错字、别字。

第三，不要掉字、落字。

第四，不要随意使用外文。

第五，不要乱用标点符号与网络符号。

第六，不要任意采用缩写、缩略语。

第七，不要到处利用文字、数字的谐音。具体而言，一是不要随处使用汉字的谐音；二是不要随处使用英文或其他外文的谐音；三是不要随处使用阿拉伯数字的谐音。

(3) **举止守礼**

直播销售时，特别是以视频方式进行直播销售时，每一名抛头露面者的举止动作都非常令人瞩目。

当直播销售人员以视频方式进行线上服务时，其举止动作通常被其他人看在眼里、记在心上，并且很有可能被对方与直播销售人员的个人形象、企业形象、所销售的商品形象，直接地画上了等号。

在线服务时，直播销售人员在其举止上以礼待人的具体要求有三。

第一，动作以少为佳。

与他人在线互动时，直播销售人员必须牢记：自己是在推销商品，而非卖弄自己。

因此，在进行视频直播时，切莫莫名其妙地走来跑去、手舞足蹈、摇头晃脑。此刻主播的个人动作以少为佳，否则便会给人以“商品水准不够，主播动作拼凑”之感。

第二，举止优雅大方。

视频直播时，直播销售人员应当举止有度、美观大方、自然得体，令人赏心悦目。

面对广大消费者之际，主播倘若站没站相、坐没坐相、东倒西歪、驼背哈腰，毫无美感，往往会对直播销售造成不良影响。

第三，举动符合常规。

在线服务时，直播销售人员的举止动作一定要符合常规。这既是其个人所应具备的教养，也是其基本的岗位规范。

具体而言，对于挥手致意、垂手而立、展示商品、现场演示，以及或坐、或站、或走的规范化要求，均应认真地遵守。

以视频方式进行直播销售时，举止诡异、另类、夸张，或者令人易于产生与淫秽、色情、暴力相关的联想，均不符合常规，亦应予以禁止。

(4) **装扮守礼**

在日常生活中，穿着打扮是每个人的自身偏好与自我选择；在工作岗位上，每一名直播销售人员的穿着打扮，则展示着其个人品位、岗位规范与企业形象。因此，对其穿着打扮不可不慎。

装扮礼仪，此处指的是有关直播销售人员穿着打扮的岗位规范。其基本要求有下列四点。

第一，装扮要雅。

在视频直播中出镜时，直播销售人员的穿着打扮理当雅致美观。

此时此刻，切勿令个人的穿着打扮怪、异、露、透、短。凡此种种，都是不雅、不美的。

第二，装扮要洁。

直播销售人员进行在线服务时，其穿着打扮务必要干干净净。

在视频直播中直接面对消费者的直播销售人员，若蓬头垢面，身有异物，衣服肮脏不堪，都是非常失仪的。

第三，装扮要齐。

在工作岗位上，直播销售人员的穿着打扮理当整整齐齐。

在消费者眼里，直播销售人员如果不分季节、不分场合、不分年龄、不分男女地胡乱装扮，或者不按服饰自身的搭配规则乱搭配、乱穿衣，都是不符合礼仪的。

第四，装扮要简。

《礼记》曰："大礼必简。"在线服务时，直播销售人员的穿着打扮务必简单朴素。

具体来说，一是发型要简单；二是化妆要简单；三是服装要简单；四是饰物要简单。唯其如此，才能让直播销售人员"干什么，像什么"。

(5) 应对有礼

在线直播，来的都是客，应对全凭"礼"。直播销售人员在线服务，通过视频、音频、文字面对广大服务对象时，既要在不同情况下予以区别对待，又要"礼"字在心、时刻"礼"待他人。

第一，面对咨询。

面对咨询，要细心，更要耐心。

面对消费者有关在线销售商品的种种咨询，直播销售人员要细心聆听，及时答复，有问必答，不厌其烦。面对消费者时保持耐心，乃是一种风度。

第二，面对退货。

面对退货，要办理，更要及时。

对于符合相关规定的退货、换货、赔偿等项要求，不但要及时受理，答应办理，更要言而有信，及时地予以办理。绝对不可拖延不办，甚至一拖再拖。

第三，面对投诉。

面对投诉，要倾听，更要处理。

直播销售的过程中，如果遭遇投诉，相关人员要认真倾听，说明情况，服从管理，听从处理。

第五，面对争议。

面对争议，要"存异"，更要"求同"。

在直播销售中，尤其是在售中服务、售后服务的过程中，直播销售人员与销售对象之间有时会产生某种争议。出现争议时，既要正视双方见解不同之"异"，更要追求争议平息之"同"。

第六，面对刁难。

面对刁难，要容忍，不能"怼人"。

在线服务时，倘若遇到恶意的刁难，一方面要予以包容忍让，另一方面则要保持冷静与克制。与对方互"撕"互"怼"，则显然有失风度。

第七，面对误解。

面对误解，要理解，不能"吐槽"。

身为成年人，直播销售人员需要明确的是：在任何时候、任何地方，让别人完全地理解自己，往往都是不可能的。但是，直播销售人员作为服务于人者，有必要让尽可能多的人理解自己。

直播销售员面对客户的误解时，一是要正视误解；二是要努力以主动沟通去化解误解；三是不要在线上为此而抱怨、“吐槽”。

五、纠纷处理

在工作岗位上，不少服务人员天天都需要同大批的服务对象直接打交道。有个别时候，因为这样或那样的原因，双方之间难免会产生一些矛盾纠葛，甚至由此而导致正面的冲突。尽管此类现象是偶然的、个别的，但它却往往会给双方当事人带来不快，并且还会有损服务单位的形象。正因为如此，此类现象一旦发生，服务人员和其所在单位都要高度重视、正确处理，既不应任其自行扩大，更不应主动制造事端。

服务纠纷，在此简称为纠纷。它所指的一般是在服务过程中，发生于服务人员与服务对象二者之间的争执、矛盾或者冲突。服务单位与服务人员对于服务纠纷的正确态度是：其一，事先预防。即事先对纠纷积极进行预防，力争将其减少到最低限度。其二，事后调解。即及时发现纠纷，及时制止纠纷，并且妥善对其进行调解。从广义上来讲，上述两个方面，包括事先预防与事后调解在内，皆可称之为纠纷处理。

在处理服务纠纷时，对于服务单位与服务人员的基本要求是：第一，律己从严。第二，待人从宽。在服务礼仪中，对于处理服务纠纷时的这两个方面的基本要求，则有着一系列明确而又具体的规范。

（一）律己从严

就服务领域而言，律己从严的主要含义是：服务单位与服务人员平时应当努力对自己严格要求，处处按照服务工作的有关岗位规范对待自己的服务对象，力求防患于未然，使服务纠纷得以产生的土壤越来越少。

律己从严，具体说起来，对于服务单位与服务人员分别又有各不相同的详细要求。

对于服务单位而言，律己从严主要应当在公平交易、诚实守信的基础上得以具体体现。《中华人民共和国反不正当竞争法》中明确规定：经营者在生产经营活动中，应当遵循自愿、平等、公平、诚信的原则，遵守法律和商业道德。由此可知，做到公平交易、诚实守信，必须成为每个服务单位严格管理、督促员工的一种自觉行为。

确保公平交易

所谓公平交易，在此指的是进行商品、服务的买卖过程中，有关各方与此相关的一切表现要合情合理，并无勉强、被迫或者不公。从总体上讲，公平交易乃是社会主义商业道德的基本内容。具体来说，公平交易则是服务行业的经营者对于服务对象意愿和权利的最好的尊重。从服务礼仪方面来讲，离开了公平交易，一切便无从谈起。

服务单位要确保买卖双方实现公平交易，主要应当在保障质量、规范价格、准确计量三个具体的方面多多努力。

1. 保障质量

保障服务质量，在任何情况下都是实现公平交易的首要前提。服务质量，通常指的是服务行业对外销售的商品和提供的服务的优劣程度，它客观地反映着商品或服务的实际使用价值。要保障服务质量，对服务单位来讲，主要应当做到使自己销售的商品、提供的服务达到国家正式颁布的有关标准，确保货物真、服务好。在任何情况下，都绝对不准违法经营国家明令禁止的伪劣商品与非法服务。服务单位还须建立、完善自己的质量管理、质量监督、质量保障体系。在商品销售方面，要严格把守好商品采购关、仓库保管关、柜台上货关等“三关”。在服务提供方面，则要严格地依照既定的科学而规范的程序办事。

2. 规范价格

价格，通常是指商品、服务价值的货币表现形式。它的基本要求是：等价交换、质价相符、货值其价。对于商品与服务的具体价格，服务单位必须进行认真规范，以确保价格合理。所谓价格合理，此处即指服务单位所销售的商品与所提供的价格，应当与反映供求关系的市场价格基本相等，做到价格公道，价实无欺。要做到价格合理，具体要求有以下两个方面。

（1）明码标价

明码标价，即在销售商品、提供服务时，根据有关标准，明确地标出其具体价格，使服务对象可以一目了然，并且可以货比三家。

（2）按质论价

按质论价，即将商品、服务按照质量分档论价，实行优质优价、次质次价、同质同价。这样做，才可谓符合商品交换的等价原则。

3. 准确计量

计量，指的是把一个未知的量与已知的量进行比较。在交易过程中，计量准确与否，直接关系到消费者切身的经济利益。在交易过程中，要求准确计量，就是要确保“量足”。所谓“量足”，主要是要求服务单位所销售的商品、提供的服务不缺斤短两、不克扣分量、不偷工减料、不删减程序。

如上所述，货真、价实、量足这三点是实现公平交易时缺一不可的。此外，要实现公平交易，还必须反对强迫交易与歧视交易。《中华人民共和国消费者权益保护法》规定：消费者在购买、使用商品和接受服务时，享有人格尊严、民族风俗习惯得到尊重的权利。服务单位对于上述规定，必须要严格执行。

坚持诚实守信

子曰："民无信不立"，"君子耻其言而过其行"。在服务与交易过程中，诚实守信应当是有关各方均须遵守的基本准则。它的主要要求是：在进行有关交易时，交易双方要真实地表达自己的本来意图，对于同交易有关的任何情况均不得有意向对方隐瞒，不可以向对方做出虚假的表示，不能够做亏心的买卖。唯其如此，才能实现真正的公平交易，保护好消费者的合法权益。

需要明确的是，服务人员一定要牢记"君子爱财，取之有道"的信条。这里的"道"，实际上就是公平交易与诚实守信。在任何时候，都要见利思义，而切莫见利忘义。

在目前情况下，要求服务单位做到诚实守信，主要应该对下列三个方面的问题多加重视。

1. 奉公守法

《中华人民共和国宪法》明文规定：中华人民共和国实行依法治国，建设社会主义法治国家。在任何情况下，服务单位的经营者都必须以国家利益为重，遵纪守法。奉公守法，对服务单位而言主要有如下两个要点。

(1) 尊重和维护消费者的合法权益。与经营者相比，消费者往往处于弱势地位，因此服务单位一定要严格遵守《中华人民共和国消费者权益保护法》的各项规定。做到了这一点，才是对消费者最好的尊重。

(2) 为消费者的健康、安全负责。服务单位必须做到：确保自己提供的商品、服务符合健康、安全标准；对可能危及消费者健康、安全的商品、服务应做出警示或说明；发现已提供给消费者的商品、服务有可能导致其健康、安全受到危害，应立即采取一切行之有效的措施进行补救。

2. 讲究信用

讲究信用，可谓服务单位的立足之本。在社会上，人无信不立，店无信则不存。所以有人才会说："信用是经营者的第一生命。"对服务单位的经营者来说，讲究信用，除了要真正做到在经营服务中货真、价实、量足、守义、守法之外，还有两点必须切记。

(1) 一定要遵守合同，认真履约，不准背约、毁约。

(2) 在进行商品、服务的具体宣传时，要认真做到实事求是、童叟无欺，切勿言过其实、自欺欺人。

3. 信守承诺

所谓承诺，指的是对于自己答应的事情一定认真照办。服务单位要做到讲信誉，就应当慎于承诺，信守承诺，一诺千金，有诺必践，违诺必纠。在实践中，承诺不但有书面的、口头的，往往还有隐含的、连带的，服务单位对其一律都要加以信守。应当说明的是，对外做出承诺，是服务单位提高服务质量、进行自我施压的一种手段。它既要合情合理、量力而行，又应当较普通的标准为高。在服务时，须注意诺必实、诺必真、诺必诚，并且要做到言必信、行必果。凡做出的正式承诺，都要不折不扣地严格履行。凡违背承诺或未能达到承诺标准的，都应及时进行处罚，并对外进行公告。

对于服务人员个人而言，律己从严，则主要应当体现在其日常服务中处处照章办事，工作一丝不苟。具体来讲，服务人员在服务过程中只有处处律己从严，才能减少自己与服务对象之间发生纠纷的机会。

端正服务态度

服务人员在服务过程中律己从严，就必须在其接待顾客时做到热情服务、礼貌服务、耐心服务。

1. 热情服务

在工作岗位上提供服务时，服务人员一定要充满高度的服务热情，并且使之适当地表现出来。常言道："货有高低不同价，客无远近一样亲。"这一点，显然应当被视为热情服务的基本要求。

（1）积极接待顾客

在服务行业内有句行话："接一顾二招呼三。"它的含义是：当顾客蜂拥而至、服务人员应接不暇时，要尽量照顾一下周围围观、待购的顾客，即在接待第一位顾客时，口头上可以去照顾第二位顾客，同时还应当以自己的眼神去招呼第三位顾客。这种积极而热情服务的方式，往往会迅速而直接地消除顾客被冷落、疏远的感觉。

（2）对顾客多加尊重

在接待顾客时如欲对其表现应有的尊重，服务人员就应做到"六个一样"。它的含义是：接待买东西的顾客与不买东西的顾客一个样；接待熟悉的顾客与陌生的顾客一个样；接待异性的顾客与同性的顾客一个样；接待本地的顾客与外地的顾客一个样；接待国内的顾客与国外的顾客一个样；接待购买商品、服务的顾客与退换商品、服务的顾客一个样。

2. 礼貌服务

服务人员要做好礼貌服务，最为重要的就是要对服务对象进行规范服务，时时处处不忘对其以礼相待。

（1）对所有的接待、服务对象均应一视同仁，真正做到平等相待。每位服务人员在这方面都要自觉地做到“八个不取”，即在接待顾客时，理当不以貌取人，不以年龄取人，不以打扮取人，不以职业取人，不以地位取人，不以种族取人，不以态度表现取人，不以消费多寡取人。在这八个方面对所有顾客不加区分，才能使自己的以礼待客给对方以真实感。

（2）严守有关的服务纪律，完全杜绝自己在工作岗位上的不良表现。下述“岗位十忌”，即服务人员在工作中不准出现的十种错误表现，尤其不得违反：

一是不得吸烟、吃喝、干私事。

二是不得闲聊、打闹、高声喧哗。

三是不得看书、看报、看电视、玩游戏、刷微信、查微博、上网聊天、收看网剧、接听私人电话或低头把玩手机。

四是不得约会私人客人。

五是不得对顾客不理不睬。

六是不得因结账、点货而怠慢顾客。

七是不得同顾客顶撞吵架。

八是不得擅自离岗、串岗。

九是不得迟到早退。

十是不得私自兜售私人或外单位的商品、服务。

3. 耐心服务

所谓耐心服务，就是要求服务人员在接待顾客时表现得不急不躁，始终如一地待之以热情与礼貌。

具体来讲，在接待顾客时要做到耐心服务，主要是要做到有问必答、百问不厌、百挑不烦。

（1）有问必答

顾客在购买商品或服务之前，总是希望对其有进一步的了解，以便选到真正的称心如意者。因此，他们向服务人员提出这样或那样的一连串问题，实在是非常正常的。在任何情况下，服务人员都要对顾客有问必答。一问三不知、有问而不答，甚至对此不屑一顾，不论出于何种具体原因，都会被顾客视为对其不耐烦的表现。

（2）百问不厌

由于理解能力与关注重点的不同，同样一个问题，顾客有时会一问再问，或是几位顾客同时进行发问。某些好学上进的顾客在提问时，往往还会一个问题接着另一个问题连连发问。对于服务人员所做的回答，顾客有时可能听不清、听不懂，或者理解得似是而非。在这种情况下，通常要求服务人员不厌其烦、反复而耐心地一一回答对方的问题，直至其满意为止。

（3）百挑不烦

在选购商品、服务时，尤其是在选购价格较为昂贵的商品、服务时，一些顾客往往会反复比较、反复挑选。有的人不但挑得细、选得严，而且还会表现得有些吹毛求疵，甚至挑选半天之后并未购买。服务人员遇到了这种情况，要有所谅解。对于顾客的正当要求，要予以满足，更要提供积极的帮助，为其当好参谋。不要嫌麻烦、不愿管；或者只给顾客一种选择，对方若再提要求便加以训斥。即便在对方选择商品、服务时加以催促，通常也是不允许的。

要真正做到耐心服务，还要求服务人员在面对个别过分挑剔、胡搅蛮缠、提出无理要求的顾客时保持应有的风度。具体而言，要求服务人员重视以下三点。

（1）**保持冷静**

遇事保持冷静，是为人处世的基本素养。越是在面对极其个别的素质低下的顾客时，服务人员越是要注意本人的态度，保持冷静与克制。在接待此类客人时，既要坚持优质服务，不因生气而降低自己的服务质量；又要在原则问题上加以坚持，不要为了息事宁人而去迁就对方。服务人员始终保持冷静，实际上是对对方无理要求的最好的回答。

（2）**心态平和**

当遇上顾客顶撞自己、出言不逊时，服务人员仍须心平气静、礼让三分，保持定力，保持一种平和的心态。此时切勿激愤、一触即跳，更不要“以牙还牙，以眼还眼”。在服务岗位上，必须牢记：得理之时须让人，不必因理直而气壮，而要胸怀宽广，善于说明道理，并以理服人。

（3）**以静制动**

当服务人员与顾客发生争执，或者极个别的顾客无理取闹时，当事的服务人员尽量不要与顾客针锋相对，而要一如既往地以礼相待、以静制动。其他服务人员可以从旁进行调停、劝解，但不要围观、起哄、打群架。若对顾客群起而攻之，则无论如何都是没有道理的。

（二）待人从宽

就服务领域而言，待人从宽的主要含义是：一旦发生了服务纠纷，服务单位、服务人员均应认真对待、及时处理。在具体处理服务纠纷时，要勇于面对顾客提出的意见、批评，有则改之，无则加勉。对于确属自己一方的不足之处或严重缺陷，要敢于承认、敢于纠正，必要时还须及时向顾客或社会各界公开道歉。对于属于顾客一方的问题，要宽容忍让、礼让三分。在一般情况下，无论如何都不允许服务单位、服务人员在处理服务纠纷时对顾客蛮横无理、借故刁难、再三苛求，或者拒不承认自己的错误，拒不承担自己应负的责任。

在处理服务纠纷时，要求服务单位、服务人员宽以待人，具体来讲，有以下三个方面的问题必须认真予以对待。

认真面对

世间一切事物，都难以尽善尽美，都难免会有彼此之间产生矛盾之时。对于服务单位、服务人员而言，除了要以积极的努力去预防矛盾的出现之外，还有一点必须注意，即当矛盾出现时，理应认真面对，尽快地采取合理的措施进行处理，以求大事化小、小事化了。

任何微小的服务纠纷，如果不能得到及时的处理，都有可能一再升级，迅速扩大，甚至还会最终酿成重大事端。服务单位与服务人员对于这一点必须始终牢记不忘。

在面对服务纠纷时，服务人员所要做的主要事情，就是正确地处理发生在自己面前的矛盾，以防止其进一步升级或扩大。

1. 面对服务纠纷

在工作岗位上，服务人员万一与顾客之间产生了矛盾纠纷，如能注意下述三点，通常都有助于矛盾纠纷得到平息或化解。

（1）**主动谦让**

当矛盾产生后，服务人员如能及时地对顾客进行适当的谦让，往往便会使即将到来的双方正面冲突得以化解。此刻，服务人员可主动结合当时的情况，及时地向顾客直接致歉。例如，“对不起，刚才是我做得不对”“请您原谅，刚才是我态度不好”“不好意思，让您久候了，真的很抱歉”，等等。此种及时地“退一步”的做法，通常都有明显的收效。

（2）**宽宏大量**

有道是“大德必宽”。有的时候，顾客难免也会做错事、说错话、情绪失控、表现过激。对于顾客的一些无关宏旨的过失，服务人员一般不必予以深究。在必要的时候，甚至还可以在对其失当之处加以包涵的同时，主动为其承担错误。此乃“顾客永远正确”之真谛。所谓“你敬我一尺，我敬你一丈”，服务人员若能对顾客的小错小过不予计较，双方产生正面冲突的概率往往便会大为降低。

（3）**转移视线**

不可否认，极个别的顾客有的时候会得理不饶人。他们一旦发现了服务人员或服务单位的毛病或过错，便紧抓不放，甚至还会借题发挥、得寸进尺。面对这一类人，较为明智的做法是：在做出适当的解释、说明或道歉后，可转而从事其他正常工作。在此种情景下，对方的怒气通常会逐渐减弱。因为没有人与其对阵的一台“独角戏”，唱起来实在是乏味的。

2. 接待顾客投诉

在面对服务纠纷时，服务单位要做的主要事情，除了对自己的员工严格管理、严格要求外，重点是认真对待顾客的投诉。

顾客的投诉，一般是指顾客认为服务单位、服务人员的服务存在着不周之处，而正式向有关部门、有关人员进行的申诉或反映。对待顾客的投诉，服务单位要谨慎而认真地予以对待。在接待顾客投诉方面，服务单位重点需要做好以下三件事情。

（1）**由专人负责**

在大中型服务单位，应设立专门机构负责顾客投诉；在小型服务单位，则可由主要负责人直接过问。

（2）**设投诉电话**

有条件的服务单位，均应设立一部或多部专门用以接待顾客投诉的座机电话，并将其号码正式对外公布。这种电话，一定要保证畅通，并有专人接听。

（3）**应做好反馈**

顾客向服务单位进行的投诉，有时难以当下予以解决。负责经办此事者，不仅要认真做好记录，尽快进行处理，而且还要尽早将处理结果向投诉者通报。对方如不甚满意，还可再次研究处理。此类对顾客投诉的反馈，往往不可或缺。

认真调查

毛泽东同志曾经语重心长地指出："没有调查，没有发言权。"他的教导，对于广大服务机构如何处理纠纷，同样具有一定的指导性意义。

对于服务纠纷的处理，妥善的办法是：一定要摆事实、讲道理，但求以理服人。如果想真正做到"以理服人"，就必须尽可能地对事实的真相有所了解；而要想真正了解事实的真相，不进行认真而细致的调查往往是做不到的。

有鉴于此，在处理服务纠纷时，特别是在处理较为重大的服务纠纷时，服务单位及其有关负责人员，务必要事先做好调查工作。

1. 常规方法

目前，调查服务纠纷主要有现场调查、幕后调查、登门调查、电话调查、专函调查等几种常规方法。它们各有短长，在进行具体调查时，既可以只选择其中的一种方法，也可以数种方法并用。

（1）**现场调查**

现场调查，即在服务纠纷发生地所进行的调查。采用此种方法进行调查，可以防止纠纷进一步升级。但由于当事人可能较为激动、现场旁观者可能较多等因素，这一方法往往只能治标，而不能治本。

（2）**幕后调查**

幕后调查，即将当事人请入服务单位的接待室，对其单独进行的调查。采用此种方法进行调查，较少受到外界影响。既可以请当事人直陈己见，又可以不受打扰。它的主要缺点是：或许会受到场地、时间方面的一些限制。

（3）**登门调查**

登门调查，在此特指由服务单位指派专人，专程上门拜访投诉者。此种做法，可以体现出服务单位处理服务纠纷的恳切态度。不过登门调查大都需要预约，否则就可能吃“闭门羹”。

(4) **电话调查**

电话调查，一般是指在接听投诉电话时，对投诉者直接进行的调查。它简单易行、效率较高，但也存在难以面对面直接进行交流、缺乏直观性、互动性、系统性等缺点。

(5) **专函调查**

专函调查，即利用书信、传真或电子邮件等具体形式进行的书面调查。它大都显得郑重其事，而且有条有理。其不足之处，除了缺少正面沟通之外，往往还会受到通信条件方面的具体限制。

2. 注意事项

在调查服务纠纷时，不论具体采用何种方法，总体而言，通常还有如下五点事项有必要加以注意。不注意这些问题，就难以通过对当事人及有关人员的查核、询问，达到排难解纷、追究责任的最终目的。

(1) **有备而来**

在进行调查之前，要做好心理和物质两个方面的准备，使自己对事件的来龙去脉、前因后果大体有所了解。如果可能的话，不妨列出调查提纲。切勿无备而来、无的放矢，或在调查时贸然查问、言不及义。

(2) **依法办事**

在具体进行纠纷调查时，有关经办者必须依法办事。切勿为了本单位或个人利益而徇私枉法，严禁采用一切非法或违规手段进行调查。

(3) **兼顾时空**

在进行调查时，如想取得良好收效，就应当在力所能及的条件下，选择较为有利的时机与较为有利的地点。通常，这种选择往往会有助于调查的顺利进行。

(4) **选派干员**

参与调查的有关人员，必须既有责任心，又有工作能力，并且最好拥有一定的调停纠纷的实践经验。还须注意，参与调查，一般应当派出两人或两人以上。通常不允许有关人员只身进行调查。

(5) **循序渐进**

进行调查时，必须注意循序渐进、分步进行，以便由浅入深、由表及里，真正了解真相。在进行调查时，最忌讳急于求成。届时若贪快图快，只能使调查的结果漏洞百出、遗患无穷。

认真处理

在具体处理服务纠纷时，服务单位的有关人员在其指导思想、临场表现、处理方法等方面，都有必要认真地遵守相关的礼仪规范。

1. 指导思想

在处理服务纠纷时，有关人员必须谨记以下三点总的指导思想。

（1）**顾客总是对的**

必须牢记：在任何情况下，顾客永远都是对的。这是服务礼仪的一项基本原则。“顾客总是对的”，并非意味着对顾客的一切所作所为都要直接予以肯定，而是意味着作为服务对象，顾客有权利对提供给自己的服务人员进行严格要求，有权利对服务提出批评、建议或投诉。处理服务纠纷时若对此不理不睬，是绝对不许可的。

（2）**处处礼让顾客**

有关人员在具体处理服务纠纷时，一定要自始至终地不分对象、不看对方态度，而对投诉者始终待之以礼。并且在一般情况下，还要尽可能地对对方有所谦让，礼让在先。

（3）**尽快妥善处理**

无论从哪一个角度来看，服务纠纷一旦出现，对于有关的服务单位都绝非好事。因此应当尽早动手对其进行处理。在处理服务纠纷时，除了要及时之外，还必须采用行之有效的妥善方法。离开了后者，仅有“及时”二字是远远不能从根本上解决问题的。

2. 临场表现

在处理服务纠纷的临场表现方面，有关人员必须在下面四个方面对自己严格要求。

（1）**友善地对待顾客**

当顾客提出批评或进行投诉时，不论其方式、方法是否正确，都应当将其视为对于服务单位、服务人员的监督、鞭策与激励，因此应当明确地表示欢迎对方的批评，并对对方的投诉予以认真对待。在倾听顾客为此而进行的申诉的过程中，服务单位的有关人员必须对对方加以体谅，并且热情友善、耐心开朗、礼数周全。

（2）**进行有效的沟通**

在处理纠纷时，服务单位一方的有关人员一定要积极与顾客进行有效的沟通。最为重要的是，既要了解顾客的本意，又要使本单位对对方意见的重视和处理纠纷的积极态度为对方所了解。

（3）**满足合理的要求**

有关人员在处理服务纠纷时，一定要主动了解顾客一方的合理要求，并尽可能地予以满足。满足顾客合理要求这种做法本身，就是对对方正当权益的一种尊重。假定顾客的合理要求一时难以满足，则应当立即向其说明并为此而道歉。

（4）**保持自我克制**

在极个别的情况下，少数顾客在服务纠纷发生时往往得理不饶人，对服务人员恶语相加，或者动辄以投诉和向媒体曝光相要挟，此刻理应要求服务人员尽量保持自我克制，不与对方较劲。面对极个别的不讲道理的“上帝”时，服务人员自己亦应保持良好的自我克制态度。与此同时，服务单位也有责任、有义务保护本单位的每一名员工不在身体上或精神上受到伤害。

3. 处理方法

在面临服务纠纷时，最为常用的、正规的处理方法主要有以下四种。

(1) **当场处理**

一些可以立即调解、处理的纠纷，最好当场处理。不要不管不顾、置之不理、互相推诿。当场处理纠纷，应当说是处理服务纠纷最为理想的模式。有时，它亦称“面对面的处理”。

(2) **事后处理**

对于某些难以当场处理的服务纠纷，可在事后进行处理。但对具体处理时间最好有所限定，并且一定要言出必行、及时予以处理。通常，事后处理又称为“背对背的处理”。

(3) **仲裁处理**

所谓仲裁，是指争执双方同意由第三方对争执事项做出裁判。当服务纠纷难以调解时，还可由消费者协会做出仲裁。

(4) **法庭处理**

当服务纠纷难由上述方式解决时，可以诉诸法律，由法庭做出调解或判决，服务单位及有关人员对此必须无条件地遵守。如不服判决，则可依法向上一级人民法院提起上诉。

六、位次安排

在正式的人际交往过程中，人们为了向交往对象表达自己的敬重、友好之意，通常会在位次安排上非常讲究。将交往对象专门安排在尊贵的位次上，通常被理解为给予对方的一项重要的礼遇；反之，则很有可能会被视为存心怠慢对方。

位次，一般是指人们或其使用之物在人际交往中各自所处的具体位置的尊卑顺序。在正常情况下，位次的尊卑早已约定俗成，并广为人们接受和看重。完全可以这样认为：讲究位次的安排，是对交往对象表达敬重、友善之意的一种具体方式。

位次安排，简称排位，它在此通常指的是依照惯例为人际交往预先安排位次。在不同情况下，位次安排的具体做法往往互有不同。以下，分别介绍目前最为常见的会客、会谈、会议、签字、合影、乘车、宴请以及国旗悬挂时的常规位次安排。在工作岗位上，服务人员对此往往多有涉及。

(一) 会客

会客，一般也叫会见、会晤、会面。具体而言，它所指的多是礼节性、一般性的人与人之间的相互见面。

在会客时，安排位次具体有下述四种基本方式。

相对式

相对式的具体做法是：宾主双方面对面而坐。这种排列方式显得主次分明，往往显示着双方“公事公办”之意。它多适用于公务性会客。采用相对式安排位次时，通常会遇到以下两种情况。

（1）双方就座时一方面对正门，另一方则背对正门。此时的讲究是：“面门为上”，即面对正门之处为上座，宜请客人就座；背对正门之处为下座，则宜由主人就座（见图5-1）。

（2）双方就座时分为左右两侧，面对面地就座。此时的主要讲究则是进门后“以右为上”，即进门之后，右侧一方为上座，应让与客人；而左侧一方为下座，则应留给主人。当宾主双方人员不止一人时，情况亦是如此（见图5-2、图5-3）。

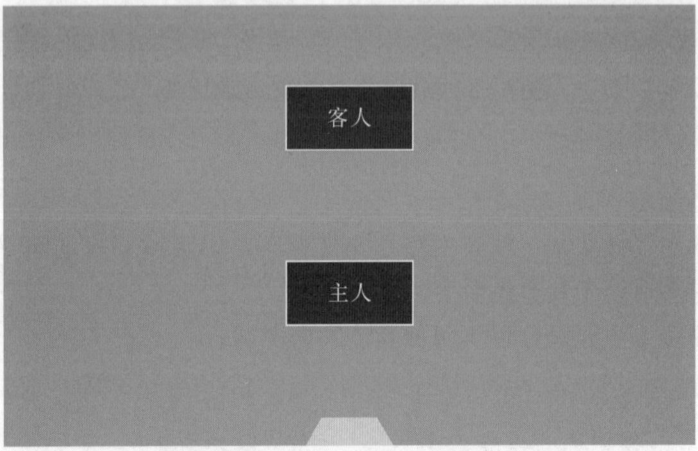

图5-1　相对式会客的排位方法之一

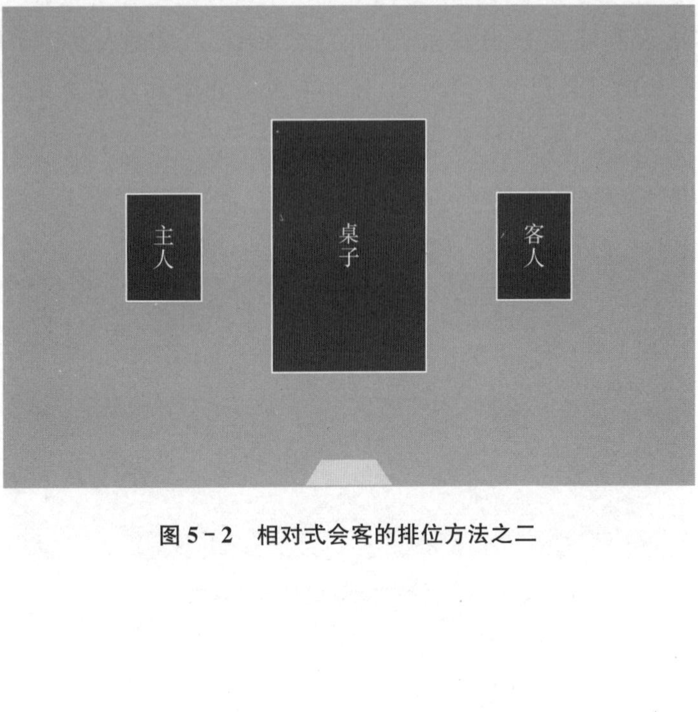

图5-2　相对式会客的排位方法之二

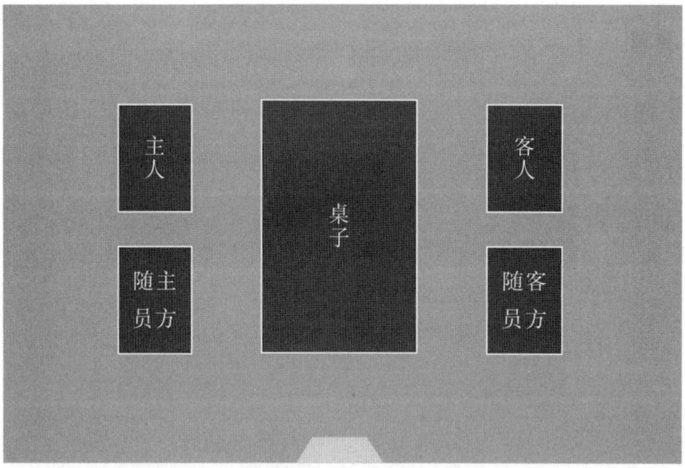

图 5-3　相对式会客的排位方法之三

并列式

并列式的主要做法是：使宾主双方并排就座，以暗示双方之间"平起平坐"、地位相仿。它多适用于礼节性会客。

并列式排位，主要又分以下两种具体的情况。

(1) 宾主双方一同"面门为上"而坐。此刻，还须讲究"以右为上"，即主人应请客人在本人的右侧就座（见图 5-4）。若双方人员不止一人时，双方其他人员还可分别在主人或主宾的一侧就座（见图 5-5）。

(2) 宾主双方一起并排就座于室内的右侧或左侧。此时，通常讲究"以远为上"，即距房门较远处为上座，应让给客人；距房门较近处为下座，则应留给主人（见图 5-6、图 5-7）。请客人就座于距房门较远之处，主要是为了令其少受打扰。

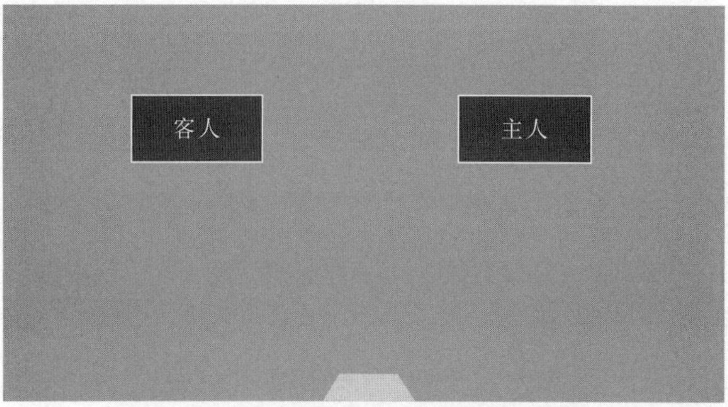

图 5-4　并列式会客的排位方法之一

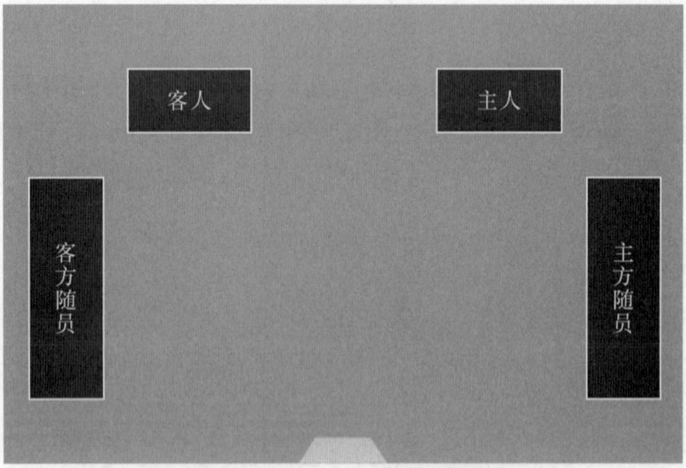

图 5-5　并列式会客的排位方法之二

图 5-6　并列式会客的排位方法之三

图 5-7　并列式会客的排位方法之四

主席式

主席式，大多适用于主人一方同时会见两方或两方以上的客人。进行这种多方会见时，主人应面对正门而坐，来宾则应在其对面与之面对面地就座。这一安排，犹如主人正在主持会议一般，故称为“主席式”（见图 5－8）。

图 5－8　主席式会客的排位方法之一

有时，主人亦可坐在长桌或椭圆桌的尽头，而请客人分坐于其两侧（见图 5－9）。

在本单位、本系统之内，主席式也适用于上下级会面之时。届时上级应面门而坐，下级则应背门而坐。

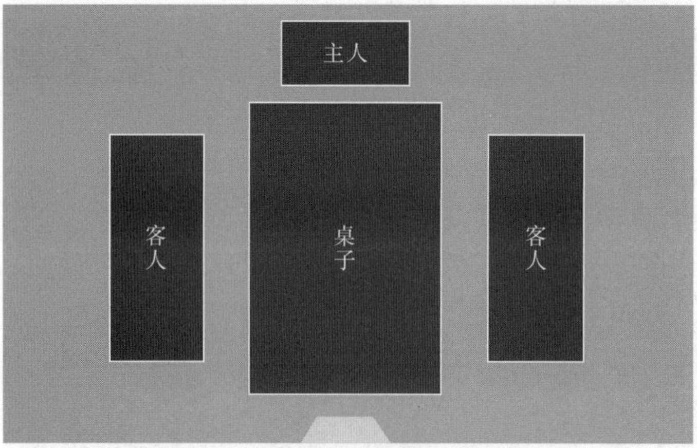

图 5－9　主席式会客的排位方法之二

自由式

自由式的基本做法是：宾主双方不分主次，不讲位次，而由大家自由择座。在进行多方会晤或没有必要进行位次排列时，此法常被采用。

（二）会谈

会谈，又叫谈判、洽谈或磋商，它是指有关各方就某些共同感兴趣的问题进行实质性讨论，以求部分或全部地达成一致，或者订立协议。会谈的特点主要是严肃、正规，因此其位次安排颇为引人注目。

根据参加者来区分，会谈可分为双边谈判与多边会谈，其位次的具体安排方法有所不同。

第一，双边会谈。它在此是指由双方参加的会谈。它的位次安排，有横桌式与竖桌式两种。

▌横桌式

横桌式，此处是指将长条桌或椭圆桌横放在会谈室内，客方人员面门而坐，主方人员则背门而坐。除主人、主宾面对面地居中而坐之外，双方的其他人员，应依其身份的高低，各自先右后左、自高而低地分坐于自己一方。在国内会谈中，紧邻着主人与主宾各自的右侧，大多属于其副手。而在涉外会谈中，此处则可由其译员就座（见图 5-10）。

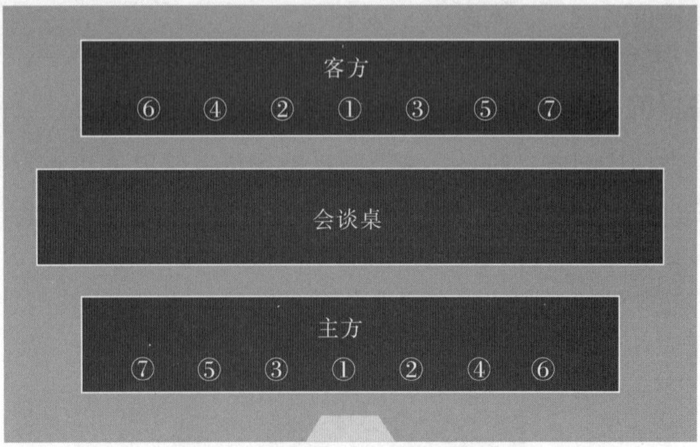

图 5-10 横桌式会谈的排位方法

▌竖桌式

竖桌式位次安排的具体方法是：将长条桌或椭圆桌竖放在会谈室内，以进门时的方向为准，右侧由客人一方就座，左侧则由主人一方就座。在其他方面，基本上与横桌式排位相仿（见图 5-11）。

第二，多边会谈。它在此通常是指由三方或三方以上的人士参加的会谈，其位次安排主要有两种方式。

其一，主席式。它在操作上与会客时的主席式相同，只不过某一方发言时才可以走上主席之位。

其二，自由式。其具体做法即所有到场者均自由就座，不具体安排其位次。

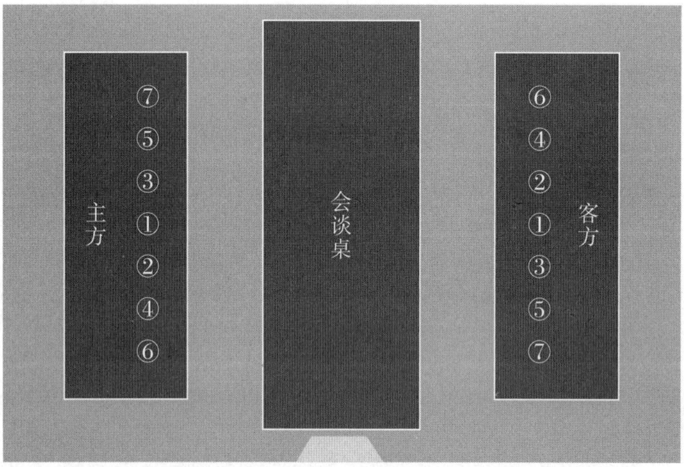

图 5-11　竖桌式会谈的排位方法

（三）会议

会议，在此主要是指各种类型的正式聚会，有大型与小型之分。大型会议与小型会议在安排位次时，具体做法各有不同。

▍大型会议的位次安排

就当前国内性质的会议而言，大型会议的位次需要分为主席台与群众席。在主席台上安排位次时，一是要安排好发言席；二是要安排好主席团成员席。

1. 发言席的位置

发言席，又叫讲坛。在正式会议上，发言席的标准位置有二：其一，使之居于主席团正前方（见图 5-12）。其二，使之居于主席团右前方（见图 5-13）。

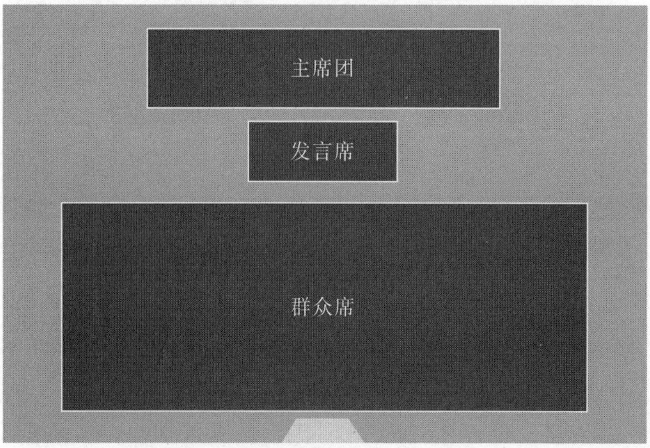

图 5-12　发言席的位置之一

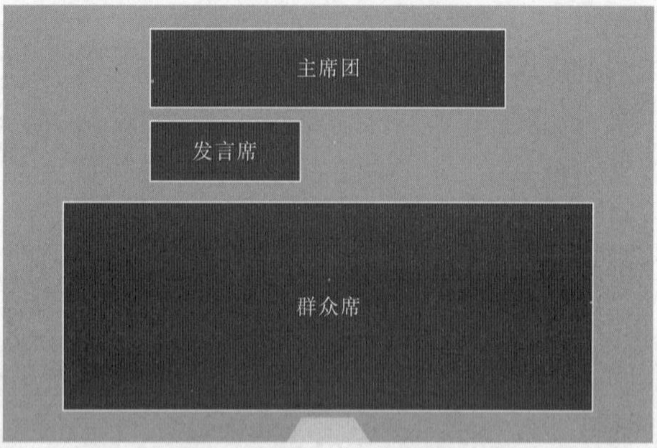

图 5-13　发言席的位置之二

2. 主席团成员的排位

主席团成员的具体排位，在国内的官方活动中主要应当遵守两项规则：其一，中央高于两侧。其二，前排高于后排。具体而论，主席团成员的排位又有单数（见图 5-14）与双数（见图 5-15）之分。特别需要在此说明的是：当主席团成员为单数时，目前主流社会的讲究是以左为上；而当其为双数时，目前主流社会的讲究则是以右为上。

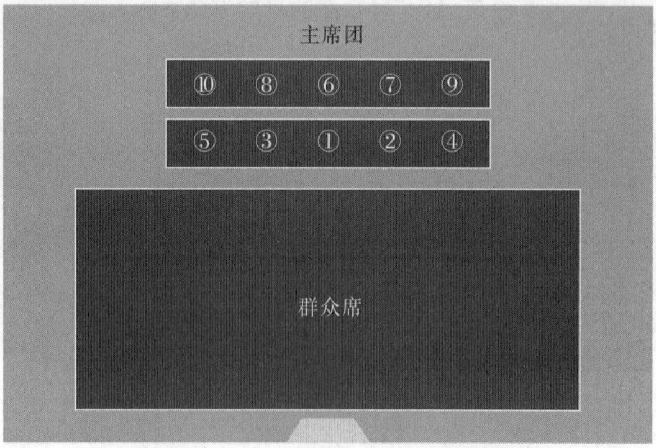

图 5-14　主席团的排位方法之一

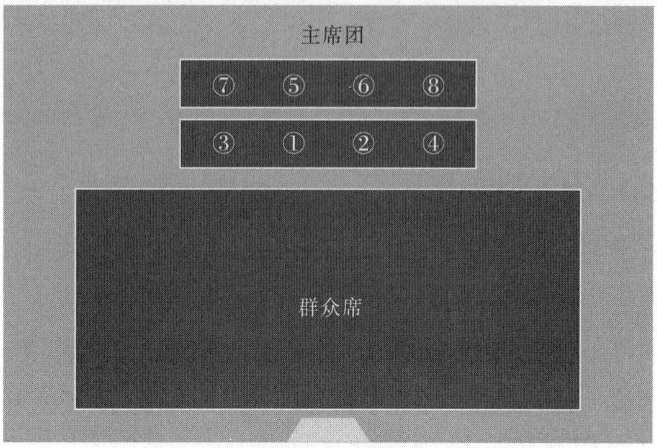

图 5-15　主席团的排位方法之二

3. 群众席的排位

一般而言，排列群众席的具体方式主要有两种。其一，自由式。即与会者自行择座，不做统一安排。其二，按与会单位名称首个汉字的简化汉字笔画的顺序或首个汉字的拼音首字母从 A 到 Z 的顺序排位。其具体做法，以进门方向为准，或由前而后横排（见图 5－16），或自左向右竖排（见图5－17）。进行实际操作时，选择其中任何一种均可，两种方法亦可交叉使用。

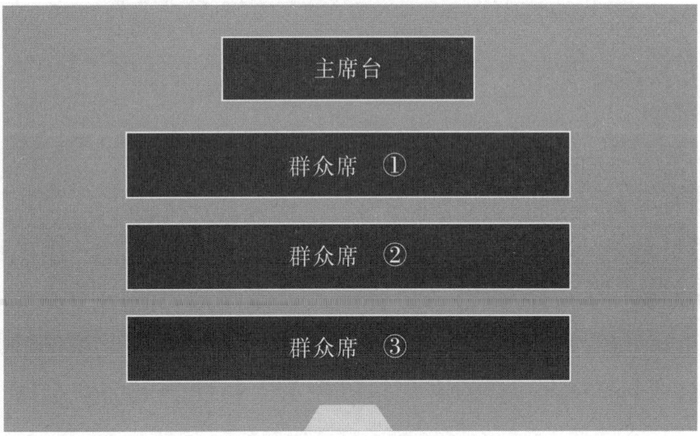

图 5－16　群众席的排位方法之一

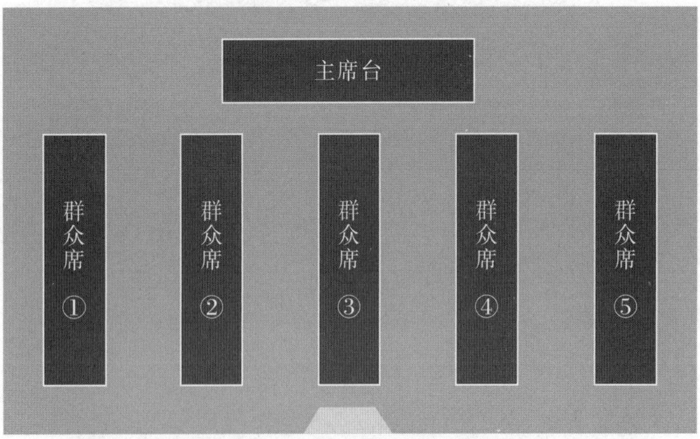

图 5－17　群众席的排位方法之二

小型会议的位次安排

在举行国内官方的小型会议时，排位有以下两种主要方式。

其一，因桌设座。因桌设座，即举行较正式的小型会议时，可请与会者围绕长条桌或椭圆桌就座，在一般情况下，应以距离会议室正门较远的会议桌的一端为主席之位（见图 5－18）。由此可见，它讲究的也是“以远为上”。其他与会者的位次，则应当自左而右依次排列。

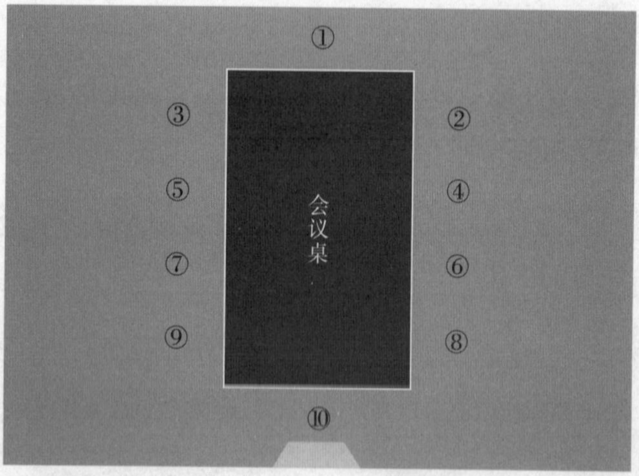

图 5-18 小型会议的排位方法

其二，自由就座。自由就座，在此是指不需要设立相对固定的尊卑位次，而完全由与会者自由择位而坐。

（四）签字

签字，亦称签字仪式，它是有关各方在正式签署条约、合同或协议时所举行的一项仪式。在举行签字仪式时，主要有以下三种具体的排位方式。

并列式

并列式，是双边签字仪式举行时最常见的排位方式。其基本做法是：签字桌面门横放，双方人员并排排列站立，双方签字人员居中面门而坐：主方居左，客方居右（见图 5-19）。

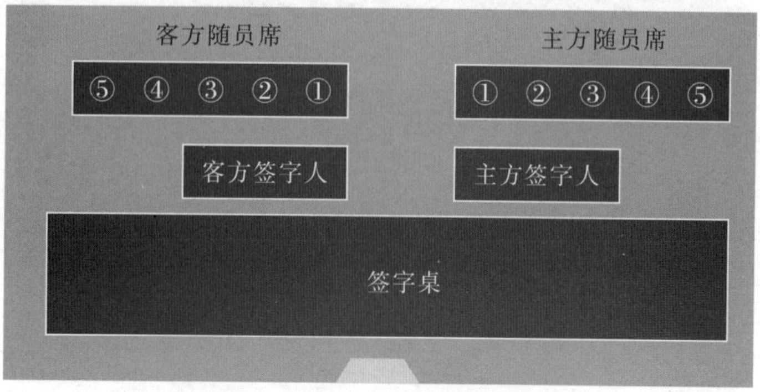

图 5-19 并列式签字的排位方法

▌相对式

相对式，常见于双边签字仪式。其大致做法与并列式相同，只是将双方随员席移至各自一方签字人的对面（见图 5－20）。

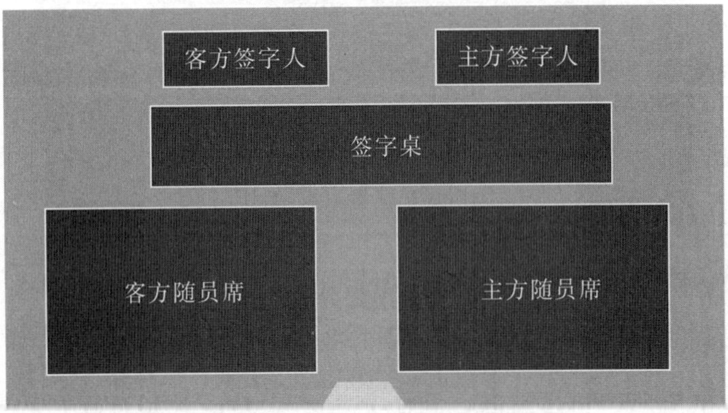

图 5－20　相对式签字的排位方法

▌主席式

主席式，通常适用于多边签字仪式。届时，签字桌仍然在签字厅之内横放，签字席仍然面对正门。但后者只设立一个，而且不固定其就座之人。所有有关各方人员，包括各方签字人在内，均背对正门、面向签字席就座。在正式签字时，各方签字人以大家所共同约定的先后顺序依次走向签字席就座签字。签字之后，即应退回原处就座（见图 5－21）。

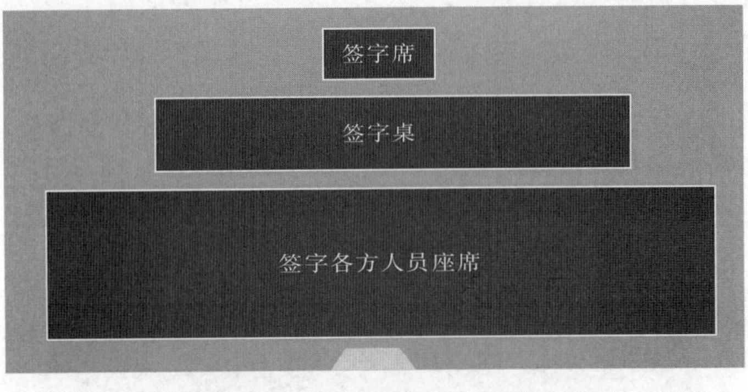

图 5－21　主席式签字的排位方法

（五）合影

在正式场合需要合影留念时，参加人员通常应当根据一定的序列来进行排位。应当说明的是，在合影排位时，通常有内外之别。

▌国内活动时的合影

在国内的官方活动中进行合影排位时，一般的讲究是：居中为上，居前为上。进而言之，对每一排进行排列时，又有单数（见图 5－22）与双数（见图 5－23）之分。参加者人数为单数时，讲究以左为尊；而参加者人数为双数时，则讲究以右为尊。

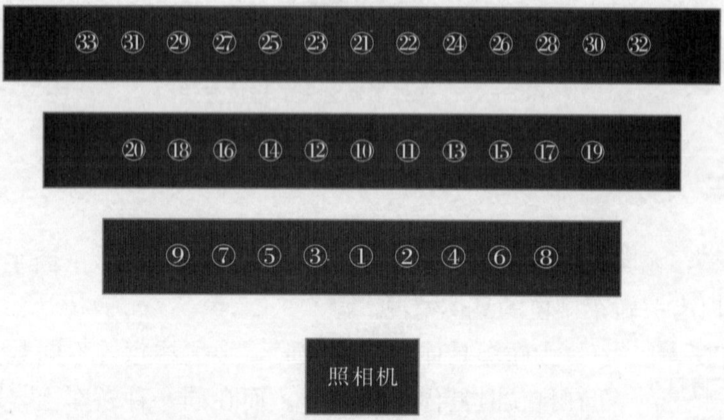

图 5－22　国内活动合影的排位方法之一

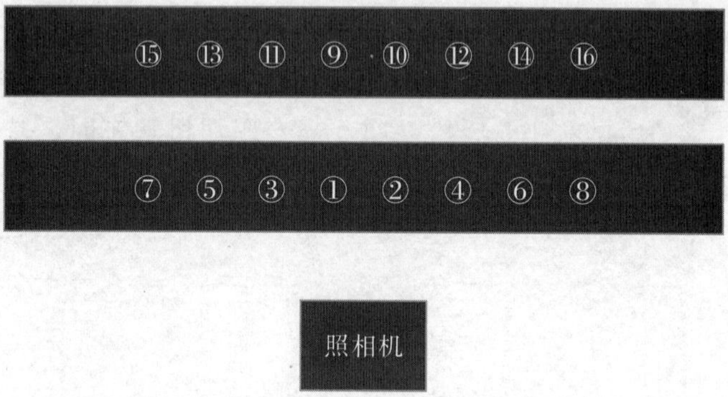

图 5－23　国内活动合影的排位方法之二

▌涉外活动时的合影

在涉外活动中进行合影排位时，通常应遵守国际惯例，使主人居中，主宾紧邻着主人，并居于其右侧，即要讲究以右为上（见图 5－24），同时两侧通常还应由主方人员把边。

不论采用哪种方法为合影排位，都首先要以方便拍摄为要。同时，还要兼顾场地大小、人数多少、参加者的身材高矮，等等。

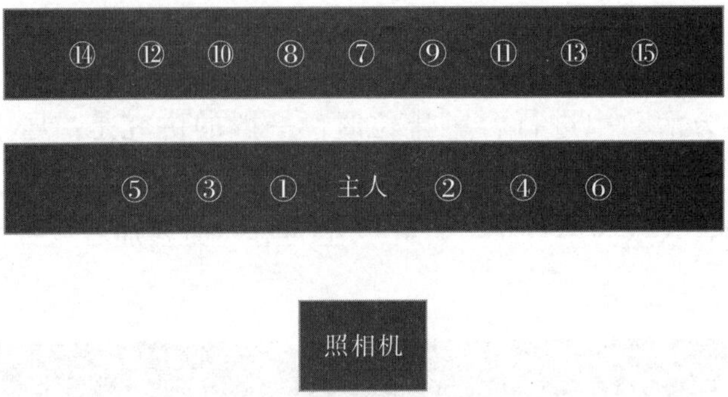

图 5-24　涉外活动合影的排位方法

(六) 乘车

乘坐车辆，尤其是在乘坐轿车时，位次的排列颇有讲究。下面主要介绍在中国内地活动时有关轿车排位的具体情况。

乘坐轿车的规则

为轿车具体进行排位时，必须注意，不同数量座位的轿车在排位时具体做法各异。而在同一种轿车上，驾车者的具体身份对排位也有一定的影响。

双排四座轿车

当主人驾车时，其排位自高而低依次应为：副驾驶座、后排右座、后排左座。当专职司机驾车时，其排位自高而低则应为：后排右座、后排左座、副驾驶座（见图 5-25）。

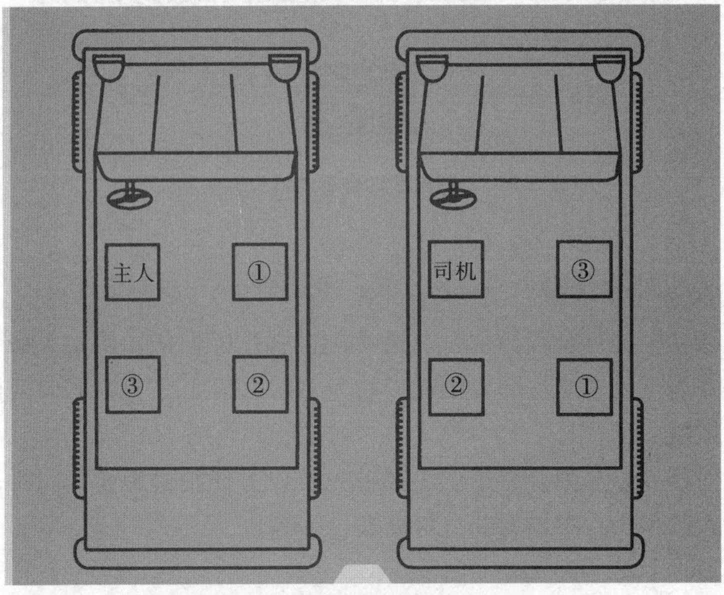

图 5-25　双排四座轿车的排位方法

双排五座轿车

此种轿车，在国内最为常见。当主人驾车时，其排位自高而低依次应为：副驾驶座、后排右座、后排左座、后排中座。当专职司机驾车时，其排位自高而低则应为：后排右座、后排左座、后排中座、副驾驶座（见图 5-26）。

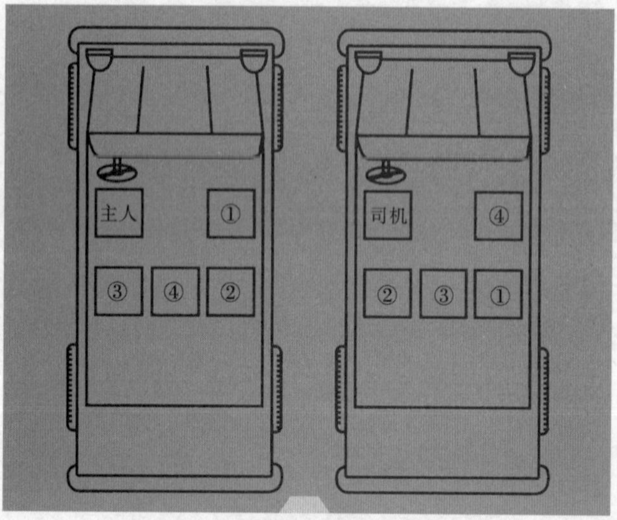

图 5-26　双排五座轿车的排位方法

双排六座轿车

当主人驾车时，其排位自高而低依次应为：副驾驶座、前排中座、后排右座、后排左座、后排中座。当专职司机驾车时，其排位自高而低则应为：后排右座、后排左座、后排中座、前排右座、前排中座（见图 5-27）。

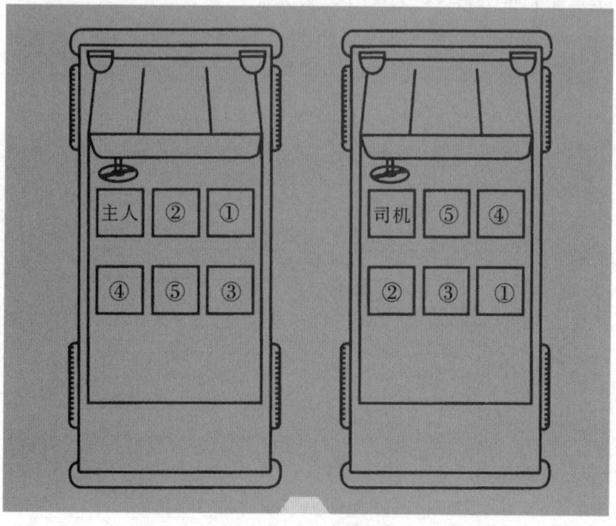

图 5-27　双排六座轿车的排位方法

三排七座轿车

当主人驾车时，其排位自高而低依次应为：副驾驶座、后排右座、后排左座、后排中座、中排右座、中排左座。当专职司机驾车时，其排位自高而低则应为：后排右座、后排左座、后排中座、中排右座、中排左座、副驾驶座（见图5－28）。

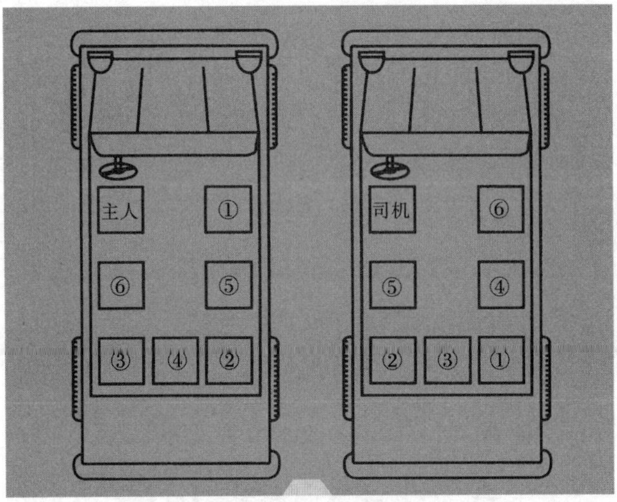

图 5－28　三排七座轿车的排位方法

三排九座轿车

当主人驾车时，其排位自高而低应为：前排右座、前排中座、中排右座、中排中座、中排左座、后排右座、后排中座、后排左座。当专职司机驾车时，其排位自高而低依次则为中排右座、中排中座、中排左座、后排右座、后排中座、后排左座、前排右座、前排中座（见图 5－29）。

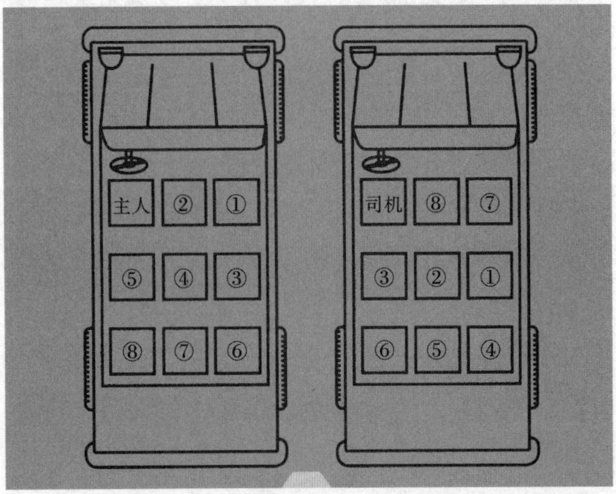

图 5－29　三排九座轿车的排位方法

▌多排多座轿车

所谓多排多座轿车，在此特指四排座和四排座以上的轿车。有时，它亦称大轿车。不论何人驾车，多排多座轿车的排位皆应由前而后、自右而左，并且依距离前门的远近而定（见图 5－30）。

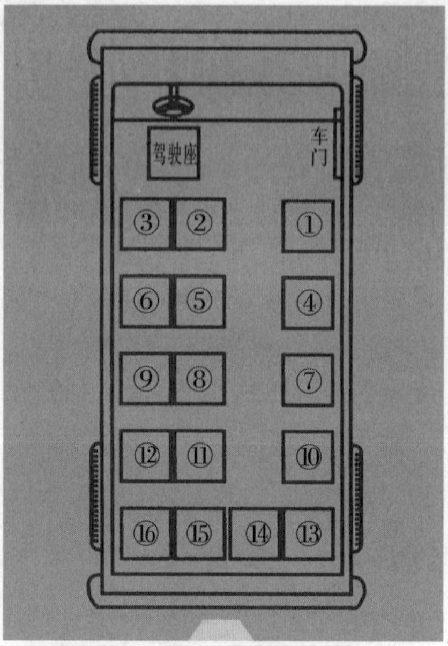

图 5－30 多排多座轿车的排位方法

（七）宴请

宴请的正式名称是宴会，它是以多人所参与的聚餐为形式的一种交际活动。宴请排位，通常有中餐与西餐之别，以下主要介绍中餐宴请的具体排位方法。

具体而论，中餐宴请的排位又分别涉及桌次排列与席次排列。

▌中餐桌次的排列

在举行中餐宴请时，所设餐桌若不止一桌，便有桌次之别。在排列桌次时，主要有下述常规。

1. *以右为上*

以右为上，即餐桌如有左右之分，应以位于右侧的餐桌为主桌。需要指明的是，此时的左右，是依照“面门为上”的规则来确认的（见图 5－31）。

2. *以远为上*

以远为上，即餐桌距离餐厅正门若有远近之分，则距门远者的桌次高于距门近者（见图 5－32）。

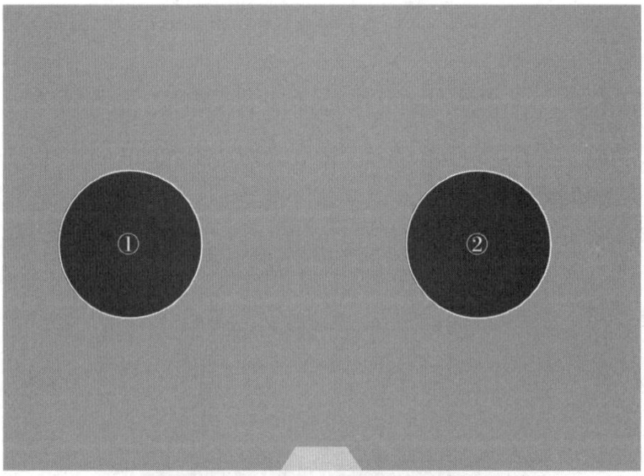

图 5 - 31　桌次的排列方法之一

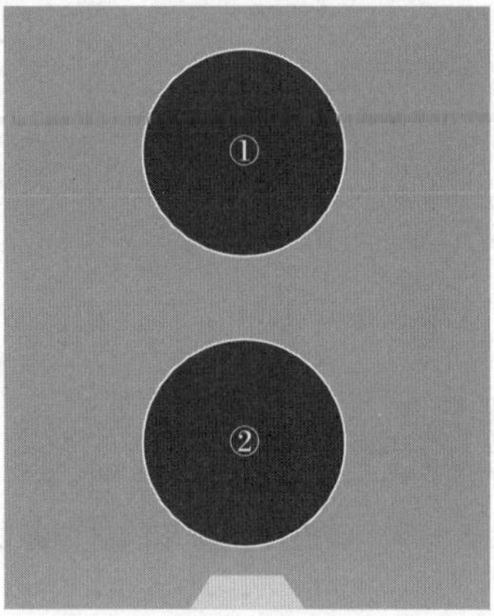

图 5 - 32　桌次的排列方法之二

3. 居中为上

居中为上，即在多张餐桌并排排列时，居于中央者的桌次通常高于居于两侧者（见图 5 - 33、图 5 - 34）。

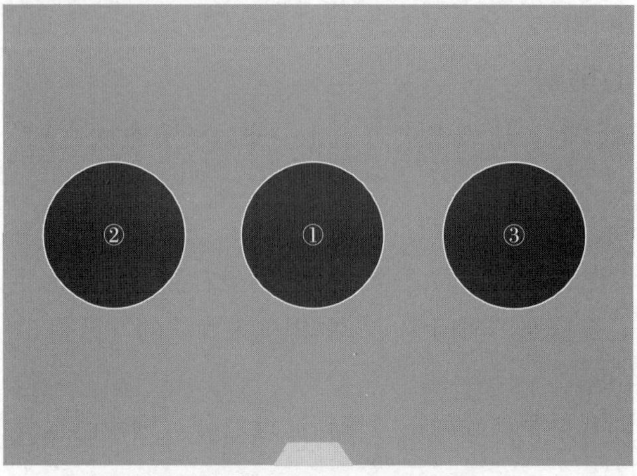

图 5 - 33　桌次的排列方法之三

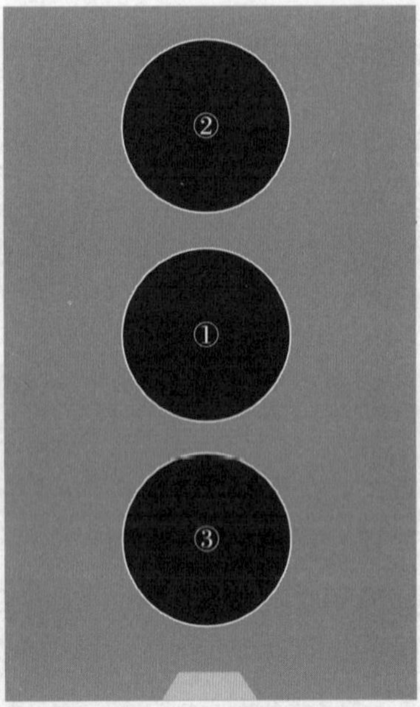

图 5-34 桌次的排列方法之四

在许多时候，上述三项桌次排位的常规是交叉使用的（见图 5-35 至图5-38）。

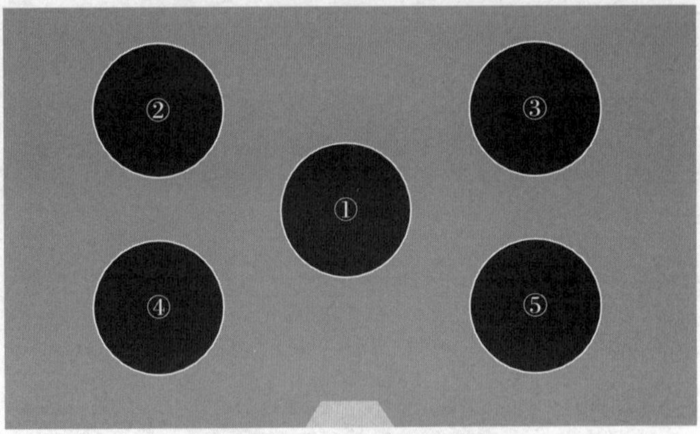

图 5-35 桌次的排列方法之五

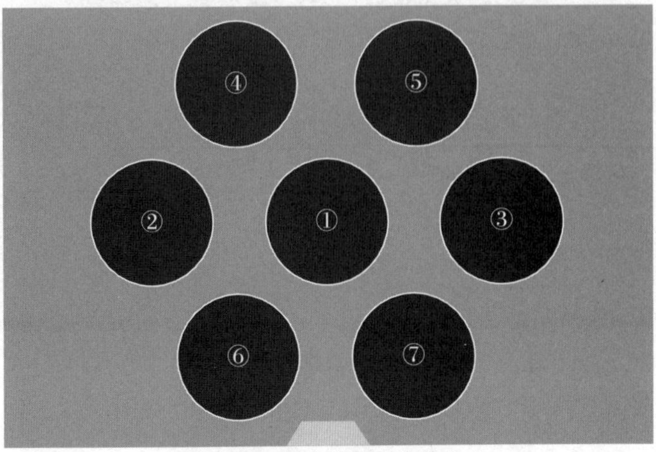

图 5-36 桌次的排列方法之六

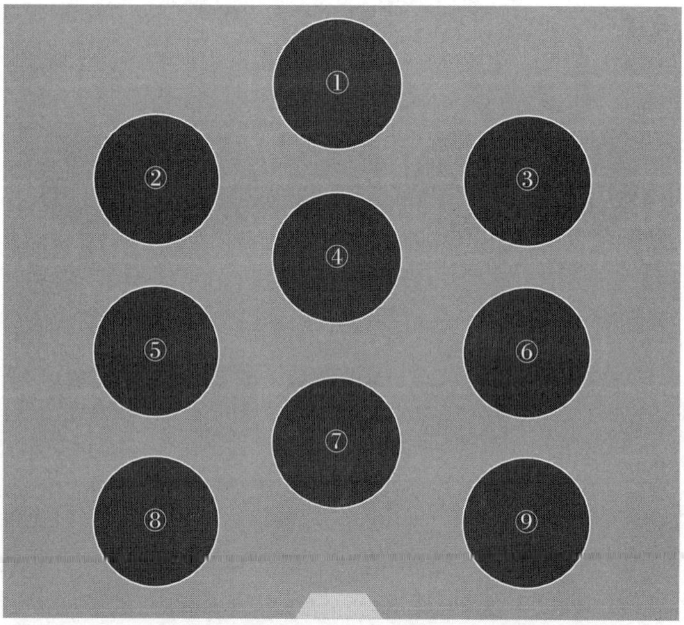

图 5-37　桌次排列方法之七

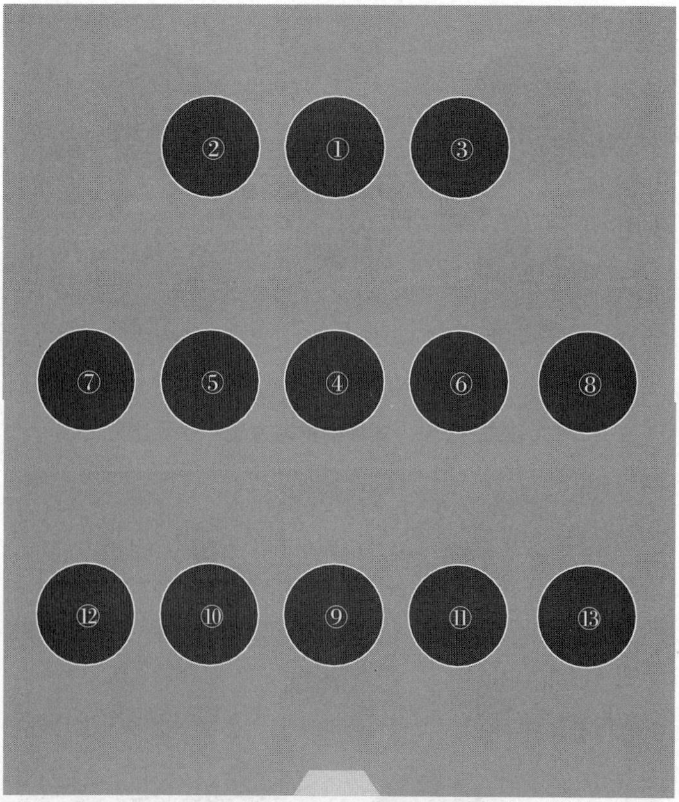

图 5-38　桌次排列方法之八

中餐的席次排列

所谓席次，在此是指每一张餐桌上的具体座次。在排定中餐的席次时，通常有以下四项惯例可循。

（1）面门为主。面门为主，即主人之位应当面对餐厅正门，有时可以由女主人居第二主位。有两位主人时，双方则应对面而坐。

（2）主宾居右。主宾居右，即一般应请主宾在主人右侧就座。

（3）好事成双。好事成双，即在正常情况之下，每桌就座之人宜为双数，并以六人、八人、十人为最佳。

（4）各桌同向。各桌同向，即除主桌外的其他各张餐桌上的主位，可与主桌上的主人之位方向相同。

以上四项惯例，通常交叉使用，并共同发挥作用（见图 5－39 至图 5－41）。

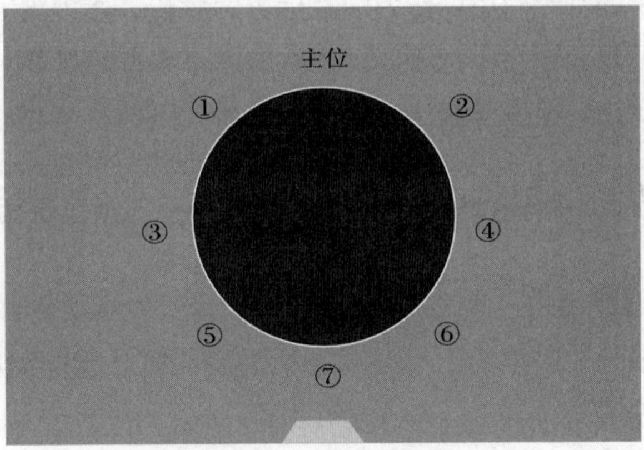

图 5－39　席次的排列方法之一

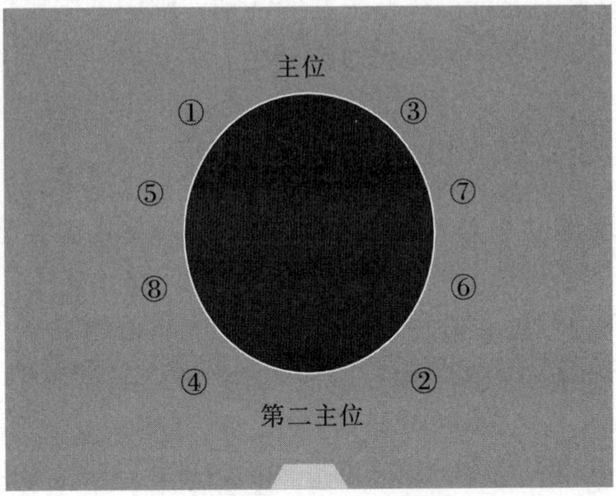

图 5－40　席次的排列方法之二

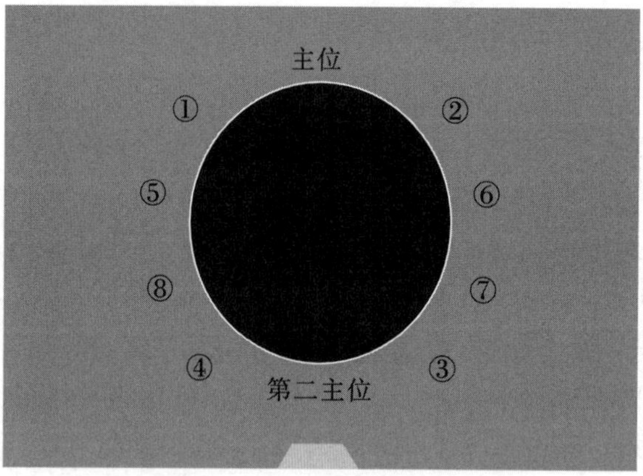

图 5-41　席次的排列方法之三

(八) 国旗悬挂

国旗，在此指的是专门用以作为国家标志的旗帜。作为国家的主要象征性标志之一的国旗的悬挂必须严肃、庄重。中国的国旗是五星红旗。在国内悬挂我国国旗与外国国旗时，必须认真遵守《中华人民共和国国旗法》以及其他方面的有关规定。

在具体操作时，中国国旗的悬挂位次，大致上会涉及以下两类主要情况。

悬挂中外国旗

在我国境内举行某些重大活动时，往往需要同时悬挂中外国旗。进而言之，它又可以分为两种情况。

1. 悬挂中外两国国旗

我国规定：在中国境内举办双边活动需要悬挂中国和外国国旗时，凡中方举办的活动，外国国旗置于上首；对方主办的活动，则中国国旗置于上首。

在我国境内举行由中方主办的双边活动中，若悬挂中外两国国旗，可采用下述三种具体办法。

(1) **并列悬挂**

不论在墙上并排悬挂中外两国国旗（见图 5-42），还是在地面上并排升挂中外两国国旗（见图 5-43），皆应以国旗自身面向为准，使外国国旗居右，中国国旗居左。

(2) **交叉悬挂**

中外两国国旗可以交叉摆放在桌面之上（见图 5-44），或者交叉悬挂在墙壁之上（见图 5-45）。

(3) **竖式悬挂**

中外两国国旗可被竖着悬挂在墙壁之上（见图 5-46）。一般的做法是：双方国旗均应以正面在外，旗套在上。交叉悬挂与竖式悬挂两国国旗，一般不宜滥用。

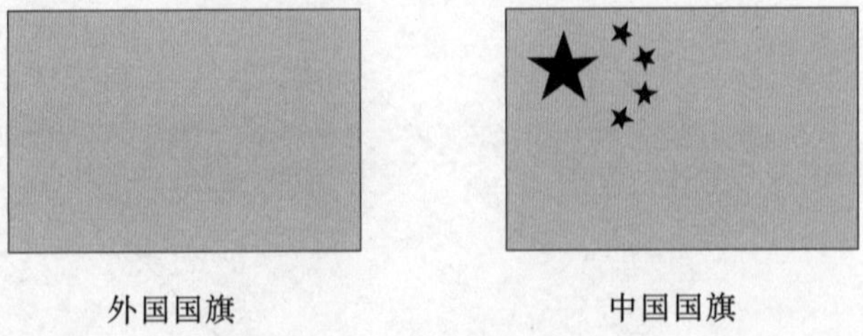

图 5－42　我国境内由我方主办的双边外事活动中在墙壁上并列悬挂的中外两国国旗

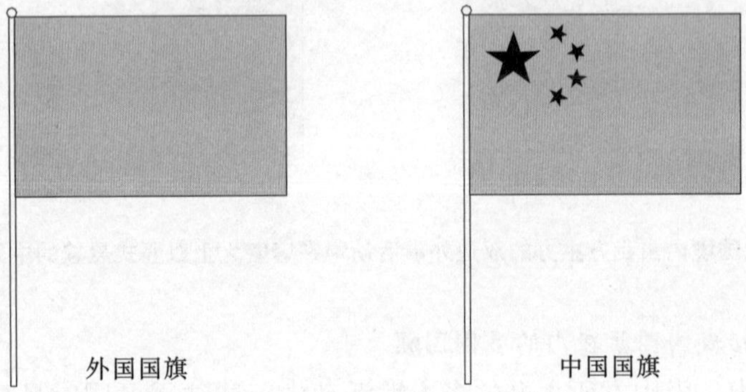

图 5－43　我国境内由我方主办的双边外事活动中在地面上并列升挂的中外两国国旗

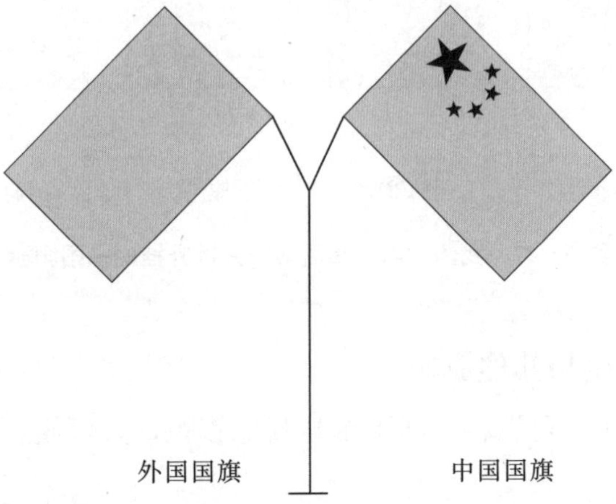

图 5－44　我国境内由我方主办的双边外事活动中在桌面上交叉摆放的中外两国国旗

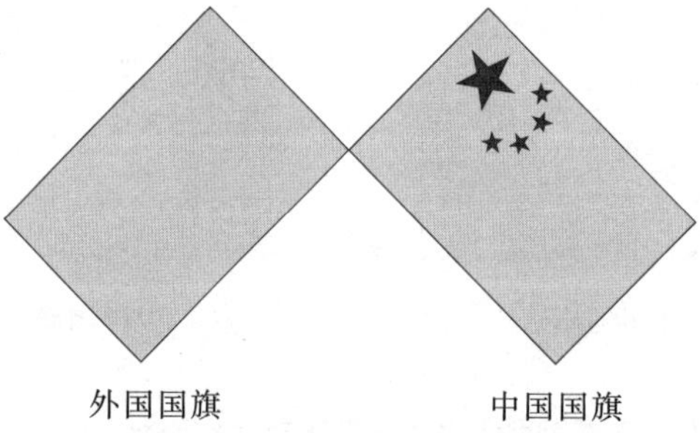

图 5-45　我国境内由我方主办的双边外事活动中在墙壁上交叉悬挂的中外两国国旗

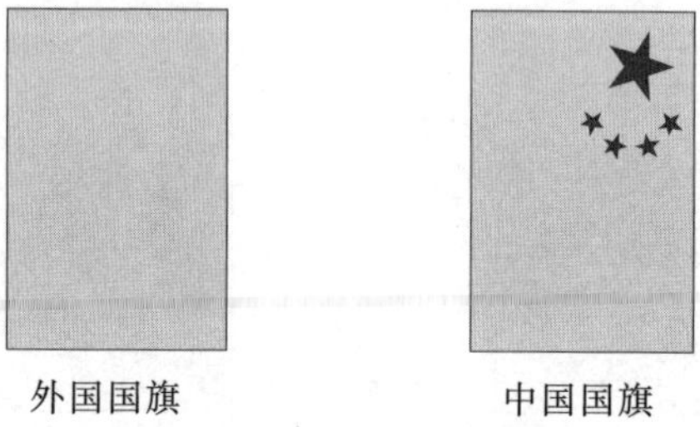

图 5-46　我国境内由我方主办的双边外事活动中在墙壁之上以竖式悬挂的中外两国国旗

2. 悬挂包括我国国旗在内的多国国旗

在我国境内，由中方所主办的多边性活动中，往往需要同时悬挂包括我国国旗在内的多国国旗。我国的现行规定是：在中国境内，中国国旗与多国国旗并列升挂时，中国国旗应该置于荣考位置。例如，一列并排时，以旗面面向观众为准，中国国旗在最右方。（见图 5-47）。

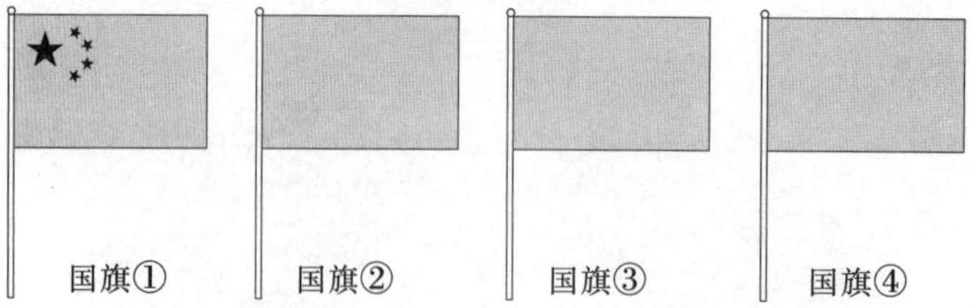

图 5-47　我国境内外事活动中并排升挂的多国国旗

悬挂我国国旗与其他旗帜

在国内活动之中，可以将我国国旗与其他旗帜，如厂旗、店旗、彩旗等同时升挂。

按照《中华人民共和国国旗法》与其他的有关规定，将我国国旗与其他旗帜同时升挂时，应使我国国旗居于突出的位置。其具体排位方法有以下五种。

（1）数面旗帜单行排列时，应使我国国旗居于最前列。

（2）两面旗帜并排排列时，应使我国国旗居于右侧（见图5-48）。

（3）多面旗帜并列时，应使我国国旗居于中央（见图5-49）。

（4）多面旗帜分高低并列时，应使我国国旗较其他旗帜为高（见图5-50）。

（5）多面旗帜分大小并列时，应使我国国旗较其他旗帜面积为大。

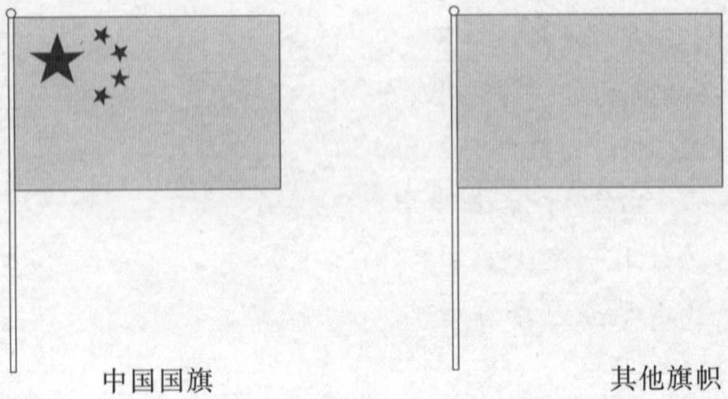

图5-48　我国国旗与另一旗帜并排排列

图5-49　我国国旗与多面其他旗帜有中央与两侧之别时并排排列

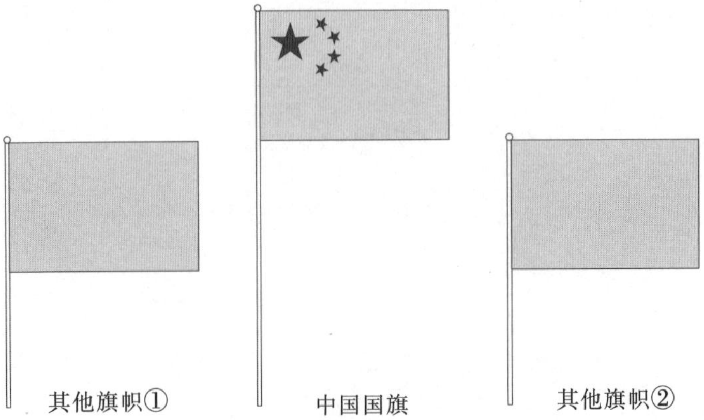

图5-50　我国国旗与其他旗帜有高低之别时并排排列

思考题

1. 什么是服务人员的岗位规范？其主要内容是什么？
2. 如何才能更好地遵守服务人员的岗位规范？
3. 岗前准备包括哪些具体内容？
4. 什么是店内陈列的“三易原则”？
5. 服务人员在上岗前应当怎样做好准备？
6. 何谓服务人员的“接待三声”？
7. 什么是商品销售的“一懂”“四会”“八知道”？
8. 何时是导购、推销的最佳时机？
9. 导购人员、推销人员应如何争取顾客？
10. 直播销售为什么一定要知法、守法？
11. 为什么要重视服务纠纷的处理？
12. 什么是位次的安排？
13. 会客的位次应如何安排？
14. 会议的位次应如何安排？
15. 我国国旗应当如何正确地悬挂？

主要参考书目

1. 习近平．关于社会主义精神文明建设论述摘编．北京：中央文献出版社，2022.

2. 郑玄．礼记注．北京：中华书局，2021.

3. 郭学贤．现代礼仪．北京：北京大学出版社，2022.

4. 李荣建．礼仪训练．武汉：华中科技大学出版社，2022.

5. 单铭磊．中国人的礼仪文化．北京：化学工业出版社，2021.

6. 傅莹．大使衣橱：外交礼仪之路．北京：中信出版社，2021.

7. 杨金波．政务礼仪．北京：中国工商联合出版社，2021.

8. 吕艳芝，等．职场礼仪培训全书．北京：中国纺织出版社，2021.

9. 李战子．外交外事礼仪（英文版）．上海：上海外语教育出版社，2020.

10. 史兴松．国际商务礼仪（英文版）．北京：对外经济贸易大学出版社，2020.

11. 张建国．中国礼宾接待手册．北京：中国人民大学出版社，2018.

12. 周加李．涉外礼仪．北京：机械工业出版社，2017.

13. 余力杰，等．商务礼仪．北京：清华大学出版社，2017.

14. 常俊，等．中国礼仪．上海：上海大学出版社，2017.

15. 平原春．西方礼仪文化．昆明：云南人民出版社，2016.

16. 萧芳芳．洋相：英美社交礼仪．武汉：湖北科学技术出版社，2016.

17. 徐醒民．常礼举要讲记．北京：团结出版社，2013.

18. 李嘉珊．国际礼仪范式．北京：高等教育出版社，2012.

19. 纪亚非．服务礼仪训练标准．北京：中国纺织出版社，2012.

20. 魏东，等．中国的礼制．北京：中国国际广播出版社，2010.
21. 刘青，等．世界礼仪文化．北京：时事出版社，2010.
22. 徐祥林．礼行天下：国际礼仪礼宾和旅行．北京：世界知识出版社，2010.
23. 林莹，等．西餐礼仪．北京：中央编译出版社，2010.
24. 张国斌．外交官说礼仪．北京．华文出版社，2009.
25. 张晓梅．晓梅说礼仪．北京：中国青年出版社，2008.
26. 周敏．现代公务礼仪．杭州：浙江大学出版社，2007.
27. 周裕新．现代办公礼仪．上海：同济大学出版社，2006.
28. 庄铭国．国际礼仪公务员必修手册．北京：中央党校出版社，2006.
29. 王伟伟．礼仪形象学．北京：人民出版社，2005.
30. 朱新海，等．中国公务接待．北京：中国大百科全书出版社，2005.
31. 李柠．礼仪修养．北京：高等教育出版社，1996.
32. 丛杭青．公关礼仪．北京：东方出版社，1995.
33. 钟敬文．中国礼仪全书．合肥：安徽科学技术出版社，1995.
34. 莫里森，等．国际商务礼仪指导手册．北京：电子工业出版社，2020.
35. 柯诺．法式礼仪．武汉：华中科学技术大学出版社，2020.
36. 鲍德瑞奇．礼仪书．北京：中国人民大学出版社，2012.
37. 霍德夫斯．礼貌的力量．北京：中信出版社，2010.
38. 迪索．礼仪：交际的工具．北京：外语教学与研究出版社，2005.
39. 米切尔．礼仪．沈阳：辽宁教育出版社，1999.

第1版后记

服·务·礼·仪·教·程

1990年春天，为了适应社会的迫切需求，我在中国人民大学，同时也是在国内的高等院校之中，率先为本科生正式开设了交际礼仪课程。在此之后，我又应邀参与了多种不同类型的礼仪教学与礼仪培训工作，以便更好地了解社会的实际需求，使自己有关礼仪教学和研究的成果服务于社会，服务于祖国的现代化事业。

在我所从事的礼仪教学与培训的实践中，我了解到目前社会上各行各业的从业人员，都迫切地需要以礼仪知识来充实自我，完善形象，改进自己的人际关系。但是，由于各行各业工作上的不同性质，其从业人员所需要掌握的礼仪知识自然便有所不同。要使礼仪真正地发挥其作用，无疑必须在教学与培训之中注意使之“对象化”，换而言之，也就是必须使礼仪的教学与培训工作具有鲜明的针对性。

自1991年开始，我便开始着手撰写“实用礼仪系列教材”。迄今为止，经过六年多的认真努力，由《社交礼仪教程》《政务礼仪教程》《商务礼仪教程》《服务礼仪教程》《涉外礼仪教程》所组成的“实用礼仪系列教材”终于宣告完成了。

在编写“实用礼仪系列教材”的过程之中，我始终注意下述两点：其一，突出它的应用性。这套“实用礼仪系列教材”绝非不谈理论，轻视理论，但却力戒纸上谈兵。它所讲授的，基本上都是人们在现代生活里不可或缺的实用礼仪知识。与此同时，它还注意具体问题具体分析，既讲究规范性和系统性，又重视可操作性。

其二，努力使它“对象化”。仅从这套“实用礼仪系列教材”各个分册的具体名称来看，就会发现它们各自都有自己的适用对象。按照我的预想，它们不仅在整体上要密切关联，合为一体，而且还要具体地服务于不同的对象，适用于不同的行业。具体而言：

《社交礼仪教程》，主要讲授交际应酬方面的礼仪知识，以各界人士，尤其是广大青年、学生为对象。

《商务礼仪教程》，主要讲授公司、企业的从业人员在经济交往中所应具备的礼仪知识，以商务人员为主要对象。

《政务礼仪教程》，主要讲授国家公务员在政务往来中所应遵守的礼仪知识，以国家公务员为主要对象。

《服务礼仪教程》，主要讲授各种服务行业的从业人员在工作岗位上所须应用的礼仪知识，以服务人员为主要对象。

《涉外礼仪教程》，则主要讲授从事涉外工作的中国人在同外国人打交道时必须掌握的礼仪知识，以涉外人员为主要对象。

1995年年底，我即完成了这套“实用礼仪系列教材”的初稿。为了使之精益求精，减少纰漏，我并没有急于将它交付出版，而是首先在各种类型的礼仪教学、培训中进行了长时间的试用。其中的绝大部分内容，仅在中国人民大学试讲就达三年之久。在此期间，它的部分内容还在许多报刊上进行过连载，在中央人民广播电台也进行了长达一年左右的连续广播。此外，我还先后多次在全国高等院校礼仪教师培训班和许多行业的专业培训班上，试讲或介绍过这套“实用礼仪系列教材”。在有关方面支持下，我还主持过六次专为完善这套“实用礼仪系列教材”而举办的研讨会，广泛听取了来自学生、教师、教学与培训主管部门以及社会各界的意见和建议。在这一基础上，才有了它的正式出版。此外，为了更好地利用现代化教学手段，为加强形象化教学，还与中国人民大学出版社音像部联合摄制了五集《实用礼仪系列片》教学录像带。应该说，没有有关领导、社会各界和广大师生的支持，尤其是离开了同行们的支持，我是难以支撑下来完成这一重任的。在此，我要郑重其事地向大家表示我的感谢之意。

作为国内第一套较为系统的礼仪教学和培训教材，这套“实用礼仪系列教材”虽然数易其稿，几经研讨，但依然会有许多疏漏和不足，深切地希望大家对此抛砖引玉之作多多见谅，并且恳请及时予以指正。

本人才疏学浅，编写这套“实用礼仪系列教材”，在选题策划时虽然尽心而为，几乎竭尽了全力，但的确可谓勉为其难。在写作过程中，曾参考过国内外许多专家、学者的有关著述，在此一并致谢。在每种“礼仪教程”之后，特附以《主要参考书目》，专供教师和学生在教学和学习过程之中借鉴。

中国人民大学出版社的领导，特别是担任这套“实用礼仪系列教材”策划编辑的李宏先生，为了它的正式出版做了大量具体的工作。在这套“实用礼仪系列教材”之中，大到框架、结构，小到文字、插图，处处都留下了他们的精辟见解。对于他们的敬业精神，我深怀敬意，并对他们对我的帮助表示感谢。

将来，在适当之时，我将根据反馈回来的信息，对这套礼仪教程再作修订。

最后，再次谢谢大家！

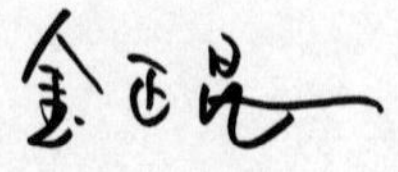

于中国人民大学

第2版后记

1998年至1999年之间，我所撰写的“实用礼仪系列教材”（含《社交礼仪教程》《政务礼仪教程》《商务礼仪教程》《服务礼仪教程》《涉外礼仪教程》等五册）由中国人民大学出版社陆续出版。此后，这一系列礼仪教材由中国人民大学出版社多次重印，成为畅销书，并且被国内近百所大学选作教材或教学参考书。

与此同时，我本人也多次应邀在中央电视台、中央教育电视台、中央人民广播电台等多家媒体主持过礼仪栏目，以上述教材作为蓝本，系统讲述礼仪知识，并受到欢迎。

古人云：“衣食足而知礼仪。”礼仪知识在今日备受我国广大人民群众与整个社会的重视，实际上从一个侧面真实地反映了我们的伟大祖国正在走向繁荣富强，我国广大人民群众的精神生活与文化品位正在不断地得到提升。能够以自己的微薄之力为我国的社会主义精神文明建设做出贡献，能够以自己肤浅的知识为祖国与人民服务，我感到荣幸之至。

迄今为止，这套丛书已出版近6年。在此期间，我听到了不少读者与专家、学者、同行的意见或建议，自己也发现了它所存在的某些缺陷与不足。从2002年下半年起，在中国人民大学出版社贺耀敏社长、周蔚华总编辑与本书策划编辑李宏、司马兰的反复督促下，我即着手对其进行全面的修订，并改称“21世纪实用礼仪系列教材”。现此项工作已告完成，正式予以再版。

此次修订，我重点注意如下三个方面：

第一，坚持与时俱进，努力为其注入新观点、新知识。

第二，突出其规范性、系统性与可操作性。

第三，认真改正某些错误之处，删除某些过时之点。

这次再版修订，一共花去了我近两年时间。平心而论，我对此次修订是非常认真的、非常用心的。真心地希望本丛书通过此次修订，可以更好地适应社会发展的需要，更好地满足广大读者的要求。

再次感谢中国人民大学出版社各位领导以及本书责任编辑姜颖昳对我的帮助，并对广大读者与专家、学者、同行们对我的支持与厚爱表示深深的谢意。

2004 年 8 月 16 日

于北京世纪城寓所

第3版后记

我所撰写的“21世纪实用礼仪系列教材”丛书（第2版）于2005年1月由中国人民大学出版社出版，迄今已逾四年。在其正式出版后，曾经多次加印。专家、学者对它给予了充分的肯定，广大读者也给予了它大力的支持。一年多以来，我应广大读者与中国人民大学出版社的要求，对其又一次进行了较为全面而系统的修订。

在此，我有必要对广大读者进行认真说明的是，此次本系列教材修订的具体重点有三：

其一，本着“与时俱进”的精神，再次对某些章节进行了增删或调整。我之所以这样做，既是进一步充实与完善本系列教材具体内容的需要，又是为了进一步满足广大读者的实际需要。

其二，本着“精益求精”的基本要求，对本系列教材的具体内容与文字上的某些明显的错误、失误，进行了认真的改正；对一些叙述上失之于严谨或准确的地方，则进行了尽可能的充实与更改。

其三，为了方便广大读者的学习与复习，在本系列教材各分册的每一章里，大都增加了“学习目的”“本章要点”等新的内容。同时，在教材具体内容的编排上亦做了一些调整，以期增强其可读性。

我在上面所做的一切，都是我应该做的，而且也是我必须努力去做的。今后，我还会一如既往地、继续地、认真地、努力地坚持这样去做。

最后，再次感谢近年来广大专家、学者与广大读者对本系列教材的热情肯定与具体指教！

与此同时，我还要诚心诚意地感谢中国人民大学出版社领导贺耀敏、周蔚华对我的支持，感谢我在中国人民大学出版社的老朋友李宏、司马兰对我的督促与帮助，感谢本系列教材的编辑王爱玲、李学伟、姜颖昳为本系列教材此次的修订、出版所做的大量辛勤工作！

2009 年 3 月 16 日于北京

第4版后记

经过一年的努力，我所撰写的“实用礼仪系列教材”第4版出版在即。此时此刻，我怀着一颗感恩与虔诚的心，向关心、支持、帮助过自己的学者、专家、同行以及广大读者真诚地致谢！

与此同时，我还要衷心感谢中国人民大学出版社各位领导的信任，感谢本版策划与编辑翟江虹、田淑香、赵建荣的督促与辛勤劳动！

对于“实用礼仪系列教材”的此次修订，我需要着重说明下述两点：

其一，本次修订重在删繁就简。有道是：“大德必宽，大礼必简。”目前，礼仪简化已是大势之所趋。在本次修订的过程中，除必要的调整、增加与删除之外，对于某些过时的内容、被实践证明未必正确或未必有效的具体操作技巧，进行了一定数量的删减，以确保本系列教材的精益求精、与时俱进。

其二，本次修订突出了可操作性。众所周知，礼仪是一门实践性极强的应用型学科。经过对礼仪研究与教学的实践、认识、再实践、再认识这一过程，我深感礼仪普及、推广必须着重突出其可操作性。在本系列教材的修订过程中，不论删或增，在对某些具体内容进行斟酌时，我均优先考虑它是否具有可操作性。倘若它曲高和寡，难以操作，则一般不予以保留或增加。

在本次修订中，尽管我再三推敲，反复征求多方面的建议与意见，但本书显然还存在着很多不足之处。诚请学者、专家、同行与广大读者多多指教！

再次感谢大家！

金正昆

2014年2月于北京

第5版后记

中国传统典籍《礼记》尝言："苟日新，日日新，又日新。"随着我国社会全方位的发展，社交礼仪的规范、学习与教育亦须与时俱进，以便与国家、社会和国人的实际需求相适应。

2014年5月4日，习近平同志在北京大学师生座谈会上就明确地指出：国有四维，礼义廉耻，"四维不张，国乃灭亡"。2014年10月13日，他又在中央政治局集体学习中强调了"礼法合治，德主刑辅""为政以德，正己修身"的重要性。现在呈现在读者面前的《服务礼仪教程（第5版）》，就是我为礼仪的学习与普及做出努力的新成果。

在2014年年初，中国人民大学出版社领导尤其是本书策划编辑翟江虹等老师，就多次叮嘱我关注时代的变化与广大读者学习礼仪的新需求，及时对本书进行必要的修订。时任中国人民大学校长的陈雨露教授还曾专门要求我优先考虑当代大学生的校园礼仪学习、普及问题。在他们的鞭策与帮助之下，经过近一年的努力，我终于完成了本书第5版的修订。

本次修订的工作量甚大，它的重点有三：

其一，在听取专家、学者与广大读者意见和建议的基础上，对业已发现的错误与不足之处进行了必要的改正、补充和完善。

其二，在强调现代礼仪的规范性、简约性、实用性、时效性与国际性的同时，对本书进行了必要的改写、增补与删减，并且以删减为主、以突出其可操作性为主。

其三，今日之世界，正呈现出政治民主化、经济全球化、文化多元化、科技信息化等诸多特征。为了适应多媒体时代广大读者对现代礼仪学习的新需要，本书的修订在多媒体技术的应用方面进行了一些积极的尝试。具体而言，就是在许多章节里，读者通过扫描相关的二维码，即可观看与文字相关的、由我亲自进行示范与讲授的视频。

我真心地希望：经过认真修订的《服务礼仪教程（第5版）》就其内容与形式而言均有一定的变化，并且在一定程度上可以满足广大读者对社交礼仪学习与运用的实际需求。

感谢广大热心读者对我的关心、支持与指教！

感谢从事礼仪研究的广大同行与专家、学者多年以来对我的督促与鼓励！

感谢中国人民大学出版社各位领导、本书策划编辑翟江虹老师及其他各位老师对我的信任、肯定与鼎力相助！

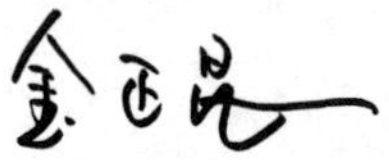

2018年3月26日于中国人民大学明德国际楼

第6版后记

荀子曾经明确地指出：“礼者，所以正身也；师者，所以正礼也。无礼，何以正身？无师，吾安知礼之为是也？”他的这一教诲，一直以来都督促着我在当代礼仪的学习、研究、传播之路上砥砺奋进。

有鉴于此，自2020年3月以来，我陆续对“21世纪实用礼仪系列教材”开始了又一次的修订。到2022年7月末为止，我已相继完成了《服务礼仪教程（第6版）》《社交礼仪教程（第7版）》《政务礼仪教程（第7版）》《商务礼仪教程（第7版）》与《大学生礼仪（第5版）》的定稿。

在本次的修订中，我所关注之点主要包括下述四个方面。

第一，新内容的增加。近年以来，我国经济发展迅速，社会不断地进步，国人的交际范围进一步扩大，具体的交际方式与交际工具随之也多有发展、更新、换代，社交媒体、直播销售、视频通话、网络电话、共享单车等，均已成为当代人日常生活与工作不可或缺的要素。在本次修订之中，与此相关的一系列礼仪规范，均有所增加。

第二，新资讯的更新。《礼记》有言：“礼，时为大，顺次之，体次之，宜次之，称次之。”因此，本次修订中对一些时效性较强的，有关国情、时事、法规、文化、民风等方面的信息，在力所能及的前提下，均进行了适时的更新或补充。

第三，“过气”处的删除。在此次修订中，我发现有的内容，特别是某些案例，由于时过境迁，现在来看已成“明日黄花”，甚是不合时宜。凡此种种，我都一一予以删除。

第四，谬误点的改正。老子说过：“知不知，上。不知知，病。”子曰：“过而不改，是谓过矣。”人不怕犯错误，怕就怕知过不改、将错就错。本着这一理念，凡本次修订中所能够发现的有关文字、数据、表述等方面的谬误，我都逐一加以改正，以免误人子弟。

孟子尝言：“不以规矩，不能成方圆。”我一向认定：学礼仪，就是要学规矩；讲礼仪，必然要讲规矩；守礼仪，肯定要守规矩。关于礼仪，“重要的事情一定要说上三遍”，那便是：规矩，规矩，规矩。为体现此点，我在本次修订中再三凸显了中国人优良传统的规矩、当代中国人做人的规矩、国际上与人合作的规矩。

人所共知，在我进行此番修订的这几年中，我们大家都多有不易。因此，我特别地感谢中国人民大学出版社的各位领导与本丛书策划编辑翟江虹老师、本书责任编辑胡颖老师在此期间对我一如既往的指导、鼓励与支持！

与此同时，我也非常地感激广大读者、各位前辈、诸位同仁对我不离不弃的鞭策与指教。“三人行，必有我师焉”。特别、特别、特别地感激大家！

承蒙大家厚爱，我得以再接再厉地服务于我国的礼仪教育事业。我愿与大家一道为礼仪在今日中华大地的进一步传播与普及而继续努力。

2022 年 7 月 23 日

图书在版编目（CIP）数据

服务礼仪教程：微课版 / 金正昆著. -- 6 版. -- 北京：中国人民大学出版社，2023.1（2025.8 重印）
21 世纪实用礼仪系列教材
ISBN 978-7-300-31271-2

Ⅰ.①服… Ⅱ.①金… Ⅲ.①服务业-礼仪-教材 Ⅳ.①F719

中国版本图书馆 CIP 数据核字（2022）第 218416 号

21 世纪实用礼仪系列教材
服务礼仪教程
第 6 版 • 微课版
金正昆　著
Fuwu Liyi Jiaocheng

出版发行	中国人民大学出版社		
社　　址	北京中关村大街 31 号	**邮政编码**	100080
电　　话	010－62511242（总编室）		010－62511770（质管部）
	010－82501766（邮购部）		010－62514148（门市部）
	010－62511173（发行公司）		010－62515275（盗版举报）
网　　址	http://www.crup.com.cn		
经　　销	新华书店		
印　　刷	天津中印联印务有限公司	**版　　次**	1998 年 12 月第 1 版
开　　本	787 mm×1092 mm　1/16		2023 年 1 月第 6 版
印　　张	15.25 插页 1	**印　　次**	2025 年 8 月第 3 次印刷
字　　数	299 000	**定　　价**	49.80 元